活页式·校企合作·高职汽车专业群规划教材

车联网技术

主　审　王建良

主　编　孙慧芝　赵卫健

副主编　李　勇　孙　灿

山东大学出版社

SHANDONG UNIVERSITY PRESS

·济南·

图书在版编目(CIP)数据

车联网技术/孙慧芝,赵卫健主编.—济南:山东大学出版社,2022.1(2022.8重印)

活页式·校企合作·高职汽车专业群规划教材/王建良主编

ISBN 978-7-5607-7023-9

Ⅰ.①车… Ⅱ.①孙… ②赵… Ⅲ.①汽车-物联网-高等职业教育-教材 Ⅳ.①U469-39

中国版本图书馆CIP数据核字(2021)第124623号

策划编辑 刘 彤
责任编辑 唐 棣
封面设计 牛 钧

出版发行 山东大学出版社
社 址 山东省济南市山大南路20号
邮政编码 250100
发行热线 (0531)88363008
经 销 新华书店
印 刷 济南乾丰云印刷科技有限公司
规 格 787毫米×1092毫米 1/16
17.5印张 420千字
版 次 2022年1月第1版
印 次 2022年8月第2次印刷
定 价 59.80元

版权所有 侵权必究

《活页式·校企合作·高职汽车专业群规划教材》丛书编委会

主　任　王建良

副主任　王国林　杜洪香　张立荣　王永浩　吕丕华　段志敏

编　委　（按姓氏笔画排序）

王世江　王洪佩　艾　锋　曲鲁滨　刘文国
刘国军　刘猛洪　孙建俊　孙清涛　李　勇
宋广辉　张　峻　张玉华　张树峰　张桂华
陈玲玲　国　兵　房玉胜　逄兰芹　祝政杰
骆洪山　徐云祥　殷镜波　郭复欣

高”水准，对标国内一流的教材和教学资源。

培养更多高素质的技术技能人才，是我们的责任和义务。当前，职业教育战线正在全面落实习近平总书记关于职业教育的重要指示和全国教育大会精神。出版本套教材也是为了“抛砖引玉”，以便更好地服务我国汽车产业转型升级和职业教育体系建设，推进我国汽车职业教育的更快更好发展。

本丛书编委会

前　言

车联网是依托新一代信息通信手段实现车内、车与人、车与车、车与路、车与服务平台全方位网络连接和信息交互的新技术。车联网致力于提升汽车智能化和网联化水平，构建智能交通的服务新业态，提升交通整体通行效率，为用户提供智能、节能、高效、舒适的综合驾乘体验。

车联网涉及汽车、电子、信息通信、交通等多个产业，目前正处于加速发展的关键阶段。我国应以加快推进车联网新技术产业化和构建“人-车-路-云”协同的智慧交通体系为切入点，促进跨部门协同，加强法规标准建设、共性技术突破、基础设施改造等重点工作，打造产业新生态，实现新的产业集聚。

车联网技术是自动驾驶实现的关键技术之一，目前产业行业急需从事车联网运营与维护等工作的复合型技能人才，为解决该难题，编者依照《国家职业教育改革实施方案》的要求，积极响应《交通强国建设纲要》《智能汽车创新发展战略》《车联网白皮书》《智能网联汽车测试装调职业技能等级标准》等号召，编写了该本“以学生为中心”的理实一体化教材。

基于车联网技术的特点，通过大量调研智能网联汽车产业链人才岗位能力需求，编者会同山东星科智能科技股份有限公司合作编写了本教材。本教材注重以人为本、立德树人、需求导向、构建教学内容体系，制定了教学标准及教学实施方案，体现了活页式新形态教材的要求。本教材的编写理念如下：

围绕课程思政：在知识选取、情境导入、教学引导等方面注重挖掘课程蕴含的思政要素，在车联网信息安全、通信技术发展中植入信息发展史的内容，实现思政教育与车联网技术素养的融合，充分体现思想政治教育的功能。

突出能力培养：以提升学习者的学习能力为目标，借助信息化技术，以项目为驱动、以任务为引领，强化学习者的信息运用能力，突出学习者的主观能动性，寓教于乐。

响应"三教"改革:校企"双元"确定车联网技术的课程目标,重构教学内容体系,坚持理实一体,改变原有的教学方法,以项目教学、情境教学、案例教学为主体,满足课程教学团队模块化分工协同完成教学任务的需要,配套了丰富的信息化教学资源。

严谨的教学组织实施:该课程一般为智能网联汽车技术专业的核心课程,将在高职院校第二学年的第二学期或第三学年的第一学期开设,建议安排学时为32学时或48学时。组建教学团队时以项目化、模块化为主线,校企合作合理分配教学任务,完成分类、分层教学。

本教材由孙慧芝、赵卫健担任主编,李勇、孙灿(山东星科智能科技股份有限公司)担任副主编。本教材的编写人员均来自教学和科研一线,具有丰富的实践经验和扎实的教学功底。编写任务分配如下:项目一至项目四由孙慧芝编写,项目五至项目七由赵卫健编写,项目八和项目九分别由李勇、孙灿编写。全书由孙慧芝负责设计并统稿,孙灿负责内容安排与调整,山东交通职业学院院长王建良负责主审。

本书彩色印刷、图文并茂、版面设计专业,为活页式新型教材。教材借助信息技术,在相关知识点、技能点附近设置二维码,以立体化、数字化形式呈现。学习者可以随扫随学,激发自主学习能力,提高创新创业意识。该教材完全满足线上线下混合式教学模式。

本书既可以作为应用型本科汽车类专业、智能网联汽车技术专业的相关课程教材,又可以作为自动驾驶研究院所、培训机构的技术培训资料,还可以作为智能网联汽车爱好者的科普图书。为方便教学、学习、培训等,凡使用本书者均可扫描书中的二维码登录山东大学出版社数字资源网站,免费注册,下载相关的学习资源。

由于编者的学识水平有限,书中难免有疏漏之处,敬请读者提出宝贵的修正意见和建议。

编　者

目 录

项目一

车联网的认知

车联网是物联网技术在交通运输系统领域的典型应用，是智慧城市的重要组成部分，是汽车、电子、信息通信、道路交通运输等行业深度融合的新型产业，是全球创新发展的热点和技术革新的制高点。车联网在帮助缓解交通拥堵、减少交通事故等信息服务中发挥着极其重要的作用。车联网是发展智能交通的交通数据管理、动态信息服务等方面必备的技术支撑。因此，学习车联网技术会为我们的生活增添新的活力与能量。

★学习情境

某日，教师甲带领自己的两组学生到智慧交通实验室来认知智能交通系统(ITS)沙盘。首先，教师甲让学生对沙盘的部分区域进行了清洁工作，检查沙盘的电源等部件，确认各项准备工作已经就绪的情况下，打开智慧交通系统沙盘的总开关，沙盘正常。启动环境开关，环境系统也正常亮灯。当启动沙盘的路灯开关时，学生发现沙盘的路灯一个也没有亮起。随后开启红绿灯、建筑两个系统，都没有问题。若你是沙盘的维护人员，请为教师甲及其学生解决此故障。

任务一　车联网的概念及应用

★任务目标

素质目标

1. 正确理解车联网发展的历史渊源。
2. 能够进行有效的沟通和交流，具有团队协作意识。
3. 热爱民族企业，弘扬民族精神，养成爱岗敬业的习惯。

知识目标

1. 掌握车联网的基本概念和内容。
2. 了解车联网发展的历史及其应用。

能力目标

1. 根据客户的需求，应用车联网的基本概念解决实际问题。
2. 根据车联网的具体规定，完成车联网技术的基础服务工作。

车联网可以用于解决交通问题，能有效预防碰撞等事故发生，使系统运营商和用户对出行方式做出最佳选择，可减少能耗、降低污染、增强安全性能。车联网不仅能实现智能交通的功能，还能面向用户提供辅助驾驶、在线娱乐等多样化的用户应用与安全应用，是未来智慧城市的重要环节，具有极大的发展和应用潜力。

★知识准备

一、车联网的产生

1. 为什么会有车联网?

提及车联网(Internet of Vehicles,IOV),人们第一个想到的是互联网。很多人也会提出很多疑问:车联网与互联网有什么关系?还有现在应用非常广泛的物联网(Internet of Things,IOT),它们之间存在什么联系?这些困扰大家的疑问,我们会在后面的知识中一一诠释。

互联网的出现实现了人与人之间的互联与沟通,实现了线上购物、理财等(B2B、B2C、C2B),方便了人们的生活。而随之而来的是互联网的线下渗透,例如线下付款实现了O2O,即通过互联网将线下的生活与线上交易结合,线上营销、线上购买带动线下经营和线下消费。

随着硬件设施的日益完善,硬件与软件的结合预示着“互联网+”时代的到来。智能产品的不断推出,说明万物互联通过互联网的不断升级成为可能。

在物联网的概念之下,车联网逐渐出现在人们的视野——通过现代信息技术,实现车与其他系统的互联,可以实现车辆监控、智能路径规划、安全控制等,甚至实现自动驾驶,完善城市交通体系,建设智慧城市,如图1-1所示。

图1-1 车联网

国家一系列扶持互联网与人工智能的政策,为国内车联网行业带来了机遇,国家发布的《推进“互联网+”便捷交通 促进智能交通发展的实施方案》更是促进了互联网的发展。

2. 车联网的愿景

1995年出版的《未来之路》(作者:比尔·盖茨)是读者了解信息高速公路全部面目乃至21世纪人类生活面貌的最佳入门书(见图1-2)。《未来之路》与托夫勒的《第三次浪潮》相比,具有更强的实践性与现实性。在书中,比尔·盖茨以他从容不迫的风度向人们指引了一条通往信息高速公路的途径。辜正坤先生在“译者后记”中说:“门在英语中叫作 GATE。饶有兴味的是,这本《未来之路》的作者比尔·盖茨的英文名字就叫 GATES(一道道的门)。所以通过一道道的门,我们就可以进入信息高速公路,从而在未来之路上纵横驰骋,周游八极。”

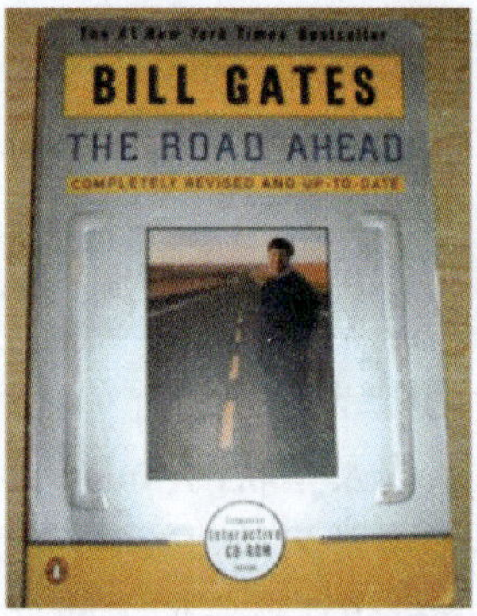

图 1-2 《未来之路》

“我能想象出这样的建议:每辆汽车,包括你我的在内,都不仅要装上一个录音机而且要装上一个能表明车的主人是谁和车的位置在哪的无线电发射机——一个未来的汽车牌照。如果有人报告汽车被盗,车的位置将可以立刻被查到。在发生了有人肇事后逃跑,或驾车枪杀行人的事件之后,法官将被授权进行一次查询,在这 30 分钟以内,下面两个街区的范围内都有些什么车辆。黑匣子将记录下你的速度和位置,由此将保证限制超速行驶的法规得到最完美的执行。”这是比尔·盖茨对未来交通信息的预测,书中的有些论述已经变成了现实。

《未来之路》给未来车载移动互联网络的发展指引了方向。

二、车联网的概念

车联网

1. 车联网的定义

车联网的概念引申于物联网,根据行业背景不同,对车联网的定义也不尽相同。传统的车联网定义是指装载在车辆上的电子标签通过无线射频等识别技术,实现在信息网络平台上对所有车辆的属性信息和静、动态信息进行提取和有效利用,并根据不同的功能需求对所有车辆的运行状态进行有效的监管和提供综合服务的系统,如图 1-3 所示。

图 1-3 车联网

随着车联网技术与产业的发展,上述定义已经不能涵盖车联网的全部内容。根据车联网产业技术创新战略联盟的定义,车联网是以车内网、车际网和车载移动互联网为基础,按照约定的通信协议和数据交互标准,在车-X(X 指车、路、行人及互联网等)之间,进行无线通信和信息交换的大系统网络,是能够实现智能化交通管理、智能动态信息服务和车辆智能化控制的一体化网络,是物联网技术在交通系统领域的典型应用。

车联网不仅是新一轮技术革命和产业变革交互融合形成的新技术形态,更是汽车、电子、信息通信、交通运输等行业深度融合的新型产业形态,跨领域、跨学科,产业链长、关联度大,新技术强度高。

2. 车联网的发展阶段

车联网的发展经历了三个阶段,如表 1-1 所示。

表 1-1　车联网发展的三个阶段

	第一阶段	第二阶段	第三阶段
功能	定位导航、车载娱乐、远程管理和紧急救援等	安全预警、高带宽业务、部分自动驾驶服务	远程遥控驾驶、高密度车辆编队以及快速协同变道辅助等
联网方式	2G、3G、4G 等	主要有 DSRC(专用短程通信技术)和 LTE-V(长期演进技术)两类	5G[第五代移动通信,如 C-V2X(基于蜂窝网通信技术的车用无线通信技术)]
特点	打通汽车内外信息流,培育用户习惯	智能化、网联化程度提升,业务形态更加丰富	基于 5G 的低延时及高速率等特点

3. 发展车联网的意义

车联网是物联网技术在交通系统领域的延伸。车联网不仅在很大程度上改变了汽车的运营方式,所提供的一系列网上服务也全方位提升了车辆对驾驶员的服务水平。

(1)生活更智能:车辆搭载娱乐信息显示屏可以实现驾驶员与汽车的互动,屏幕可以显示 GPS(全球定位系统)导航路线,进行影音播放,显示车辆安全监测数据等;甚至手机与车辆相连后,通过 APP(应用程序)就可以远程控制车锁,调整车内空调等。

(2)行车更安全:车联网可以通过提前预警、超速预警、逆行预警、红灯预警、行人预警等相关手段对驾驶员进行提醒,并可通过紧急制动、杜绝疲劳驾驶等措施,有效减少交通事故的发生,确保车辆行驶更加安全。

(3)防止交通堵塞:车辆在交叉路口的通行率较低,车联网可以通过智能调节红绿灯来缓解这一现状,让驾驶员在交叉路口尽可能顺畅行驶。此外,很多导航软件也会推荐最佳路线,避免拥堵,从而使出行更高效。

(4)节能减排:通过车联网,利用车辆与路边基础设施之间采集到的信息来建议驾驶员及时响应,同时对驾驶员进行一系列驾驶行为干预,从而减少不必要或者不规范的操作,可以降低油耗,减少尾气排放。

(5)辅助交通管理:辅助交通管理主要是服务于交通部门的智能化管理,实现逃逸车辆、超速驾驶、酒后驾驶车辆的肇事追踪,远程指挥、调度车辆,路桥电子不停车收费等。

三、车联网的相关术语

1. 物联网

物联网的定义是通过射频识别技术(RFID)、红外传感器、全球定位系统、激光扫描仪等信息传感设备,按约定的协议,把物品与互联网相连接,进行信息交换和通信,以实现对物品的智能化识别、定位、跟踪、监控和管理的一种网络,如图1-4所示。物联网是一种建立在互联网上的泛在网络。

图1-4　物联网

物联网,简单来说,就是万物互联、万物相通。把传感器装备到电网、铁路、桥梁、公路、建筑、车辆以及家用电器等各种真实物体上,通过互联网连接起来,进而运行特定的程序,就能达到远程控制或实现物与物的直接通信。经过接口与无线网络相连,从而给物体赋予"智能",实现人与物体的沟通和对话,也可以实现物体与物体相互间的沟通和对话。

按照国际电信联盟(ITU)的定义,物联网主要解决物品与物品(Thing to Thing,T2T)、人与物品(Human to Thing,H2T)、人与人(Human to Human,H2H)之间的互联。作为互联网的延伸,物联网利用通信技术把传感器、控制器、机器、人员和物等通过新的方式连在一起,形成人与物、物与物相连,而它对于信息端的云计算和终端的相关传感设备的需求,使得产业内的联合成为未来必然趋势,也为实际应用的领域打开无限可能。

2. 互联网

什么是互联网?互联网就是Internet,又称因特网,是网络和网络之间串联而成的庞大网络,如图1-5所示。物联网的英文缩写是the Internet of Things,即物物相连的网络。

图 1-5　互联网

在我国，车联网仍处于起步阶段，大力发展车联网，构建车联网产业生态，培育智能网联汽车产业集群，对促进产业转型升级，推动智慧城市建设，具有重要意义。

3. 车联网和物联网的区别

物联网是新一代信息技术的重要组成部分，也是"信息化"时代的重要发展阶段。顾名思义，物联网就是物物相连的互联网，这有两层意思。

其一，物联网的核心和基础仍然是互联网，是在互联网的基础上延伸和扩展的网络。其二，其用户端延伸和扩展到了任何物品与物品之间，进行信息交换和通信，也就是物物相息。

所以，物联网与车联网是包含的关系，物联网包括所有的万物相连，而车联网则包括与车相关的物物相连，比如说人车相连、车车相连。

四、车联网的应用

互联网、物联网、车联网在如今现代科技生活中可谓密不可分，都与人们的生活和世界有着重要的关联。物联网作为互联网的下半场，各国都在抢夺市场先机，而车联网作为物联网中重要的一部分，是一个真正的大蓝海市场。

任务二　车联网的产业现状及发展

随着对单车智能局限性认识的深入，各国都加强了网联式自动驾驶的研究和部署，对智能汽车的网联化需求愈来愈强烈，促使车联网技术产业更进一步的推广与应用。

车联网是指利用物联网、无线通信、卫星定位、云计算、语音识别等技术，建立的一张全面覆盖市民、车辆、交通基础设施、交通管理者、交通服务商等的快速通信网络,可实现智能信号控制、实时交通诱导、交通秩序管理、交通信息服务等一系列交通管理与服务应用,并最终达到交通安全、行车高效、驾驶舒适、节能环保等目标。车联网作为物联网在交通领域的应用以及下一代智能交通的发展方向,受到了国内外的广泛关注。

★任务目标

素质目标

1. 能够及时关注车联网产业动态。
2. 能够进行有效的沟通和交流,具有团队协作意识。
3. 热爱民族企业,弘扬民族精神,养成爱岗敬业的习惯。

知识目标

1. 了解车联网的发展状况。
2. 了解车联网的产业环境。
3. 掌握车联网产业的构成。
4. 掌握车联网产业的关键技术。

能力目标

1. 根据客户的需求,应用车联网的基本概念解决实际问题。
2. 根据车联网的具体规定,完成车联网技术的基础服务工作。

★知识准备

一、国内外车联网发展现状

1. 国外车联网发展现状

从国际上来看,车联网发展仍处于起步阶段,其中美、日、欧走在研究和示范应用的前列。2009 年 12 月,美国交通部发布了《智能交通系统战略研究计划:2010-2014》,首次提出了“车联网”构想。其目标是利用无线通信建立一个全国性的、多模式的地面交通系统,形成一个车辆、道路基础设施、乘客的便携式设备之间相互连接的交通环境,最大限度地保障交通运输的安全性、灵活性和对环境的友好性。

(1)日本:日本大规模推行的车辆信息通信系统(VICS),可以从各地警察和道路管理部门收集道路拥堵情况、道路信息及路线、停车场空位、交通事故等实时交通信息,并通过道路信号装置发送至经过的车辆。截至2011年,日本已在全国范围内安装了超过3400万台VICS车载设备,并取得了显著成效。

(2)欧洲:欧洲正在全面开发和应用远程信息处理技术(Telematics),将在全欧洲建立交通专用无线通信网,并以此为基础开展交通管理、导航和电子收费等相关应用。

(3)美国:美国的车联网起步较早。美国在20世纪90年代就颁布了对ITS(智能交通系统)发展具有划时代意义的两部法案,即1991年的《陆上综合运输效率化法案》和1998年的《面向21世纪的运输平衡法案》。这两部道路交通法案统一规划了美国ITS的发展,并得到了美国政府的财务支持、技术研发支持和标准开发支持等。1997年,美国结束了对自动驾驶技术的研究,将对车联网的研究重心转向对出行者的信息服务和交通安全上。

2004年,美国联邦公路局、AASHTO(美国州公路及运输协会)、各州运输部、汽车工业联盟等组织均参与了车路集成系统(VII)的制定和技术的开发,主要目的是通过信息与通信技术实现汽车与道路设施的集成,交通智能化、车联网雏形出现。

2010年以来,美国的车联网产业进入快速发展阶段,主要体现在三个方面。

第一,硬件价格大幅度下降,达到大部分用户接受的范围内。

第二,需求增加,美国的车联网产业已迈过市场认知阶段,大部分消费者对车联网业务已比较认同,北美市场的新车型开始借助车联网凸显信息需求。

第三,美国市场的车联网服务系统已可全方位地为汽车用户服务,服务内容包括信息服务、安全监控、即时通信、多媒体娱乐等方面。

美国最具代表性的车联网企业是通用汽车公司。通用OnStar(安吉星)系统在1996年就迎来了第一批客户,近年来其在美用户数已经超过500万,占据北美车联网市场的主流地位。根据美国一项汽车专业调查,超过四分之三的OnStar用户表示愿意在他们的下一部车上继续安装该系统,并有近90%的用户愿意将其推荐给他人。

2. 国内车联网发展现状

在中国,车联网起步较晚。2010年10月28日,百度"车联网"关键词第一次被搜索。2010年11月12日至27日广州亚运会期间,80多台安装着G-BOS(客车智慧运营系统)设备的苏州金龙智慧客车投入服务,这是亚运历史上首次出现"3G"(第三代移动通信技术)客车。这标志着车联网技术正式走向大众视野。

2011年12月18日,杭州鸿泉数字设备有限公司与陕汽联合研发的"天行健"车联网服务系统正式发布,该公司成为重卡行业率先使用车联网技术的公司,具有开创性意义。

目前,我国常见的车联网产品主要有通用汽车的OnStar、福特汽车的SYNC(车载多媒体通信娱乐系统)、丰田汽车的G-Book(车载智能通信系统)以及宝马公司的iDrive(智能驾驶控制)系统等,经过几年的发展改进,这些系统的发展已较为成熟。无论是前装市场上通用引入OnStar、丰田引入G-Book到中国,还是路畅科技率先推向后装市场的车联网服务iBook,都证明了车联网已经在路上。中国自主品牌目前比较有代表性的产品则是上汽集团的 inkanet(智能网络行车系统)、长安汽车的 InCall(智能车载互联系统)、吉利汽车的 G-NetLink(智能车载信息系统)和一汽公司的 D-Partner(驾驶者伙伴)等。

3. 中国发展车联网的助推模式

车联网发展受到了政府部门、科研院所以及产业界的广泛关注和积极推动。从应用方面来看,主要包括五种模式:

(1)乘用整车厂主导型:越来越多的汽车生产厂商推出了各具特色的智能车载系统,并以此作为市场竞争的重要手段。合资品牌有通用的 OnStar、丰田的 G-Book 以及日产的 CarWings(智行)系统;自主品牌有上汽荣威的 inkanet、一汽奔腾的 D-Partner、长安汽车的 InCall、吉利的 G-NetLink 等。

(2)商业车队管理主导型:一些规模较大的工程车、校车、班车等营运车辆经营业户,为更好地对所属车辆开展统一管理,在车队范围内推广智能车载终端和相应的信息系统。

(3)公共交通主导型:国内大部分大中型城市,都在其公交车、出租车内配置了智能车载终端,并基于该设备开展智能调度、精细化管理等应用。

(4)消费电子主导型:国内一些后装的导航设备生产企业,如深圳掌讯通信等,把业务扩大到互动式车载终端生产以及实时信息服务领域。

(5)地方政府主导型:由地方政府牵头推进的车辆电子标签及应用,代表城市为兰州、重庆、南京等,但是目前尚未形成统一的框架体系和技术标准。

二、车联网的产业环境

1. 全球车联网应用进入加速发展阶段

全球车联网产业进入快速发展阶段,信息化、智能化引领,全球车联网服务需求逐渐加大。目前,中国、俄罗斯、西欧和北美等国家和地区 70%以上的新组装车辆都已配备互联网接口。2019 年,全球联网车数量约为 9000 万辆,到 2025 年则将突破 10 亿辆。从车载信息服务平台应用规模来看,目前已形成数百家规模厂商,典型厂商安吉星的全球用户已突破 700 万人。2017 年中国车联网用户规模达到 1780 万人,已成为全球最重要的车联网市场。未来与大数据、云计算等技术的创新融合将加快车联网的市场渗透。

2. 5G/V2X 应用时代即将到来

2018 年 11 月,工业和信息化部印发的《车联网(智能网联汽车)直连通信使用 5905-5925 MHz 频段管理规定(暂行)》,规划了 5905~5925 MHz 频段共 20 MHz 带宽的专用频率资源,用于基于 LTE(长期演进)形成的 V2X 智能网联汽车的直连通信技术;同时,对相关频率、台站、设备、干扰协调的管理做出了规定。随着 5G 和 C-V2X 技术的快速发展,智能化与网联化技术正在加速融合。2018 年高通推出了 9150 C-V2X 芯片,兼容 LTE 和 5G 通信。起亚在 2018 年 CES(国际消费电子展)上展出了全新概念电动车 NiroEV,搭载全球首款 5G 网络打造的车载无线传输系统,基于该网络,驾驶者可通过脸部和声音识别“登录”车辆,并可进行预先个性化设置。

3. 车联网成为投资热点，竞争激烈

车联网创业开始成为一个热门风口，被资本竞相追逐，众多创业企业涌入市场。车联网不管对于BAT(百度、阿里、腾讯)等互联网巨头、传统车载导航企业、互联网创业公司，还是汽车品牌商来说都是一块巨大的蛋糕，同时车联网行业对于技术、资本、市场都有着非常高的要求。百度、阿里和腾讯均已完成车联网布局。同时，我国也涌现出一批车联网创业公司，但很多企业由于技术上的缺乏，诸多产品同质化现象严重，品牌众多，但功能单一，雷同现象普遍。

三、车联网的产业链构成

车联网产业主要分为产业链上游、中游和下游三个部分，如图1-7所示。

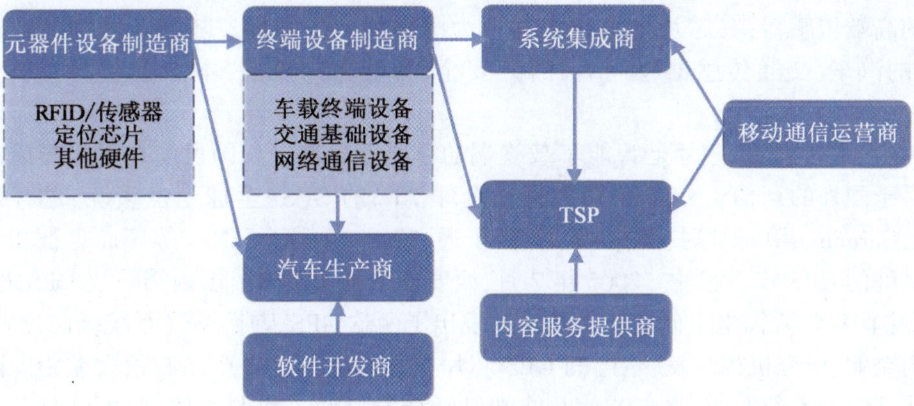

图1-7 车联网产业链全景

上游：主要包括RFID(射频识别)/传感器、定位芯片和其他硬件等元器件设备制造商。

中游：主要包括终端设备制造商、汽车生产商和软件开发商。

下游：主要包括TSP(汽车远程通信服务提供商)、系统集成商、内容服务提供商和移动通信运营商。

1. 上游

(1)RFID感知技术：RFID感知技术在车联网领域得到了巨大应用。近期公安部推出了一种识别率在99.9%以上的专用电子标签，可安装在汽车挡风玻璃上，形成对车辆身份和位置信息的唯一标识。国家发改委正在大力推进基于无线射频技术的车辆电子牌照试点工程，重点解决车辆自动识别、动态监控、车牌套用与防伪的问题。在南京、重庆、厦门、兰州等政府部门主导的车联网项目中，主要都是通过RFID来采集车辆信息，并进而开展交通、环保等管理工作。

我国已经初步形成了比较完善的RFID产业链。从区域来看，北京、上海、广东是RFID技术研发和生产较为活跃的地区，其中北京在系统集成、上海在芯片设计、广东在标签制作和应用方面分别具有各自的优势。虽然我国已经初步具备了完整的RFID产业结构，但在与车联网密切相关的超高频 RFID 领域，我国还处于落后阶段。其中 UHF（超高频）芯片以及相应频段的读写器核心芯片还严重依赖进口，而且 UHF 频段标准的缺失也成为制约产业和市场发展的因素。

（2）传感器：传感器是车联网的基础。从汽车传感器来看，目前一辆普通家用轿车上会安装几十到近百只传感器，豪华轿车传感器数量多达 200 只，种类达几十种。从道路传感器来看，终端节点可采用地磁、温湿度、光照度、气体检测等传感器来定时搜集区域内车辆的速度、车距以及路面状况、能见度、车辆尾气污染等信息。

自 2009 年开始，国内传感器市场需求规模快速增长的主要动力即来自汽车电子产品。2010 年，中国车用传感器市场销售额超过 100 亿元。目前国内很多企业虽然在材料、设计、工艺等方面有了一定的提高，能够生产出基本的传感器，但是在精度和可靠性方面与国外企业还有很大差距，很多先进技术，特别是传感器的新设计原理和核心模块技术，还是由国外公司掌握，国内企业自主开发的相对较少。我国目前绝大多数用于信息采集的高端传感器，其芯片核心技术并不为国内公司所掌握。随着车联网的快速发展，未来的汽车、交通传感器将向着环保、安全、智能方向发展，本土企业要力争实现突破。

（3）定位芯片：定位芯片是智能车载终端的核心元器件。我国目前在卫星导航芯片领域落后于国外的厂商。SiRF 公司占据了全球 70% 的 GPS（全球定位系统）芯片出货量，此外，Garmin、u-Blox、摩托罗拉、索尼、富士通、NXP、Nemerix、uNav 等厂商也都相继推出自有品牌的 GPS 核心芯片。2005 年 7 月，西安华迅公司推出了国内第一块 GPS 芯片；2006 年，中国科学院微电子研究所也成功开发出了两款 GPS 基带 SoC（系统级芯片）。

国内企业、研究机构开发、生产的 GPS 芯片在性能上与国外产品有很大差距。随着我国北斗系统的不断发展，北斗芯片及终端已经全面启动了研制工作，国内已具备北斗 GPS 多模芯片的研发能力，具有自主知识产权的北斗 GPS 双模芯片已在车载终端得到了应用。

2. 中游

（1）汽车生产商：汽车生产商是车联网产业链中的重要成员，由于他们在前装车载智能终端及相关软硬件产品上具有明显的优势，因此常常是车联网产业链的主导者之一。

一些跨国厂商已直接移植了在国外积累的成功经验，在国内联合产业链相关公司开展车联网应用，占据先发优势，如通用旗下的凯迪拉克、别克、雪佛兰的多款车型应用了安吉星车载信息服务系统；丰田旗下的雷克萨斯、皇冠、凯美瑞等车型应用了 G-Book 系统等。国内也有越来越多的车企和车型积极加入车联网产业链，包括长安悦翔 3G 版、荣威 350、荣威 550 等小汽车，海格、青年等客车，陕汽、重汽等卡车等。车厂希望通过前装智能车载设备提升汽车的整体品质，促进汽车的销售，并为厂商带来新的利润增长点。

（2）智能车载设备生产商：车载终端分为两类：前装终端需要经过车规认证，后装终端又可以分为车机和便携式智能设备。交通运输部颁布实施的道路交通运输行业车联网信息终端强制标准，吸引了全国 100 多家车载信息终端厂商申报终端测试认证。

总体来说，国内的智能车载终端生产商普遍为中小型企业，且有 60% 左右分布在广东省内。相对发达国家而言，我国车载通信设备的发展依然相对落后。较为先进的应用，也只有导航设备。但是当前的导航设备，其使用非常烦琐，加之地图陈旧，更新困难，用户的使用体验较差。

随着北斗系统的发展和北斗芯片的不断成熟，珠三角很多的民营汽车电子企业早就在从事北斗终端的研发，一些北斗应用终端已经开始进行路测和跑车试验，性能已非常稳定。总体来说，我国智能车载设备生产商以组装类为主，技术含量不高，准入门槛较低，市场竞争激烈，利润较为低下，多受车企、平台软件开发商、平台运营商等的牵制，处于整个车联网价值链的低端。但是随着国家对车联网的不断重视和智能车载设备在各类小汽车、客车、货车上的普及，未来该领域总体市场前景良好。

(3)交通基础设施生产商：主要包括视频设备、卡口设备、交通信号机、诱导屏、标志牌等交通基础设施的生产商。我国自20世纪90年代以来，加快发展城市智能交通，在各级城市开展了一系列智能交通的工程项目。目前，我国的智能交通基础设施主要是由智能交通系统集成企业进行牵头采购相关信号机、视频设备、地感线圈等硬件设备，并根据项目实际需要进行设计、安装、调试、运维等一系列过程。

国内主要的智能交通系统集成企业有中控、银江、四通等，此外，海康威视、浙江大华等视频设备龙头企业也逐渐向该领域拓展。视频设备在交通基础设施中的应用非常广泛，且我国产业链较为完备，本土化水平不断提高。国内主要的视频监控产品生产企业有海康威视、浙江大华、中威电子、英飞拓、大立、CSST等300余家，占国内市场的50%以上，主要的国外品牌有松下、索尼、泰科、三星、LG、博世(Bosch)、霍尼韦尔等。

(4)软件平台开发商：主要包括车联网统一后台中心的开发商以及城市交通管理、特殊行业管理、交通信息服务、综合信息服务等相关子平台、软件的开发商。

在国内的汽车嵌入式支撑软件领域，华东电脑旗下的普华基础软件于2010年5月发布兼容国际最新标准的“核高基”专项国产汽车电子基础软件平台v1.0，开始在该领域和国外产品同台竞技。2011年，以此为平台的整套系统在“荣威”车型上应用；东软集团则与德国哈曼国际工业集团建立战略合作伙伴关系，共同开发汽车与消费电子等领域的先进技术。此外，提供公路信息化平台的有宝信软件、川大智胜、中控集团、银江股份、交技发展、皖通科技、亿阳信通等，提供车载端信息系统的有合众思壮、启明信息、北斗星通、四维图新等，提供自助缴费系统的有新国都、新北洋等。

(5)网络设备生产商：包括各类服务器、交换机、路由器等的生产厂商。得益于国家对信息化建设的大力投入，国内网络市场非常繁荣，目前市场中有着数量众多的网络设备提供商，常见的厂商包括华三通信(H3C)、Force10、博科(Brocade)、Exterme、HPProcuve、华为、中兴、迈普、博达、神州数码、锐捷、D-Link、TP-Link、联想、NetGear、华硕、TCL、腾达、金星等。

3. 下游

(1)系统集成商：系统集成商受政府部门或其他车联网主导者的委托，负责整个车联网系统的相关软硬件的采购、搭建、调试，直至交付给平台运营商。

目前，国内Telematics(远程信息处理等)模式的车联网项目一般都没有系统集成商，而是由平台运营商负责整个项目的建设和运行。国内RFID模式的车联网项目一般采用系统集成商的模式，由政府部门通过招投标或者按照合同与系统集成商进行合作。南京环保标签电子卡项目的系统集成商是南京三宝,重庆电子标签项目的系统集成商是中兴通信。

(2)通信服务商:通信服务商受系统集成商和平台运营商的委托,负责对车联网系统中的专网和公网进行搭建和运维服务。除了车企以外,电信运营商也是目前车联网应用,特别是 Telematics 应用项目的主角之一。

中国移动为长安“3G 汽车”提供通信网络,中国电信为 G-Book 和安吉星系统提供通信网络和呼叫中心,中国联通为上汽荣威 350 智能网络行车系统 InkaNet 等提供通信网络和呼叫中心。在本轮车联网 3G 网络竞争中,中国联通最为抢眼,中国联通的 WCDMA3G 网络将是最重要的支撑平台,上汽、东风等均以 3G 为技术平台,中国联通的智能公交系统也在部分城市试用,据中国联通预测 5~8 年内 WCDMA 网络服务的 3G 智能汽车将突破 3000 万辆。

除了上述 3G、4G、Wi-Fi(无线局域网)等公用网络,未来车联网发展还需要建立起自己的专用网络,用于车辆与车辆之间、车辆与路侧设备之间的短程快速通信,因此未来也必将涌现出新的车联网专网运营商。

(3)平台运营商:平台运营商汇聚和利用各方提供的数据和服务通过移动通信网络为车载终端用户提供车联网服务,还可以通过互联网、交通专网等为各类用户提供信息发布、获取和管理等功能。平台运营商是整个产业链的核心环节,上接汽车、车载设备制造商、网络运营商,下接内容提供商。可以说,谁掌控了平台运营权,谁就能掌握车联网产业的控制权,因此,平台运营商的角色也成了汽车制造商、电信运营商、GPS 运营商及汽车影音导航厂商力争的角色。

(4)内容服务提供商:内容服务提供商是车联网系统相关服务的提供者,是直接与用户接触的环节,其所提供的服务好坏直接影响最终用户对服务的使用,这也就要求该环节必须按照最终用户的需要为最终用户提供服务。

(5)地图提供商:地图提供商为车联网服务提供专用的电子地图。专用电子地图不但记录着各条道路自身的位置信息,还会考虑各条道路之间的相互关系、拓扑结构等。我国业内通用做法是自行制造地理信息系统引擎和电子地图。中国目前有北京四维图新、高德软件等 11 家导航电子地图甲级测绘资质机构。由于中国正在对基础设施和道路进行大规模的升级改造,所以需要经常对地图进行更新,从而造成了电子地图的制造和更新成本居高不下。另外,地图有缺陷、数据不全、更新不及时、无统一标准、价格高等也都是制约汽车导航产业发展的消极因素。消费者十分看好的谷歌地图牌照还未获准通过。

(6)实时导航服务商:目前,我国已有北京、上海、广州、深圳等十多个中心城市开通了实时交通信息服务,点点通、新科、朗玛导航等都开始提供实时导航的服务。以新科导航平台为例,用户开机后,导航器自动连接到新科“互动导航”信息平台,实时交通信息就能显示在用户终端上,设定好目的地时,导航平台就能帮助用户规划出更合理的路线。

(7)定位服务商:目前国内的定位服务大多通过美国的 GPS,而 GPS 平台对民众是免费的,因此,在目前车联网产业链中,定位服务商的地位尚不突出。我国自己建造的北斗定位平台主要面向行业用户和安全部门,商用系统应用部署已经提上日程。

未来，随着车联网产业链的不断完善和商业模式不断成熟，城市交通管理者、保险商、4S店、电子商务服务商等都将会加入到车联网内容服务的队伍中来。

四、车联网的未来发展趋势

1. 车联网功能的总体发展

国内车联网功能兴起于2008年左右，正处于2G网络时代，可满足最基础的安防需求和导航需求。汽车通过T-Box(车辆智能互联终端)实现了与后台的通信，使得汽车远程控制功能得到发展，提供以安防需求为核心的功能：离线导航、紧急救援、远程控制、车队管理等。受用户需求推动，也衍生出了人工酒店机票预订等管家式服务，但受制于网络连接能力，给用户提供的服务触点局限于人工呼叫键和GPS导航仪。因此，车内一键接通呼叫中心成为最有效、最直接的服务提供方式，呼叫中心成为这一阶段车联网的典型特征。

进入3G、4G时代后，用户更依赖移动互联网服务，导致手机或手机互联应用暂时替代了车联网功能。通信技术的发展助推了移动互联网的大规模兴起，特别是以苹果为代表的移动互联网开创者，通过iPhone和APP Store使互联网真正变得触手可及，原本只是工具的互联网从此变成了生活必需品。国内消费者目前已普遍习惯于导航用手机地图、购物用淘宝、找餐馆用大众点评、点外卖用饿了么等等。但受制于“车规级”标准的制约和漫长的测试期，车机电子元器件的性能在过去一段时间内难以赶上手机等消费级电子的发展速度，车机与手机用户体验的差距越来越大。体验度的差距，带来的结果必然是车联网功能被手机代替，所以我们常见到的场景就是把手机支在车内，用手机导航，听手机音乐，并因此衍生出了Carplay、Carlife这样的手机互联应用，车机屏幕被长期冷落。但手机或手机互联应用都只是用户在车联网体验不好时的权宜之计，用户仍对先进的车联网功能有极大需求。在车内环境中，使用手机有很大的安全隐患：手机没电、死机、信号丢失、来电等干扰导航界面，屏幕过小或反光影响视线，固定不稳致手机滑落干扰到驾驶行为。这些情况都会对用户驾驶产生潜在威胁，而直接使用车联网功能则基本能排除这些隐患。Carplay或Carlife等手机互联应用的使用，则需要有数据线连接，但有时候会出现连接不上或不匹配的尴尬局面。即使成功连接，Carplay或Carlife等应用包含的较少的APP数量也难以满足用户需求。所以，能真正满足用户需求的仍是性能先进的车联网。

随着软硬件技术的成熟，互联网化的车联网功能已然兴起。其主要特征是叠加了大量的在线出行服务如导航、音乐、资讯、购物、社交等，用户的接触点也扩展到车机触控屏、手机APP等；以在线导航、在线音乐电台等为最主要和最基础的服务内容，通过结合4G联网、OTA(空中下载技术)升级、语音交互等功能保证车联网服务质量。2G时代的车况信息和远程控制功能则摇身一变，以手机APP的形式重新出现，具备了比呼叫中心更简单直接的操作体验，重新吸引了用户的眼球。呼叫中心满足的增值服务则日渐式微，重新回归了客服答疑和紧急救援的核心功能。

自主品牌率先捕捉到这一变化带来的商机，比亚迪早在2015年“秦”上市时，就研发了车联网系统，该系统当时已具备较全的功能。随后在2016年，上汽推出荣威RX5车型时,“互联网汽车”的概念深入人心,在车联网领域也实现了差异化的卖点,其他如吉利、传祺、长安等品牌迅速跟进,造车新势力宣称的智能化更是在车联网功能领域率先开花。而合资品牌坐拥多年的产品优势和惯性,受制于长期形成的保守开发思路,对消费者需求的敏感度下降,大部分品牌未重视车联网功能的开发搭载,只有少数几个合资品牌跟进了自主品牌的车联网功能搭载潮流。

2. 不同品牌车联网功能的发展现状

目前在用户痛点尚未解决、技术同质化的情况下,不同车企车联网功能的优劣主要体现在功能体验度的好坏上,或者简单理解为能否解决用户在用车过程中的诸多痛点。这背后反映的则是车企对车联网功能开发的重视程度,或是对用户需求变化的敏感度。

根据我们的消费者调查显示,用户主要关心以下几方面问题:

(1)手机流量的资费越来越低,车载 4G 流量是否需要付费?

(2)在线导航是否能媲美手机导航的体验?在线音乐电台是否能满足车主需求?

(3)语音交互智能化程度如何,是否能替代触摸、按键等操作?

(4)OTA 升级是否能真正解决用户痛点,升级的可靠性和安全性是否有保障?

(5)手机 APP 控制功能是否好用、是否收费,UI(界面)设计是否吸引人?

要回应以上的使用疑问,车联网首先应做好的就是重新取代手机导航,让车机导航真正吸引用户;其次取代用户的 U 盘,让车机音乐成为用户首选;再者减少车辆控制对驾驶行为的干扰,语音控制的高识别率和快速反应成为了考量车联网系统的硬指标。而原来集成在人工客服付费服务的远程控制功能,现在移植到了手机 APP 中,并且一直都是无须赘言的刚需如夏天提前开空调、冬天提前开暖气、预约充电。这样极大地方便用户对车的控制。

纵览当前车企已搭载应用的车联网系统,车联网功能体验做得最好的就是荣威、蔚来、威马等品牌。这些品牌车型搭载的在线导航、在线音乐、手机 APP 远程控制、语音交互等功能易用性好,用户依赖度高;其次都具有友好的、先进的 UI 设计,第一印象足以吸引人。另外,OTA 升级也能够真正地优化系统,车联网系统整体具有良好的操作逻辑和一致的体验,让用户用起来感觉“顺手”。

其他的自主品牌如传祺、吉利、比亚迪、长安等也已具备完善的车联网功能。长城汽车在 2018 年下半年新推出的车型如哈弗 F5、哈弗 F7、WEY VV6 等都逐渐搭载了 4G 网络,导航和语音交互功能迅速更新至一流体验度。

车联网的搭载潮流已然兴起,供给端的集体觉醒将助推车联网功能服务的飞速优化,用户将真正能从车联网功能中获得最佳的出行服务。但在交互技术发展未有明显突破、底层技术架构同质化、整车联网化时代尚未到来的情况下,各大车企提供的车联网功能种类都大同小异,且自主车企在这方面的领先地位并不能形成技术壁垒,未来竞争格局仍将急剧变化。

3. 车联网功能的未来发展趋势

如果说现在的车联网解决的是用户的使用痛点,主要弥补与手机等消费电子产品间的体验差距,那么在未来,车联网将助力车辆实现全面的智能化,大大改善用户的出行生活体验。总体来看,车联网功能呈现几大趋势:整车硬件的联网化、用车服务的线上化、服务方式的多样化、助力无人驾驶技术发展。

(1)整车硬件的联网化。汽车电子电气系统正逐渐向集中式架构体系发展，未来的每一辆汽车都将像一台智能手机，对应的也是应用软件、操作系统、芯片层、硬件层。应用软件可以基于唯一的操作系统和计算芯片开发，通过统一集中的 ECU(电子控制单元)，控制多个硬件。汽车软件控制将更高效，并能像手机一样，实现 OTA 升级，从而实现对控制软件的持续优化，不断改善硬件性能体验。ECU 用量也将大大减少，硬件更换时也无须更换 ECU 和控制软件。通过这种集中式的电气架构，整车硬件的运转情况就可以通过软件实现远程调校修改。

(2)用车服务的线上化。整车数字化时代的车联网，将极大地提高汽车用车服务的质量。线下付费的用车场景都将实现线上化，汽车的实时车况可以通过云端传输给服务商，车况的透明化将助力服务商为用户提供一系列主动式的服务，如代驾、停车场、加油站、违章查询代缴、充电桩收费、上门保养、上门洗车、UBI 保险(基于使用量而定保费的保险)等等。这时候汽车成为流量出口，服务商有动力推销服务，线上高效快捷的服务体验也将吸引用户，从而大大促进用车服务的效率。

(3)服务方式的多样化。整车数字化时代，每辆车的所有车况信息都可以在云端对应一个 ID(身份标识号)。通过 ID 的统一管理和适配开发，车联网功能将不再局限于车机这一个交互渠道，可拓展到手机 APP、微信小程序、智能穿戴设备、智能家居设备等多个交互设备，将极大地便利用户的用车体验，延长人车交互的频率和时间，改善交互体验，改善用车体验。另外，通过分析车联网功能，把有些对网速或运算能力要求高的功能分拆至车外如手机 APP、智能穿戴设备等(但车机上应有的功能如导航之类的必须要保留)，这样就可以降低对车载车联网硬件的要求，从而覆盖更多的低端车型。通过大数据积累自学习，实现千人千面的交互服务方式。

(4)助力无人驾驶技术发展。随着整车联网能力的增强、智慧城市基础设施的进一步发展，自动驾驶感知和决策功能将从车上转移至道路基础设施，有助于单车成本下降，并且能通过区域内集中控制实现所有车辆的自动驾驶，提升交通效率与安全性。自动驾驶功能的商业模式也将有极大的创新应用，因为整车硬件的功能都可以通过云端开启关闭，同一个车型可以拥有一样的硬件，但通过软件限制区分不同的配置，允许用户在购车之后，再通过付费开启车上的硬件功能，使得“免费试用”的模式成为可能。这样既可以实现对消费者的推销，又能反向促进车企提供能足够吸引用户的自动驾驶软件体验。

★拓展视窗

车联网技术产业发展借力于华为

华为技术有限公司自1987年成立起至今已经走过了34年,从当初的小平房到如今的世界500强,可以说,华为是非常不容易的。这一切的成就,都离不开华为上下的“狼性精神”,以及核心人物任正非的领导。在如今的时代,拥有自己的技术是一件非常重要的事情,华为在5G上的技术,证明了这一点——面对美国的施压,华为丝毫不惧,且亮出了自己的一张张好牌,让大家看到,如今的中国,是不好欺负的。

图1-8　华为芯片

1. 华为董事长任正非作为民族企业家,发挥人格魅力

作为华为的创始人,任正非理性而充满自信的言论,无疑有着稳定人心、维护企业平稳运转的积极作用。从更大的意义上讲,任正非以一位中国企业家的身份,身体力行地传播着现代企业精神,为中国企业面对外部压力如何保持定力树立了榜样。

任正非作为华为创始人,用实际行动重新定义了中国企业家精神。他的创业故事激励着无数企业家奋斗。他和他缔造的企业一样沉稳低调,历经坎坷,却最终披荆斩棘,登上了个人意志和时代的巅峰。

任正非43岁才开始创业,不惑之年始见春,一手把民营小公司变成了震惊世界的科技王国,同时创立了开中国企业先河的企业治理方法。

2. 华为致力于推动传统行业转型升级

很多年前,华为就已经开始了关于物联这一块的布局。近年来,华为把公司的愿景进行了调整,希望通过华为最新的技术,把连接带到每个人、每个家庭和每一个组织、行业。其本质就是要将现在的物理世界转化成数字世界,能够有效地帮助传统行业转型并提升效率,孵化更多新的商业模式。

近年来，华为协同全球的一些产业伙伴，推出了 NB-IOT（窄带物联网），并针对具体的行业，如抄表、停车、烟感等，进行了一系列技术的革新，形成了多套解决方案。现在，在华为公司，物联网技术的革新和应用已不仅是公司的战略，也是很多传统行业和新兴行业的战略。华为希望和许多传统行业一起来共同面对他们的挑战，看看如何用物联网技术去帮助他们解决问题，并在这个过程中孵化出一些新技术，形成产业效应。

3. 中国窄带物联网、车联网技术发展迅速

近些年，全球范围内都在研究物联网技术，其中 NB-IOT、车联网领域发展较为迅速。过去两年全球已有 100 多张网部署了 NB-IOT，解决了物联从前无法做国际漫游和省际漫游的问题。以中国为例，NB-IOT 的连接在 2021 年达到 1 亿数量级，预计 2025 年将达到 3 亿以上。

中国目前 NB-IOT 的网络已建设了超过 80 万站。华为无线总裁熊伟表示，基于现在好的物联网络可以支撑更多的行业转型升级。目前，NB-IOT 领域是先进制造和产业升级共同认可的领域。在这方面，中国无论是在产业技术的应用还是积累方面都走在了世界的前列。

在无锡乃至全江苏，车联网领域是目前发展最快的领域。车联网是未来智能交通的一部分。智能交通重点就要解决出行的安全和效率问题。以中国为例，中国一级高速公路有 17 万千米，如果把出行效率提升 10%，相当于重新修建 1.7 万千米的路。再加上 70 万千米二级公路，效益非常大。华为在过去的几年一直致力于解决智能交通面临的问题，其中一项是基于 4G 衍生出来的蜂窝车联网技术（C-V2X），并在无锡建立了 LTE-V 网络。

4. 自动驾驶将成为可能

智能交通体现了车与路的协同、车与整个交通体系的协同。熊伟表示，目前中国物联最大的连接还是和车的连接，接下来华为将在智能交通方面，解决无感知的道路设施包括限速牌、路灯等和车的关联，帮助驾驶员在驾驶时摆脱人的限制性，从而更好地减少交通事故的发生。为此，工作首先要从路边开始。

目前华为用的是 LTE-V 的技术，未来可能用 5G 的技术将路边的物连接起来，将感知连接给车，同时华为和车商合作，通过车收集到的相关道路信息，辅助驾驶员进行判断。例如，前方有事故时，车辆可以做到紧急制动。这包括把识别出来的路边人的信息，如行人突然穿越和道路抛洒的情况，及时反馈到车，使车能够及时地将信息传递给驾驶员，尽量减少碰撞发生。

其次，是通过将车连接起来后，将城市的整个出行规律反映出来，实时了解道路交通状况，让潮汐车道、交通信号灯的调配和个人道路的规划达到智能化，保证市民的出行更加高效，有效解决城市的拥堵问题。

最后，是做到如何在驾驶过程中解放人，就是要把单车智能和路边智能结合起来，有效地减少对单车智能成本的需求。

目前无法实现自动驾驶的原因主要在于车辆智能化的程度低和单车智能成本较高。只有路上绝大部分车辆达到自动化后，效率才能达到最高。在这个过程中需要单车智能突破一些核心技术，目前这一块华为也正在和车商进行沟通。另外，还要做到道路协同

来降低单车成本。这些是未来智能交通的愿景,也是未来实现车辆自动驾驶的前提。

在如今快速发展的时代,我们相信华为凭借着自己的实力与精神,可以在未来走得更远。面对重重困难,华为体现出了最勇敢的精神,这是非常值得我们学习的。

★学习小结

本项目主要讲解车联网的产生、定义、产业环境及关键技术方面的应用,目的是使学习者能够掌握车联网的定义、相关术语及产业链的组成。

★任务工单

实训工单一　车联网的认知

任务名称		实训日期	
学生姓名		班级学号	
小组成员		组长姓名	

实训目标：

1. 能够独立完成智慧交通系统沙盘认知所需设备及工具的准备等任务。
2. 能够依据智慧交通系统沙盘的操作规范及要求完成沙盘的启动工作。
3. 能够与他人合作，合理完成沙盘系统的认知，并能够制订合理的工作计划和实施方案。
4. 能够秉承认真负责、严谨务实的工作态度，完成每一项工作任务。
5. 能够根据智慧交通系统沙盘的故障现象，与他人合作完成故障原因分析，并能够排除故障。

一、接受工作任务	成绩：

某日，教师甲带领自己的两组学生到智慧交通实验室来认知智能交通系统沙盘。首先，教师甲让学生对沙盘的部分区域进行了清洁工作，检查沙盘的电源等部件，确认各项准备工作已经就绪的情况下，打开智慧交通系统沙盘的总开关，沙盘正常。启动环境开关，环境系统也正常亮灯。当启动沙盘路灯开关时，学生发现沙盘的路灯一个也没有亮起。随后开启红绿灯、建筑两个系统，都没有问题。若你是沙盘的维护人员，请为教师甲及他的学生解决此故障。

二、信息收集	成绩：

1. 实训设备名称：________________。
2. 实训场地的要求：________________。
3. 实训所用工具：电源插座____个，规格要求：________________。
   热熔胶枪______个，规格：________________。
4. 实训人员的要求：______人完成，______人辅助，分______组。
5. 实训的安全注意事项是：____
____
____
____
____
____
____
____
____。

三、制订计划			成绩：
1. 请根据智慧交通仿真教学系统的操作规范及要求，制订智慧交通系统沙盘的认知实训计划。			
操作流程			
序号	作业项目		操作要点
计划审核	审核意见： 年　月　日　签字：		

2. 请根据实操作业计划，完成小组成员任务分工。			
操作人		记录员	
监护人		展示员	
作业注意事项			
①实训开始前应注意智慧交通系统沙盘的电源防护，以免发生火灾。 ②保持智慧交通系统沙盘的清洁，室内的红外线摄像头要避光，室内的窗帘不能透光，室内的环境温度不能高于 30 ℃，不能低于 0 ℃。 ③无任何实训任务时，要及时关闭智慧交通系统沙盘的电源开关。 ④启动沙盘时，一定要保证沙盘周围的窗帘关闭，同时保证沙盘绿化灯不开启。 ⑤进入智慧交通实验室人员，不得随意触摸或搬动沙盘内的任何设施，要按照实训室的安全管理规定做好基础的防护。 ⑥实训设备及工具使用后，应清洁并归还原处。			
实训设备/工具/材料			
序号	名称	数量	清点
			□已清点
			□已清点
			□已清点
			□已清点
			□已清点
			□已清点
			□已清点
			□已清点

<table>
<tr><td colspan="2">四、计划实施</td><td colspan="2">成绩：</td></tr>
<tr><td colspan="4">1. 请完成智慧交通系统沙盘认知作业前检查工作，并做好基本信息记录。
①作业前沙盘的清洁。</td></tr>
<tr><td></td><td colspan="3">作业内容：
作业结果：</td></tr>
<tr><td colspan="4">②作业前电源插座的检查。</td></tr>
<tr><td></td><td colspan="3">作业内容：
作业结果：</td></tr>
<tr><td colspan="4">③作业前工具的准备和检查。</td></tr>
<tr><td></td><td colspan="3">作业内容：
作业结果：</td></tr>
<tr><td colspan="4">2. 请检查智慧交通系统沙盘各个区域的完整性。</td></tr>
<tr><td rowspan="5"></td><td rowspan="5">智慧交通
系统沙盘</td><td>电源按钮</td><td>□正常　□破损　□脏污</td></tr>
<tr><td>建筑物</td><td>□完整　□破损　□脏污</td></tr>
<tr><td>道路标线</td><td>□完整　□破损　□脏污</td></tr>
<tr><td>交通标志</td><td>□完整　□破损　□脏污</td></tr>
<tr><td>交通信号灯</td><td>□完整　□破损　□脏污</td></tr>
</table>

3. 启动沙盘系统。

①沙盘启动过程记录。

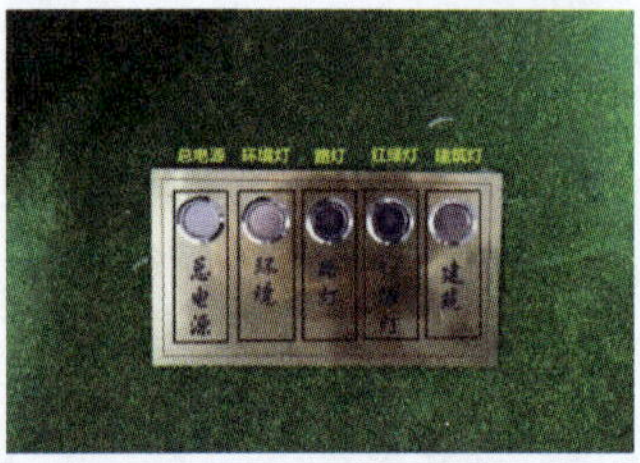	沙盘启动	总开关开启	□正常启动 □异常,有故障
		环境开关开启	□正常启动 □异常,无法启动
		路灯开关开启	□路灯亮 □路灯不亮 □有故障
		红绿灯开启	□红绿灯亮 □不亮 □有故障
		建筑灯开启	□灯亮 □不亮 □有故障

②启动沙盘过程:□无异常 □异常,异常现象记录:______________________________

____

____。

五、质量检查	成绩:

请实训指导教师检查各组作业结果,并针对实训过程中出现的问题提出改进措施及建议。

序号	评价标准	评价结果
1	沙盘认知前准备工作	
2	沙盘系统的基础维护与管理	
3	启动沙盘系统的操作是否规范,执行步骤的顺序是否正确	
综合评价	☆ ☆ ☆ ☆ ☆	
综合评语(作业问题及改进建议)		

六、评价反馈	成绩:

请根据自己在课堂中的实际表现进行自我反思和自我评价。

自我反思:____

____

____

____。

自我评价:____

____

____

____。

实训成绩单			
项目	评分标准	分值	得分
接受工作任务	明确工作任务,理解任务在企业工作中的重要程度	5	
信息收集	掌握智慧交通系统沙盘整体结构图与实物图的匹配	5	
	掌握智慧交通系统沙盘所用的设备及工具	5	
	掌握智慧交通系统沙盘认知工作的任务内容	5	
	掌握智慧交通系统沙盘的使用方法	5	
制订计划	按照智慧交通系统沙盘的操作步骤制订相应的工作计划	10	
	能协同小组人员安排任务分工	5	
	能在实施前准备好所需要的工具器材	5	
计划实施	规范进行场地布置及工具检查	5	
	掌握智慧交通系统沙盘的功能及结构组成	5	
	按照智慧交通系统的要求启动沙盘	10	
	找出智慧交通系统沙盘启动中常见的异常现象	10	
	能够找出智慧交通系统沙盘异常的原因	10	
质量检查	学生任务完成,操作过程规范	5	
评价反馈	学生能对自身表现情况进行客观评价	5	
	学生在任务实施过程中发现自身问题	5	
得分(满分100)			

★学习评价

一、填空题

1. 无人驾驶汽车是通过车载__________、__________、__________和识别行车路线并控制车辆到达预定目标的智能汽车。

2. 车联网是以__________、__________、________为基础，按照约定的体系架构及其通信协议和数据交互标准，实现 V2X（V 代汽车，X 代表车、路、行人及应用平台等）无线通信和信息交换，以________、________、________控制的一体化网络，是物联网技术在智能交通系统领域的延伸。

3. 车联网发展受到了政府部门、科研院所以及产业界的广泛关注和积极推动。从应用来看，主要包括五种模式：乘用整车厂主导型、________、________、消费电子主导型、地方政府主导型。

二、选择题（不定项选择）

1. 车联网的系统是由（　　）组成的。

A. 环境感知层　　B. 智能决策层

C. 控制层　　D. 执行层

2. 车联网系统包括（　　）。

A. 环境感知与定位系统　　B. 无线通信系统

C. 车载网络系统　　D. 先进驾驶辅助系统

3. 车联网（即 IOV）是以车内网、车际网和车载移动互联网为基础，按照约定的通信协议和数据交互标准，在车-X 之间，进行无线通信和信息交换的大系统网络，是能够实现智能化交通管理、智能动态信息服务和车辆智能化控制的一体化网络，是物联网技术在交通系统领域的典型应用。此处，X 可以是（　　）。

A. 车　　B. 路　　C. 行人　　D. 互联网

三、思考题

1. 车联网的定义是什么？

2. 车联网与哪些技术相关？

3. 车联网与物联网是什么关系？

项目二
车联网的法规和标准

以智能化、网联化为代表的“新四化”正在成为汽车产业未来趋势。作为人工智能落地、产业互联网发展、5G迭代、智能制造探索、新能源应用等领域创新交汇的载体，以自动驾驶为方向的智能网联汽车，成了“新四化”发展的重中之重。积极发展智能网联汽车，成为推动中国汽车品牌向上，实现我国由汽车大国向汽车强国转变的关键路径。当前，在我国智能网联汽车发展过程中，存在着交通基础设施建设与车联网发展缺少协调和统筹、车联网发展缺乏统一标准等问题。

★学习情境

智慧交通实验室的王老师早晨上班后和同学们一起启用智慧交通系统沙盘的智能微型车。王老师把智慧交通系统沙盘启动后，将智能微型车放入沙盘，并打开线控底盘的控制开关，连接好决策供电电源，发现下位机屏幕不亮，风扇不转动。若你是智能微型车维护保养人员，请为王老师解决此问题。

任务一　车联网的法规

车联网产业是汽车、电子、信息通信、道路交通运输等行业深度融合的新型产业，是全球创新热点和未来发展的制高点。各国纷纷探索并制定各自的车联网法规，便于自动驾驶的车辆量产。

★任务目标

素质目标

1. 正确理解车联网的法规。
2. 能够进行有效的沟通和交流，具有团队协作意识。
3. 热爱民族企业，弘扬民族精神，养成爱岗敬业的习惯。

知识目标

1. 掌握全球车联网的法规。
2. 掌握我国车联网法规制定的依据与背景。

能力目标

1. 根据客户的需求，应用车联网的基本概念解决实际问题。
2. 根据车联网的具体规定，完成车联网技术的基础服务工作。

★知识准备

近年来,车联网产业快速发展,技术创新日益活跃。伴随着"软件定义汽车"成为行业的大趋势,车内的软件占比越来越高,"网联化"又使得车内与外界的联系越来越紧密,"万物互联"下的车联网使得汽车不再是传统的相对独立的封闭系统,网络攻击、木马病毒、个人隐私泄露等互联网安全威胁也逐步渗透至车联网领域,提升车联网网络安全水平,构建车联网安全保障体系,对车联网健康快速发展具有重要意义。

一、国外车联网的法规

为了改善道路交通安全和效率,各国政府纷纷推进车联网法规进程。美国、欧盟、日本在20世纪90年代便已开始国家层面的车联网交通项目规划,其中美国更注重V2V(车车互联)、V2I(车基础设施互联)对车辆交通安全和交通效率的改善。

1. 美国

2016年1月,由美国汽车工程师学会(即SAE)颁布的J3061《信息物理汽车系统网络安全指南》,是首部针对汽车网络安全而制定的指导性文件。

2016年9月,美国交通部颁布的《美国自动驾驶汽车政策指南》,主要概述了在商业销售或汽车上路前关于自动驾驶汽车(HAV)安全应用前设计、开发和测试的最佳做法。

2017年7月,美国众议院通过了两党法案SELF DRIVE Act(《自动驾驶法案》)。该法案共分13章,首次从管理、标准、豁免、检测、评估、隐私等方面,对自动驾驶汽车的设计、生产、测试等环节进行了规范和管理。

2. 欧洲

2017年,欧洲网络信息安全局(即ENISA)发布了《智能汽车信息安全与快速恢复的正确实践与建议》的报告,目标受众是汽车制造商、供应商和服务商。该报告对智能汽车安全架构、当前面临的威胁(攻击面和场景模式)进行了深入研究,并从政策和标准、组织方法、技术三个层面给出了智能汽车网络安全的最佳实践建议。

2018年5月,欧盟出台了《通往自动化出行之路:欧盟未来出行战略》和《通用数据保护条例》。《通往自动化出行之路:欧盟未来出行战略》明确了智能网联汽车的时间表,计划到2020年在高速公路上实现自动驾驶,在城市中心区域实现低速自动驾驶,到2030年普及完全自动驾驶。助力未来的自动驾驶,到2022年,欧盟所有新车都将具备通信功能,实现100%的车联网接入。

2019年3月,欧洲议会发布了《欧盟网络安全法案》。该法案在制度设计、涵盖范围以及监管手段等问题上具有开创性、系统性、科学性和前瞻性,对于全球网络和信息通信安全的法律设计、网络安全保护的国际合作以及网络安全标准体系的完善,提供了值得参考的新思路。

3. 日本

2000年1月,日本政府发布了网络安全领域的首个政策文件——《保护信息系统免受网络攻击行动计划》。同年,制定了"确保政府IT安全性"和"保护关键基础设施"双向战略,旨在从战略角度谋划解决网络安全问题。

2013年6月,日本出台了《日本的网络安全策略》,主要构建了信息共享平台,对时间进行分级分类管理。日本汽车工业协会建立了汽车信息共享组织。

2013年8月,日本情报处理推进机构发布了《车辆信息安全指南》,主要提出了汽车信息安全模型"IPA Car",制定了汽车生命周期各个阶段的安全策略与措施。

2014年11月,日本国会批准了《网络安全基本法》,首次对"网络安全"一词进行法律界定,并明确规定了日本政府、地方当局、关键信息基础设施提供商、网络相关企业经营者、教育/研究机构等的相关职责。总体而言,《网络安全基本法》构成了日本网络安全政策的基础。

4. 国际组织

联合国世界车辆法规协调轮胎智能汽车工作组发布了《信息安全与信息安全管理系统》和《软件升级与软件升级管理系统》,提出了信息安全管理系统和车辆类型认证的相关具体要求。

国际标准化组织(即ISO)与SAE制定了ISO/SAE《道路车辆信息安全工程》,主要讲述了如何约束汽车信息安全工程能力建设。

国际标准化组织发布了ISO 24089《道路车辆软件升级工程》,提出了车载软件更新所涉及的功能安全和信息安全两个方面的要求。

二、我国车联网的法规

2016年,中国汽车工程学会受工信部等委托制定并发布了《节能与新能源汽车技术路线图》,明确了我国车联网产业技术路线。

2017~2018年,工信部、国家标准委陆续印发了《国家车联网产业标准体系建设指南》共四部,初步建立了能够支撑驾驶辅助及低级别自动驾驶的智能网联汽车标准体系,预计到2025年,将形成能够支撑高级别自动驾驶的智能网联汽车标准体系。

2018年12月,工信部发布了《车联网(智能网联汽车)产业发展行动计划》(以下简称《行动计划》)。《行动计划》中的主要任务包括:一是突破关键技术,推动产业化发展。二是完善标准体系,推动测试验证与示范应用。三是合作共建,推动完善车联网产业基础设施。四是发展综合应用,推动提升市场渗透率。五是技管结合,推动完善安全保障体系。《行动计划》提出,将充分发挥政策的引领作用,分阶段实现车联网(智能网联汽车)产业高质量发展的目标。

目前车联网已被国家列入重大专项,成为"十三五"期间的重点项目。扶持资金将集中在汽车电子、信息通信及软件解决方案上。而随着新能源汽车列入国家加快培育和发展的七大战略性新型产业,车联网行业的增长潜力还将得到进一步释放。

2019年12月,交通部印发了《推进综合交通运输大数据发展行动纲要(2020—2025年)》,主要的目标是到2025年力争实现:综合交通运输大数据标准体系更加完善,基础设施、运载工具等成规模、成体系的大数据集基本建成。

2020年2月，国家发改委等11部门联合印发了《智能汽车创新发展战略》。其中提出，到2025年，中国标准智能汽车的技术创新、产业生态、基础设施、法规标准、产品监管和网络安全体系基本形成。实现有条件自动驾驶的智能汽车达到规模化生产，实现高度自动驾驶的智能汽车在特定环境下的市场化应用。智能交通系统和智慧城市相关设施建设取得积极进展，车用无线通信网络（LTE-V2X等）实现区域覆盖，新一代车用无线通信网络（5G-V2X）在部分城市、高速公路逐步开展应用，高精度时空基准服务网络实现全覆盖。

2020年4月，工信部发布了《关于推动5G加快发展的通知》，提出加快5G网络建设部署，加快5G网络建设进度，加大基站站址资源支持，加强电力和频率保障，培育新型消费模式，推动“5G+医疗健康”“5G+工业互联网”“5G+车联网”等行业创新发展。

任务二　车联网的标准

按照规划，国家将“推动互联网、大数据、人工智能同交通运输深度融合，加快车联网、船联网建设，构建以数据为关键要素的数字化、网络化、智能化的智慧交通体系”。车联网是智慧交通落地的主要抓手，为智慧交通的推进提供了绝佳机遇。车联网当前处在政策、技术、产业的三重因素共振之上，为智慧交通的推进提供了绝佳机会。车联网作为智慧交通建设的主要突破口，在交通强国积极推进的大背景下，车联网行业的发展面临历史性机遇。

★任务目标

素质目标

1. 正确理解车联网标准设置的环境因素。
2. 能够进行有效的沟通和交流，具有团队协作意识。
3. 热爱民族企业，弘扬民族精神，养成爱岗敬业的习惯。

知识目标

1. 了解我国车联网标准制定的背景。
2. 掌握我国车联网标准体系的架构。

能力目标

1. 根据车联网的标准,学会分析标准的适用范围。
2. 根据车联网的标准,完成实际问题的分析。

★知识准备

近年来,车联网作为汽车、电子、信息通信和道路交通运输等行业深度融合的新兴产业,已被各个行业视为技术创新和产业发展的制高点,更成为交通运输行业转型升级的重要方向。

一、车联网的标准

车联网的标准

1. 我国车联网及智能网联汽车产业发展情况

我国政府高度重视车联网及智能网联汽车相关产业发展。2017 年 2 月,国务院发布了《“十三五”现代综合交通运输体系发展规划》,提出加快智慧交通建设,不断提高信息化发展水平,充分发挥信息化对促进现代综合交通运输体系建设的支撑和引领作用。2018 年 4 月,工业和信息化部等三部委发布了《智能网联汽车道路测试管理规范(试行)》,对测试主体、测试驾驶员及测试车辆、测试申请及审核、测试管理、交通违法和事故处理等方面作出规定。目前,北京、上海、保定、重庆、深圳等城市先后出台了自动驾驶道路测试管理规定,全国已建设 20 多个智能网联汽车测试示范区。2018 年 12 月,工业和信息化部印发了《车联网(智能网联汽车)产业发展行动计划》,提出了突破关键技术、完善标准体系等重点任务。

2018 年以来,为加快车联网产业发展,大力培育新增长点、形成新动能,我国政府有关部门出台了一系列政策扶持行业发展,推动我国车联网市场规模不断扩大。2020 年 2 月 24 日,国家发改委等 11 部委联合印发了《智能汽车创新发展战略》,随着六大重点任务的推进,智能网联汽车的黄金时代正在到来。

2. 车联网技术标准的建设情况

2019 年 7 月,交通运输部印发的《数字交通发展规划纲要》提出,加快交通运输信息化向数字化、网络化、智能化发展,为交通强国建设提供支撑。推动自动驾驶与车路协同技术研发,开展专用测试场地建设。同时,该纲要在完善标准体系中明确,按照交通运输信息化标准体系,持续完善相关标准,加快自动驾驶国家及行业标准体系建设,完善生产制造、测试评价、网络安全、数据共享、运行使用等标准。

2019 年 9 月,中共中央、国务院印发的《交通强国建设纲要》也明确提出,要加强智能网联汽车(智能汽车、自动驾驶、车路协同)研发,形成自主可控完整的产业链。

为落实《交通强国建设纲要》,全面推动车联网产业技术研发和标准制定,促进自动驾驶和车路协同技术应用和产业健康发展，在国家制造强国建设领导小组车联网产业发展专项委员会的部署下，工业和信息化部、交通运输部、公安部、国家标准化管理委员会等部门联合推进建设指南的完善。

2021年2月20日，为发挥标准在车联网产业生态环境构建中的引领和规范作用，加快制造强国、网络强国和交通强国建设步伐，工业和信息化部、交通运输部、国家标准化管理委员会联合印发了《国家车联网产业标准体系建设指南（智能交通相关）》（以下简称《建设指南》）。《建设指南》充分发挥标准在车联网产业生态环境构建中的顶层设计和基础引领作用，按照不同行业属性划分为智能网联汽车、信息通信、电子产品与服务、车辆智能管理、智能交通相关等若干部分，为打造创新驱动、开放协同的车联网产业提供支撑。

3. 车联网未来建设目标

《建设指南》中提出，要充分发挥智能交通在车联网产业生态环境构建中的引导作用，加快推进现代科技与交通运输的深度融合，促进车联网技术和产业发展，建立跨行业、跨领域、适应我国技术和产业发展需要的车联网智能交通标准体系。

《建设指南》坚持统筹规划、需求引导、创新驱动、强化实施的基本原则，提出将针对车联网产业发展技术现状、未来发展趋势及智能交通行业应用需求，建立支撑车联网应用和产业发展的智能交通标准体系，分阶段出台一批关键性、基础性智能交通标准。到2022年年底，初步构建支撑车联网应用和产业发展的标准体系，完成一批智能交通基础设施、辅助驾驶等领域智能交通相关标准，制定修改标准20项以上；到2025年，系统形成能够支撑车联网应用和产业发展的标准体系，形成一批智能管理和服务、车路协同等领域智能交通关键标准，再完成20余项标准制定修改任务，标准体系完成总数达到40项以上。

二、车联网标准体系

1. 车联网标准体系总体架构

《建设指南》的标准体系结构主要包括基础类标准、道路设施标准、车路交互标准、管理与服务标准、信息安全标准等五部分。其建设的理论依据如图2-1所示。

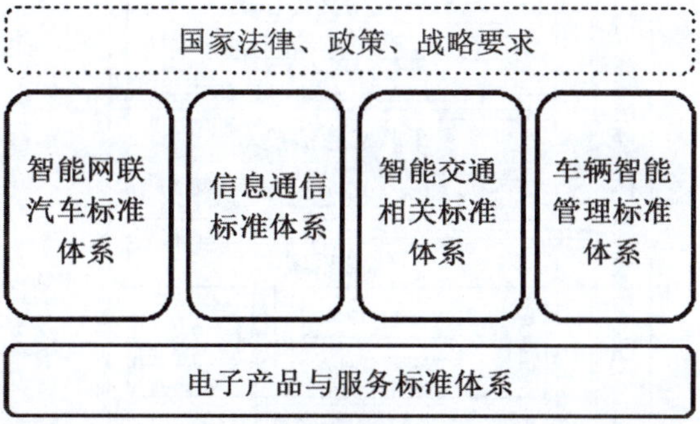

图2-1 车联网标准体系建设结构

(1)智能网联汽车标准体系。我国针对智能网联汽车通用规范、核心技术与关键产品应用,有目的、有计划、有重点地指导车联网产业智能网联汽车标准化工作,加快构建包括整车以及关键系统部件功能安全和信息安全在内的智能网联汽车标准体系,充分发挥智能网联汽车标准在车联网产业关键技术、核心产品和功能应用的基础支撑和引领作用,逐步形成统一、协调的国家车联网产业标准体系架构,如图 2-2 所示。

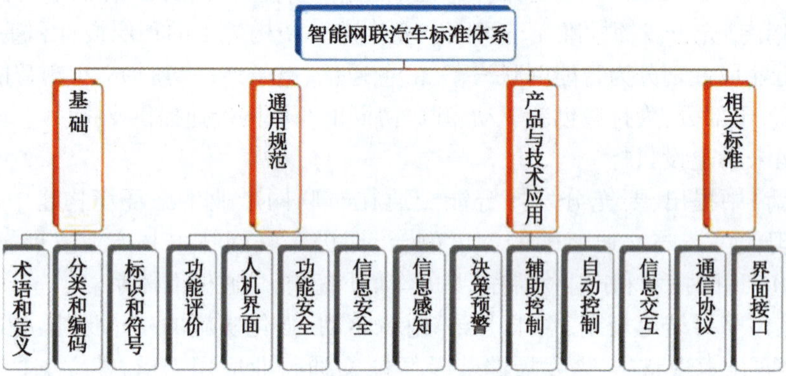

图 2-2　智能网联汽车标准体系架构

在此工作背景下,构建科学、合理的智能网联汽车团体标准体系作为现行国家标准体系的补充,要充分考虑不同层面的基本情况,向产业提供一个未来标准层级和发展方向的清晰建设指南。

(2)信息通信标准体系。车联网产业信息通信标准体系以人、车、路、云的信息交互和相互间安全、有序、高效协同为目标,"十三五"期间重点研究制定天线技术、通信设备电磁兼容性等基础技术体系,制定基于 LTE-V2X 的无线通信网络建设及关键技术标准体系,探索 5G 技术在车联网产业领域的应用,关注效率出行类、信息娱乐类、通信服务类平台的标准化研究制定工作,制定、完善通信安全相关标准等。信息通信标准体系的结构图和信息通信标准体系图分别如图 2-3 和图 2-4 所示。

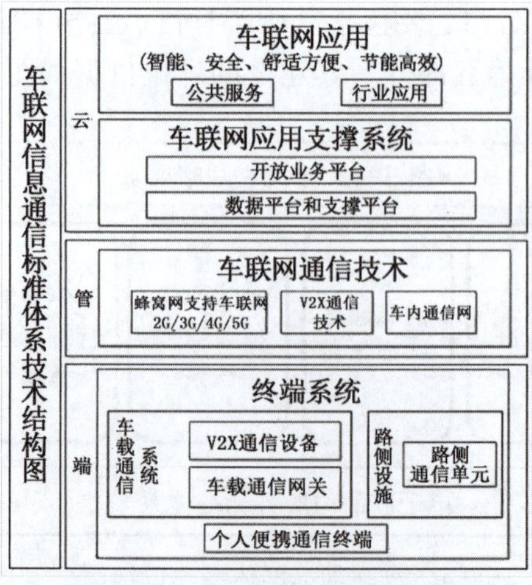

图 2-3　信息通信标准体系技术结构

信息通信标准体系分为感知层(端)、网络层(管)和应用层(云)三个层次,并以共性基础技术和信息通信安全技术为支撑。

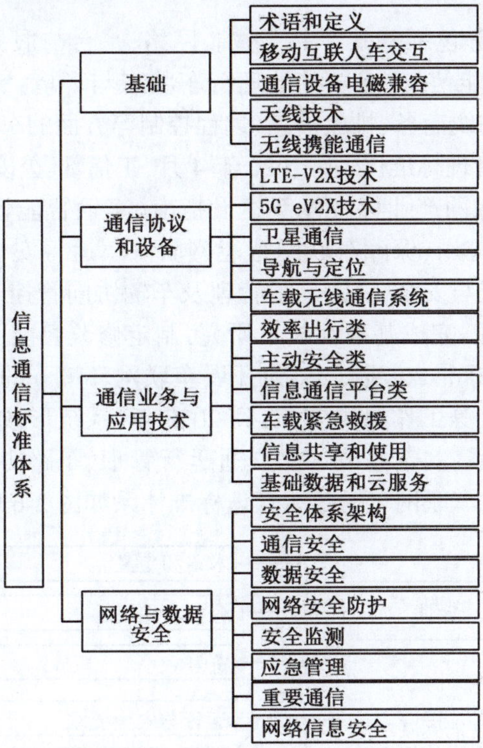

图 2-4　信息通信标准体系

(3)电子产品与服务标准体系。车联网电子产品与服务标准体系的技术结构图如图 2-5 所示。

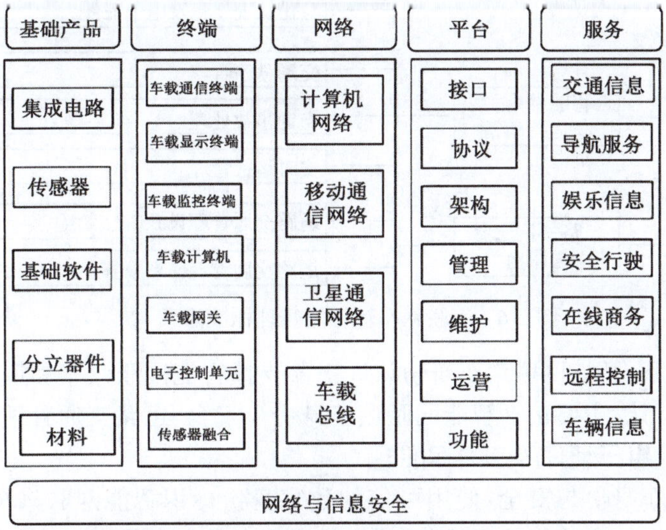

图 2-5　电子产品与服务标准体系技术结构图

电子产品与服务标准体系主要针对支撑车联网产业链的汽车电子产品、车载信息系统、车载信息服务和平台相关的标准化工作，明确车联网电子产品和车载信息服务的标准化发展方向。

车联网电子产品与服务包括基础产品、终端、网络、平台与服务等，通过基础产品和终端采集并获取车辆的智能信息，感知并处理行车状态与环境，实现交通信息、导航服务、娱乐信息、安全行驶、在线商务、排放信息、远程控制等方面的车载信息服务。

（4）车联网车辆智能管理标准体系。2020 年 4 月，工信部、公安部和国家标准化管理委员会联合印发《国家车联网产业标准体系建设指南（车辆智能管理）》，以推动车联网技术在公安交通管理领域应用、保障车联网智能网联汽车运行安全为核心，提出智能网联汽车登记管理、身份认证与安全、道路运行管理及车辆协同管控与服务等领域的国家、行业标准。到 2022 年年底，完成基础性技术研究，制定修改智能网联汽车登记管理、身份认证与安全等领域重点标准 20 项以上，为开展车联网环境下的智能网联汽车道路测试、车联网城市级验证示范等工作提供支撑；到 2025 年，系统形成能够支撑车联网环境下车辆智能管理的标准体系，制定修改道路交通运行管理、车路协同管控与服务等业务领域重点标准 60 项以上。车联网车辆智能管理标准体系如图 2-6 所示。

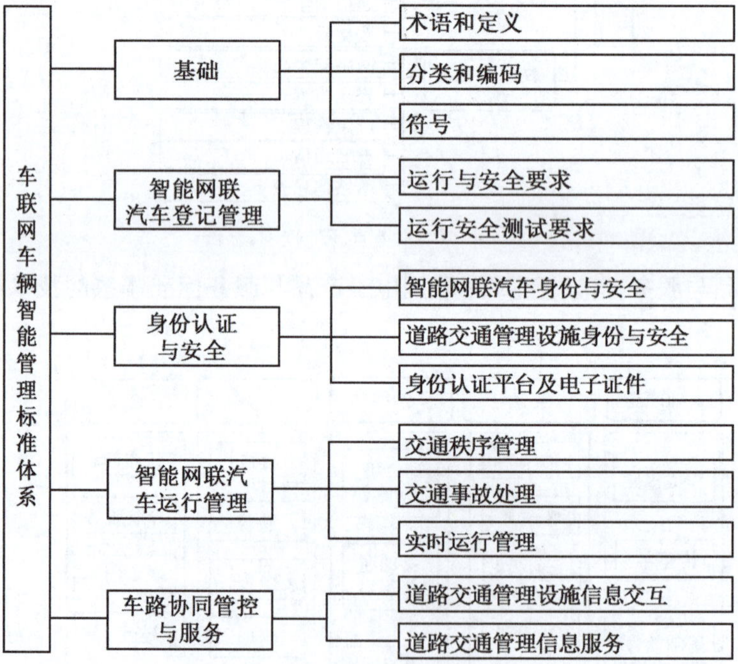

图 2-6　车联网车辆智能管理标准体系

在车联网环境下，智能网联汽车身份认证主要支撑智能网联汽车和道路交通管理系统、设施之间身份互认，主要包括智能网联汽车身份与安全、道路交通管理设施身份与安全、身份认证平台及电子证件等三类标准。

①智能网联汽车身份与安全：使用可信的数字身份标识智能网联汽车真实身份，主要包括智能网联汽车数字身份编码规范、智能网联汽车数字身份通用技术规范等标准。

②道路交通管理设施身份与安全：在车联网环境下，需要安装专用识读设备，读取或写入智能网联汽车相关身份信息；接入车联网的道路交通管理设施需加注数字身份，设施与设施、设施与系统之间需进行身份互认。此类标准主要包括道路交通管理设施数字身份通用技术规范、机动车电子证件识读设备通用技术规范等标准。

③身份认证平台及电子证件：身份认证平台主要提供身份注册、身份认证、身份注销等身份管理服务，提供密钥分发管理及证书管理功能。身份认证平台包含智能网联汽车电子证件发行管理系统，用于管理电子证件发行，提供电子证件相关应用服务。此类标准主要包括机动车身份认证系统技术要求、机动车身份认证系统服务接口规范、密钥分发管理系统技术要求等标准。

(5)车联网无线接入技术标准体系。基于欧洲和美国的 V2X 架构，可以将车联网通信部分的协议结构抽象为图 2-7。对应于美国的标准，IP(互联网协议地址)层以下主要是 802.11P 和 DSRC(专用短程通信技术)的一部分，而上层的消息等部分由 SAE 负责。3GPP(第三代合作伙伴计划)制定的 C-V2X 的设计目标是利用更为先进的蜂窝技术设计 V2X 协议，从而取代 802.11P 协议，并与上层消息层等对接。

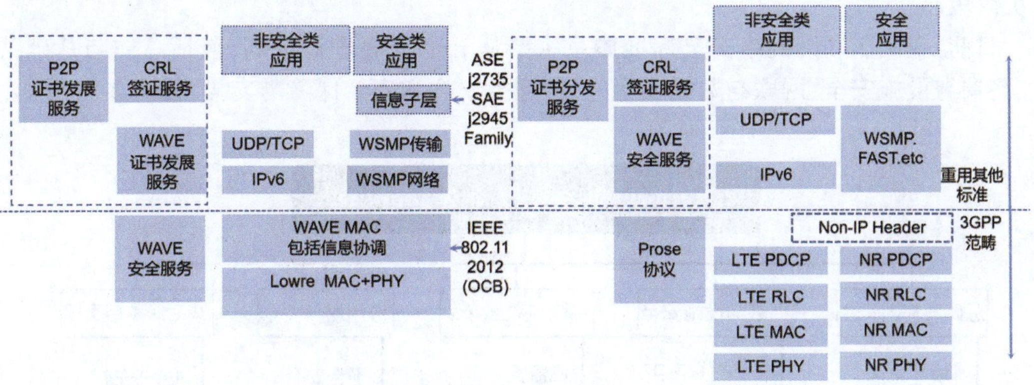

图 2-7　通信协议结构图

三、车联网的网络安全标准

1. 车联网网络安全现状

汽车产业是新一轮科技革命的先导性产业，当前以车联网为代表的新兴产业生态蓬勃发展，驱动汽车电子、信息通信、交通运输等行业深度融合，成为推动制造业高质量发展、加速经济转型升级、构建新发展格局的重要动力。欧美等发达国家也将车联网视为产业创新发展的新高地，密集出台相关的政策。2019 年，欧盟在其发布的增强欧盟未来工业的战略价值链报告中，确立了提升欧盟竞争力和全球领导地位的六大领域，其中就包括车联网和网络安全。

我国高度重视车联网产业发展和网络的安全工作，党的十九大提出了建设制造强国、网络强国、交通强国的发展目标，明确要求加快推动我国汽车制造业的高质量发展，并强调安全与发展必须同步推进，这为我们推动车联网的高质量发展提供了根本保障。

2. 国内网络安全标准体系

从车联网企业网络安全实际看，产业链相关企业，特别是传统车企，网络安全意识不强，防护能力不足，安全投入不够等问题也比较突出。在2020年的专项调研、检测中发现，85%的关键部件存在着安全漏洞，80%以上的车联网平台和APP存在缺乏身份鉴别、数据明文重组等隐患，近六成企业缺乏自动化的网络安全监测响应能力。从车联网安全产业支撑能力看，针对车联网安全的特定技术产品和解决方案创新不够，供给不足。基于总线的关键车载系统安全防护模式仍需要创新突破，面向人、车、路、云协同，自动驾驶等新场景的综合服务保障方案仍需要加快探索。

智能汽车终端安全威胁主要集中在八个关键零部件及核心功能层面，分别是车载网关、T-Box、传感器、OTA、车载OS（操作系统）、车载信息娱乐系统、ECU、OBD（车载远程诊断系统）-Ⅱ接口。通信安全威胁主要存在于车内域、V2X通信域以及基础设施设备域。车联网服务平台作为重要的通信服务器，面临着形式各异的攻击威胁。移动应用是整个车联网系统的接入端，用户可通过手机移动应用，实现远程控车操作，面临的威胁不容小觑。车联网数据安全威胁存在于数据采集、传输、存储、使用、迁移、销毁等数据生命周期相关阶段。

目前，我国车联网网络安全标准体系主要从五个方面进行规划，包括总体与基础共性、终端与设施安全、网联与数据安全、应用服务安全和安全保障与支撑，如图2-8所示。

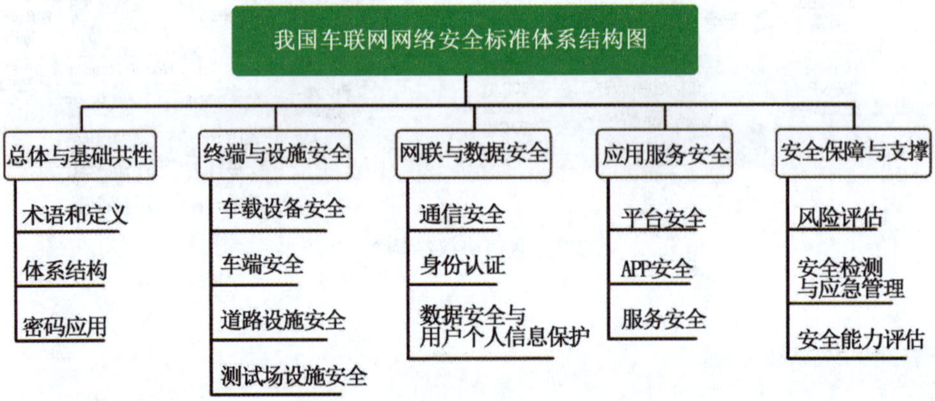

图2-8　车联网网络安全标准体系结构

伴随车联网智能化和网联化进程的不断推进，车联网安全事件不断涌现，诸多核心安全问题亟待解决，并将长期伴随车联网发展。面对严峻的车联网安全形势，急需加大车联网安全方面的投入，政产学研形成合力，深入研究车联网安全防护技术，加快部署有效的车联网安全解决方案，为车联网健康有序发展保驾护航。

加快部署解决方案，引领车联网安全产业健康有序发展。为能够真正有效地解决车联网安全问题，国内多家典型企业加快部署解决方案。奇虎360公司提供了完整的车联网安全防护产品，贯穿汽车全生命周期，建立了车联网信息安全服务平台和360车联网安全运行平台，基于安全大数据，实时监测安全威胁，获取车联网安全威胁情报，实现了有效的车联网安全防护。百度 Apollo 提供了一套完整的车联网软硬件和服务的安全解决方案，建立边界隔离和内容可信的智能车联网，包括车辆平台、软件平台、硬件平台和云端数据服务等四大部分。腾讯成立科恩实验室，针对车联软件的全生命周期提供安全解决方案，从安全管理、风险验证、产品研发、产品运营、技术支持各个阶段为车辆提供事前、事中、事后的全面安全防护解决方案。

创新车联网安全技术研究，为车联网高速发展保驾护航。一是加速部署车载终端安全策略，针对车联网终端主要运用防火墙技术来实现逻辑隔离，面临不同安全攻击时，主要采取在 CAN（控制器局域网络）和 OBD 之间并联和串联防火墙的部署方式。二是基于 PKI（公开密钥体制）的 V2X 信息交互认证成为关注热点，中国通信标准化协会组织研制完成了《基于 LTE 的车联网无线通信技术安全总体技术要求》行业标准。三是聚焦数据安全和个人信息保护，中国通信标准化协会组织起草了《车联网信息服务数据安全技术要求》和《车联网信息服务用户个人信息保护要求》等一系列标准，加强用户敏感数据保护管理，对于涉及驾驶员信息、驾驶习惯、车辆信息、位置信息等的敏感数据采取较高级别的管理要求，确保相关信息安全可控。

车联网安全持续得到关注，构建全链条的综合防御体系将成为必然趋势。随着车联网智能化和网联化进程的不断推进，网络攻击手段将不断更新，车联网安全防护水平需要不断提升。因此，构建贯穿于车联网“端-管-云”全链条的综合防御体系是车联网安全发展的必然趋势。一是要建立层次化的多重安全措施的纵深防御体系，构建多级、多域的实时安全监控平台。二是要从单点、特定、被动的安全检测体系，向被动安全检测和主动安全管控相结合的综合防御体系转变，从本质上提升基础安全防御水平，逐步提升对未知威胁的防御能力和效率，并借助大数据、机器学习、人工智能等技术，实现自动化威胁识别、阻断和追溯，提升综合防御水平。

★拓展视窗

汽车信息安全

1. 汽车信息安全的发展

2020 年，国内外围绕汽车网络安全的标准已全面铺开，总体上呈现出以自动驾驶、V2X 等应用场景为目标抓手，指导汽车产业链在概念、开发、生产、运维等各阶段开展网络安全活动。国际标准化组织在 2020 年年底发布了 ISO/SAE 21434 网络安全方法论标准，引导行业建设汽车网络安全体系。国际电信联盟电信标准分局（ITU-T）和国内各标准组织正在研究多项具体实施方法的指导性标准，预计在 2022 年左右发布，为行业开展网络安全工作提供可落地的参考规范。

自 2019 年以来，我国非常重视汽车信息安全，整体的发展历程如图 2-9 所示。

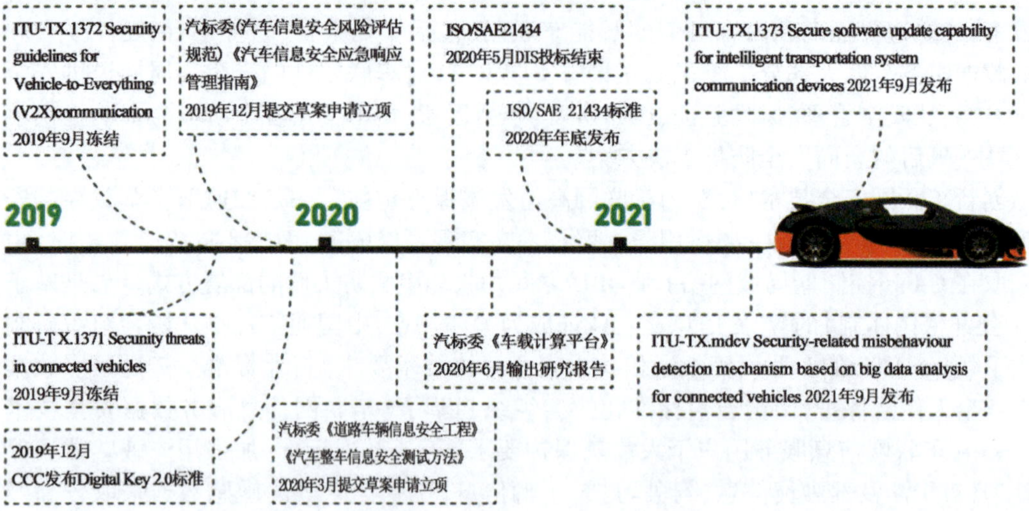

图 2-9　我国信息安全发展历程图

2. 智能网联汽车安全攻击事件

正所谓“道高一尺,魔高一丈”。近几年,主机厂通过分析大量的汽车安全研究案例,与汽车网络安全厂商合作,建立了适用于自己体系架构的网络安全解决方案,为车联网系统提供适当的安全防护,使车联网安全达到攻防平衡。2019 年,有两类新型车联网攻击方式爆出。新出现的攻击方式往往会打破这种平衡,因为原有的防护方案没有考虑到此类攻击手段,这需要主机厂重点关注。例如 APN(接入点名称)网络渗透事件,如图 2-10 所示。

图 2-10　APN 网络渗透到车厂 TSP 平台实施批量远程控制

这种攻击方式可以通过 TCU(终端控制器)的调试接口或者存储模块获取到 APN 的联网信息和 TSP 的日志信息,通过连接 ESIM(嵌入式客户身份识别卡)模块与车厂的 TSP 服务器进行通信。APN 是运营商给厂商建立的一条专有网络,因为私网 APN 是专网,安全级别很高,直接接入到车厂的核心交换机上,绕过了网络侧的防火墙和入侵检测系统的防护。一旦黑客通过私有 APN 网络渗透到车厂的内部网络,则可实施进一步的渗透攻击,实现远程批量控制汽车。

汽车信息安全至关重要,能够支撑我国道路运输安全健康发展,助力交通强国建设。

★学习小结

本项目主要讲解车联网的法规与标准,学习者要熟悉法规与标准形成的产业背景及原因,严格遵守其基本规定与要求,将车联网的网络安全事件防患于未然。通过学习,学习者要掌握车联网的标准体系架构及相关规定。

★任务工单

实训工单二　车联网法规和标准

任务名称		实训日期	
学生姓名		班级学号	
小组成员		组长姓名	

实训目标：

1. 能够正确识别智能微型车结构部件的组成及各部件的功能。
2. 能够正确维护智能微型车的线控底盘供电电源、决策中枢供电电源，做好日常的维护与保养。
3. 能够与他人合作，用专用设备或工具完成智能微型车的数据转换接口、数据通信接口的日常检查与故障判定，并能够制订合理的工作计划和实施方案。
4. 能够秉承认真负责、严谨务实的工作态度，完成每一项工作任务。
5. 能够正确组装智能微型车的各个部件，完成智能微型车的正常启用。

一、接受工作任务	**成绩：**

智慧交通实验室的王老师，早晨上班后和同学们一起启用智慧交通系统沙盘的智能微型车。王老师把智慧交通系统沙盘启动后，将智能微型车放入沙盘，并打开线控底盘的控制开关，连接好供电电源，发现下位机屏幕不亮，风扇不转动。若你是智能微型车维护保养人员，请为王老师解决此问题。

二、信息收集	**成绩：**

1. 实训设备名称：________________________________。
2. 实训场地的要求：________________________________。
3. 实训所用工具：万用表规格要求：__________________，数量：______个。
4. 实训人员的要求：______人完成，______人辅助，分______组。
5. 实训的安全注意事项是：____
____
____
____
____
____
____
____
____
____。

三、制订计划			成绩：
1. 请根据智能微型车的操作规范及要求，制订智能微型车结构认知与功能验证的实训计划。			
操作流程			
序号	作业项目		操作要点
计划审核	审核意见： 年　月　日　签字：		

2. 请根据实操作业计划，完成小组成员任务分工。

操作人		记录员	
监护人		展示员	

作业注意事项

①实训开始前应检查智能微型车的电源电量，以免耽误实训时间安排。
②保持智能微型车定位球的表面清洁，智能微型车使用完毕后应当放置到单元橱柜内，以防定位球表面被灰尘覆盖。
③无任何实训任务时，要及时关闭智能微型车的电源开关，以防漏电。
④启动智能微型车前，要及时查看智能微型车各个部件之间的连接线束，要检查其牢固情况，以防止接口松动。
⑤使用智能微型车的实验人员，要时刻保持认真、细致的态度，不得随意触摸或拆卸智能微型车上的任何部件，要按照智能微型车的使用说明书来完成其基础的维护保养。
⑥实训设备及工具使用后，应清洁并归还原处。

实训设备/工具/材料

序号	名称	数量	清点
			□已清点
			□已清点
			□已清点
			□已清点
			□已清点
			□已清点
			□已清点
			□已清点

四、计划实施	成绩：
1. 请完成智能微型车的清洁检查工作，并做好基本信息记录。 ①作业前智能微型车的清洁。	
	作业内容： 作业结果：
②作业前智能微型车关键传感部件的检查。	
	作业内容： 作业结果：
③作业前智慧沙盘的检查。	
	作业内容： 作业结果：
2. 请检查智能微型车各个部件的情况。 ①正面检查。	

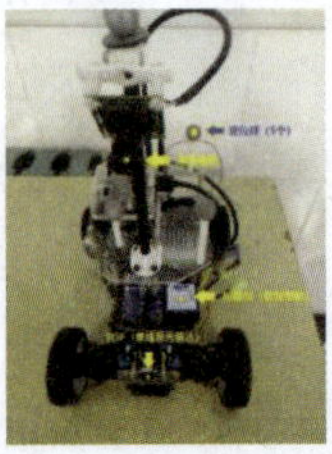	智能微型车	定位球	□正常 □破损 □脏污
		单目相机	□完整 □破损 □脏污
		陀螺仪	□完整 □破损 □脏污
		单线激光雷达	□完整 □破损 □脏污

<table>
<tr><td colspan="4">②侧面一侧检查。</td></tr>
<tr><td rowspan="4"></td><td rowspan="4">智能微型车</td><td>决策单元(TX2)</td><td>□正常 □破损 □脏污</td></tr>
<tr><td>Wi-Fi 接收器</td><td>□完整 □破损 □脏污</td></tr>
<tr><td>轮速传感器</td><td>□完整 □破损 □脏污</td></tr>
<tr><td>底盘电池</td><td>□完整 □破损 □脏污</td></tr>
<tr><td colspan="4">③侧面另一侧检查。</td></tr>
<tr><td rowspan="5"></td><td rowspan="5">智能微型车</td><td>充电口</td><td>□完整 □破损 □脏污</td></tr>
<tr><td>放电口</td><td>□完整 □破损 □脏污</td></tr>
<tr><td>舵机</td><td>□完整 □破损 □脏污</td></tr>
<tr><td>下位机</td><td>□完整 □破损 □脏污</td></tr>
<tr><td>驱动电机</td><td>□完整 □破损 □脏污</td></tr>
<tr><td colspan="4">3. 启动智能微型车。
①连接充电口、放电口线束。</td></tr>
<tr><td>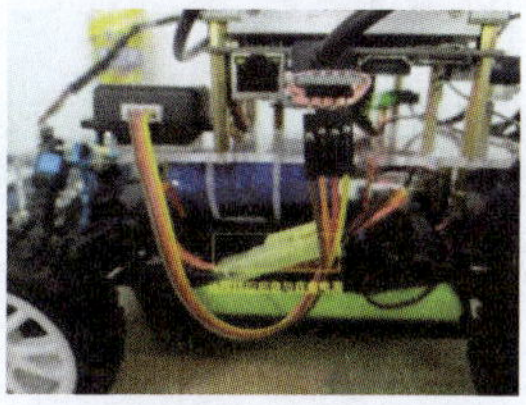</td><td>智能微型车启动</td><td>连接充、放电口</td><td>□正常启动 □异常,有故障</td></tr>
<tr><td colspan="4">②连接决策中枢充电口与供电电源接口线束。</td></tr>
<tr><td rowspan="2"></td><td rowspan="2">智能微型车启动</td><td>下位机屏幕</td><td>□点亮 □不亮,有故障</td></tr>
<tr><td>风扇转动</td><td>□转动 □不转,有故障</td></tr>
<tr><td colspan="4">③启动智能微型车过程:□无异常 □异常,异常现象记录:________________________________
____
____
____
____。</td></tr>
</table>

五、质量检查		成绩：
请实训指导教师检查各组作业结果，并针对实训过程中出现的问题提出改进措施及建议。		
序号	评价标准	评价结果
1	智能微型车认知前准备工作	
2	智能微型车的基础维护与管理	
3	启动智能微型车的操作是否规范，执行步骤的顺序是否正确	
综合评价	☆ ☆ ☆ ☆ ☆	
综合评语（作业问题及改进建议）		

六、评价反馈	成绩：

请根据自己在课堂中的实际表现进行自我反思和自我评价。

自我反思：____

____

____

____

____

____。

自我评价：____

____

____

____

____

____。

实训成绩单			
项目	评分标准	分值	得分
接受工作任务	明确工作任务，理解任务在企业工作中的重要程度	5	
信息收集	掌握智能微型车整体结构部件的配备	5	
	掌握智能微型车各个关键部件的功能与结构	5	
	掌握智能微型车启动的操作规范	5	
	掌握使用智能微型车可能出现的常见问题或故障现象	5	
制订计划	按照智能微型车启动的操作步骤制订相应的工作计划	10	
	能协同小组人员安排任务分工	5	
	能在实施前准备好所需要的工具器材	5	
计划实施	规范进行场地布置及工具检查	5	
	掌握智能微型车各个部件的名称、功能及结构组成	5	
	按照智能微型车的使用说明及要求启动智能微型车	10	
	找出智能微型车启动中常见的异常现象	10	
	能够找出智能微型车启动异常的原因	10	
质量检查	学生任务完成，操作过程规范	5	
评价反馈	学生能对自身表现情况进行客观评价	5	
	学生在任务实施过程中发现自身问题	5	
得分(满分100)			

★学习评价

一、填空题

1. 美国在2016年1月由美国汽车工程师学会(即SAE)颁布的J3061《____________________》,是首部针对汽车网络安全而制定的指导性文件。

2. 2016年,中国汽车工程学会受工信部等委托,制定并发布了《____________________》,明确了我国车联网产业技术路线。

3. 2019年9月,中共中央、国务院印发的《____________________》也明确提出,要加强智能网联汽车(智能汽车、自动驾驶、车路协同)研发,形成自主可控完整的产业链。

二、选择题(不定项选择)

1.《国家车联网产业标准体系建设指南》的标准体系结构主要包括(　　)、信息安全标准等五部分。

A. 基础类标准　　B. 道路设施标准

C. 车路交互标　　D. 管理与服务标准

2. 车联网信息通信标准体系技术结构图中,包括云、管和(　　)三个层次。

A. 感知层　　B. 端　　C. 认知层　　D. 决策层

3. 车联网的“端”包括(　　)。

A. 移动终端　　B. 车载终端　　C. 路边设施　　D. 路侧单元

三、思考题

1. 车联网的标准体系架构包括什么?

2. 车联网的基本技术架构是什么?

项目三

车联网的工作原理

汽车行业已经有了一百多年的历史，是一个相对成熟和稳定的行业。近些年，车联网的概念正逐渐成为热门，巨头们纷纷加入这场必然的潮流中，以期在未来占据一席之地。车联网可以实现车内上网、拨打电话、在线听歌看视频的功能；车联网就是让车连上互联网，实现各种娱乐需求，或者使车与车之间进行连接，达成相互沟通的需求。

★学习情境

在智慧交通实验室里，早晨上班后，王老师准备与同学们一起测试智慧交通系统云控平台的数据。王老师按照使用说明书的要求，打开云控平台的软件终端，启动电源。室内毫米级高精度定位系统正常启动，加载配置文件后，再启动定位广播，接着打开仿真教学软件，此时发现仿真教学软件界面上没有出现智能微型车的实时定位数据。若你是实验室的维护保养人员，请帮助王老师解决此问题。

任务一　车联网的组成及三要素

物联网的时代，万物相连，这是社会发展的必然趋势，是不可逆转的。车联网是车辆不可或缺的一项技术。

★任务目标

素质目标

1. 培养团结合作的精神。
2. 树立精益求精的工作态度。
3. 培养爱国精神，增强民族自信。

知识目标

1. 掌握车联网的系统架构。
2. 掌握车联网三层次的关系。
3. 掌握车联网的三要素。

能力目标

1. 能根据具体情境对车联网的工作原理进行分析。
2. 能根据具体情境对车联网的技术难题予以解决。

★知识准备

一、车联网的系统架构

车联网的架构及其协同工作机制决定了它能够实现的功能。车联网的系统架构可分为感知层、网络层和应用层三个层次，如图 3-1 所示。

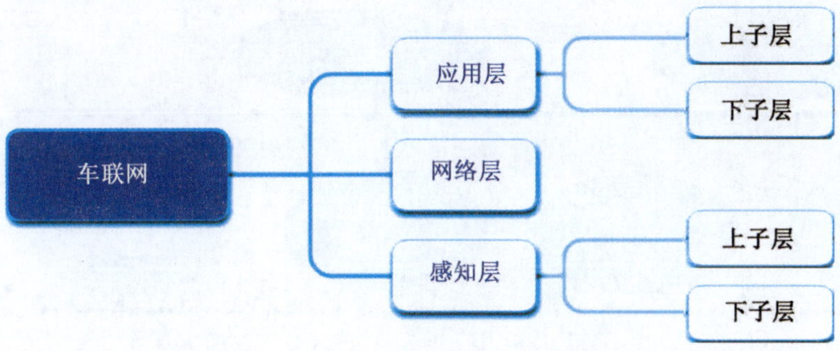

图 3-1　车联网的体系架构

1. 感知层

感知层负责信息采集与发布，主要通过车体上的各类传感器以及环境服务终端等完成车辆和道路环境信息的实况采集和道路预测，并且感知车辆行驶数据以及车辆状况数据等，然后将数据上传到服务器进行数据的整合。感知层又分为上、下两个子层，如图 3-2 所示。

2. 网络层

网络层主要负责收集、分析、传输数据流，由服务器和第三方万维网服务（Web Service）构成。将 GPS 定位和车辆传感器获得的数据上传到服务器中，通过总服务器统一管理对每辆的服务以及车辆之间、车与环境间的信息共享，在服务器对数据进行记录、解析之后，返回给用户相关的信息数据，并保证信息的及时性和准确性。

3. 应用层

应用层主要给予用户服务信息，可分为两个子层，如图 3-2 所示。通过卫星定位获取车辆的位置信息，通过网络层处理、分析后返回用户终端，从而为用户提供导航、通信、监控等优化的服务。上子层是人机交互界面，定义与用户交互的方式和内容；下子层是应用程序层。

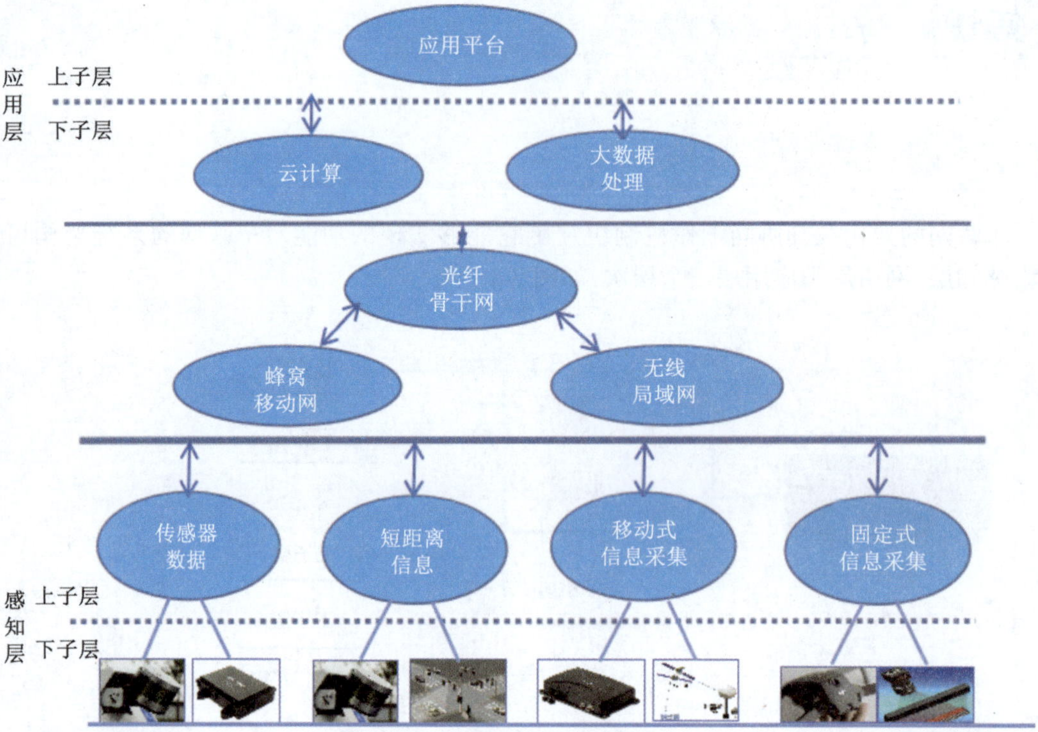

图 3-2　车联网的应用层

二、车联网的三要素

车联网的工作原理

车联网是使车与一切事物之间互联互通的网络。要实现这些互联，其必包含三个要素——车载终端、路侧单元、传输网络及车联网云平台，即端、管、云。

1. 端(即车载终端)

端在车联网中指的是泛在通信终端，包括具备车内通信、车间通信、车网通信能力的车载终端和具备车路通信、路网通信能力的道路基础设施。端是记录、传输和保存信息的载体。

(1)车载终端：车载终端是集成了多种传感器，用于采集与获取车辆信息，感知行车状态及环境，并能与人和车进行交互，具有卫星定位及无线通信功能的电子设备。车载终端用于采集与获取车辆信息、车辆运行信息、行车状态及环境信息，实现车内通信、车车通信、车路通信和车网互联，可以提供声音和视觉方面最直接的用户体验，如图形界面、警告提示及音视频播放。依据应用车辆属性不同，有不同的终端类型，如图 3-3 所示。

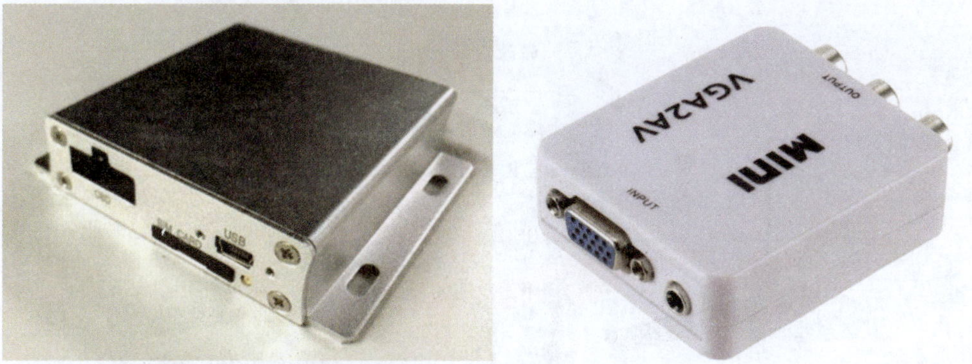

图 3-3　车载终端

车载终端中集成了移动通信模块、无线数字通信模块、卫星定位模块、多媒体播放模块、传感器及音视频数据采集模块、数据存储模块及中央处理单元，在中央处理单元的统一调度、协同处理下工作。

移动通信模块负责车辆接入互联网及车与服务器之间的通信，主要应用于远程数据传输、无线上网及语音通话等方面。中央处理单元通过发送指令控制移动通信模块拨号，建立连接之后可访问互联网，并进行数据的传输。

无线通信模块负责车与车、车与行人之间的通信，主要应用于车辆识别、驾驶员识别、路网与车辆之间的信息交互。中央处理单元把卫星定位模块、传感器及音视频采集模块的采集信息经过加工处理后，生成相应的信息，并通过无线通信模块发送给邻近车辆。

卫星定位模块通过卫星获取车辆当前的经度、纬度、海拔、速度及方向等位置信息。

多媒体播放模块通过车辆上安装的各种传感器实时采集车辆运行信息及状态信息，包括音频、视频的采集，以及通过各类传感器进行车内数据的采集，如车辆的电动机信息、车身信息等。

数据存储模块主要用于车辆行驶状态的记录及地图等数据的保存。

(2)道路基础设施：道路基础设施指安装在路侧，采用无线通信技术，可连接互联网，能与车载终端和云端通信，实现车辆身份识别、特定目标检测及图像抓拍、广播实时交通信息及电子扣分等功能的电子装置。例如用于 ETC(Electronic Toll Collection，电子不停车收费系统)的读卡装置，如图 3-4 所示。

道路基础设施辅助将其覆盖区域的交通运行情况上传，以及从云端获取实时交通信息并广播给车辆。道路基础设施从所连接的车载终端上获取车辆信息、位置信息及行车信息，并上传到云端，由云端交通控制中心进行分析处理，从而形成实时交通信息，并将结果返回到道路基础设施，再由道路基础设施通过无线通信的方式发送到其覆盖区域的车载终端。道路基础设施可以由专门的装置完成路侧单元的功能，也可以借助智能路灯、公交电子站牌及智能信号灯等装置来实现。

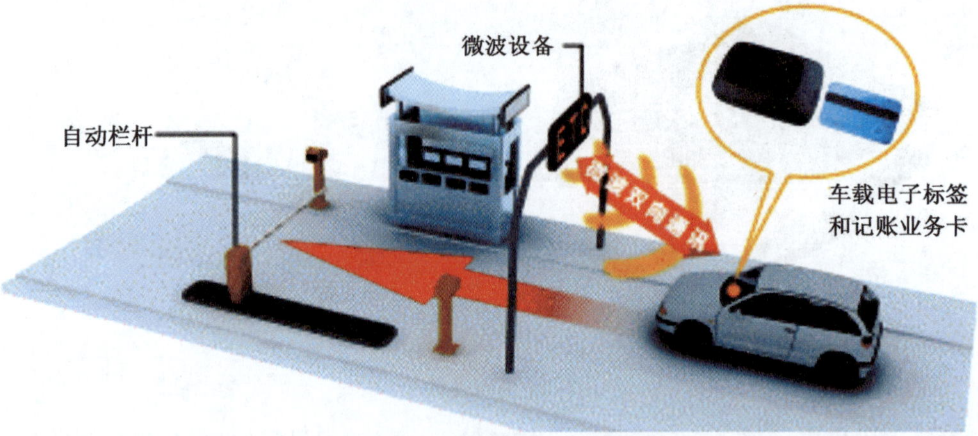

图 3-4　ETC 系统图

通过以上分析可知，终端设备是整个车联网系统的载体，负责发送车辆的各项信息，同时接收来自数据支持平台的数据信息，还能根据各种指令对车辆做出相应的控制，配合无线通信网络完成整个车联网系统的功能。车载终端设备主要由无线发送与接收单元、信息融合与处理单元、加速度传感器、温度传感器、图像传感器、CAN 总线、GPS 模块、车速里程表、液晶显示器、可拓展接口及语音呼叫等多种传感器和外部设备构成。

2. 管

管即管道，指的是能实现融合通信及接入互联网的能力或技术。管道主要用于解决车与车、车与路、车与云、车与家、车与行人等之间的互联互通，实现车辆自组网、移动通信网、无线局域网及多种异构网络之间的通信。管道是车联网的保障。

无线通信网络是车载终端与数据支持平台信息交互的通道，其将车辆的位置、求救、图像、服务请求等信息准确实时地传回数据支持平台，将平台的应答、服务、控制等信息准确地传给车载终端。无线通信网络采用 CDMA/GPRS/3G/4G/5G 多种通信方式结合的形式，可根据车辆以及当地网络的实际情况进行选择，从而能够最快速、最经济、最准确地传递信息。

3. 云

云指的是云平台，云平台即允许开发者将写好的应用程序放在“云”里运行或使用“云”提供服务的一种平台，如图 3-5 所示。车联网的云平台主要用于终端的接入和车辆的运行状态管理、交通状况管理、交通事件处理、车辆收费管理、交通信息管理、交通管制信息的发布、应用程序的发布等车联网的应用，以及数据存储、大数据分析与处理等，为驾驶员提供包括云导航、路况信息、停车管理等云服务。

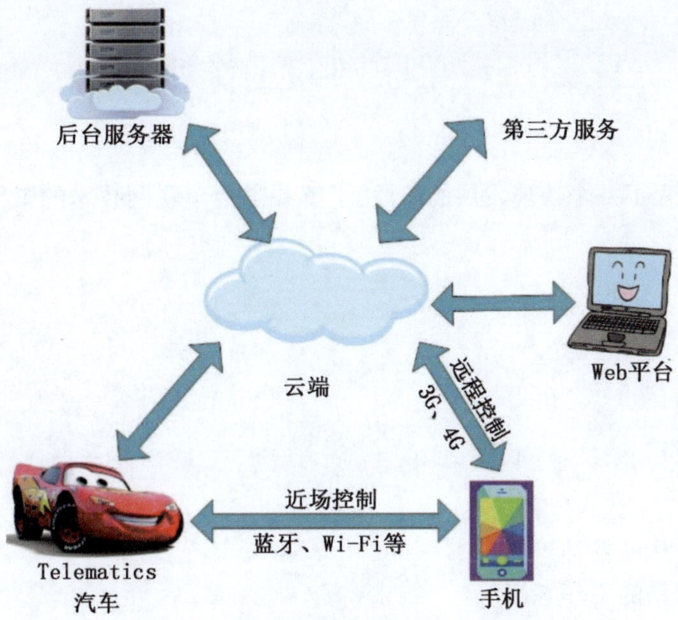

图 3-5　车联网的“云”

云平台负责监听车载终端、道路基础设施等客户端发来的连接请求，并提供高效、稳定的数据处理、协议解析、消息转发等服务。云平台与客户端的交互通过请求和返回两种方式进行通信。云平台通过对不同的客户端及不同的系统之间的数据转发和数据格式转换，实现业务管理系统、服务支撑系统、呼叫中心系统、车辆管理系统、收费系统等不同系统之间的业务接入访问及实现对 APP、WAP（无线应用协议）、SMS（短信息服务）、MMS（多媒体短信服务）、呼叫中心等系统的支持。

分散、庞大、突发拥堵的车辆交通体系与分布式模型十分接近，通过采用分布式模型对其进行处理将具有先天的优势。因此，在基础系统上采用以云计算为核心，以计算机集群与分布式系统为特色的未来车联网的中央信息处理平台，适应未来计算机与互联网技术的发展趋势。

任务二　车联网的工作原理

车联网已经进入了一个快速发展的阶段，了解并学会车联网技术的工作原理显得尤为重要。

★任务目标

素质目标

1. 培养团结合作的精神。
2. 树立精益求精的工作态度。
3. 培养爱国精神，增强民族自信。

知识目标

1. 掌握车联网的工作原理。
2. 掌握车联网系统的三要素。
3. 掌握车联网通信的基本原理。

能力目标

1. 能够应用车联网的工作原理分析问题，根据具体情境对车载网络进行分类。
2. 能根据具体情境识别出汽车上的总线装置。

★知识准备

一、车联网的工作原理

车联网在道路交通的基础上，以车辆为中心，进行道路的利用率、道路交通安全的综合研究。作为主要的研究对象，车辆是移动的，移动的车辆通过多种无线通信方式实现车辆与一切事物相连，当存在多种无线通信方式时，不同的天线之间必然产生电磁波干扰，这就要求车联网具备高抗干扰能力和稳定性。因此，车联网具有移动性、无线性、实时性及稳定性等特点。

车载终端、道路基础设施通过无线通信方式构成一种车载自组织网络（VANET，Vehicle Ad-Hoc Network）：通过无线通信链路传输数据，实现车与车（V2V）通信、车路通信（V2I）以及车与行人之间的通信（V2P）；通过道路基础设施与网络的连接实现道路基础设施与云端之间的双向通信；通过接入 2G/3G/LTE 移动通信网络，从而使车辆具备访问互联网的能力，实现车与云端之间的双向通信（V2C）。车联网的工作原理如图 3-6 所示。

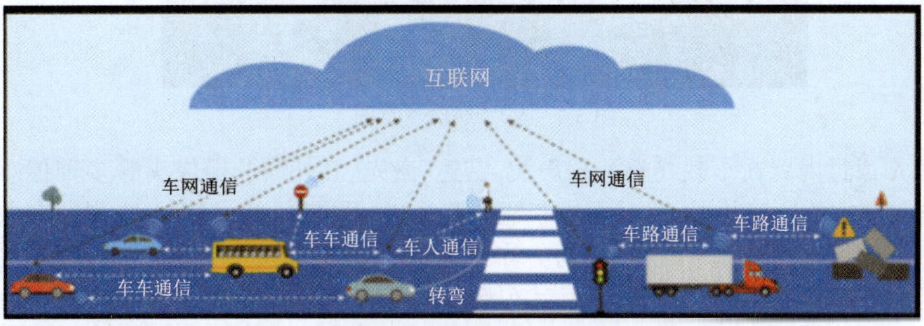

图 3-6　车联网工作原理

车载终端利用总线技术，通过 ECU 读取各个单元的传感器数据，并进行控制，从而实现车内通信；通过卫星定位模块和各种传感器读取车辆运行环境及位置等信息；通过无线通信模块和邻近的车辆、道路基础设施建立车载自组网，实现车与车（V2V）之间的通信、车辆与道路基础设施之间的通信；通过移动通信模块接入互联网，向云端提供所覆盖区域的交通状况，并从云端获取交通信息；通过无线通信模块和其覆盖区域的车辆组建车载自组网，并将交通信息发送给网内的车辆。云端实时向车载终端或道路基础设施推送交通信息和与车辆有关的服务信息，并根据车辆和道路基础设施的请求，推送相应的信息。

二、车联网的各类通信原理

1. 车与车的通信原理

实现车与车(V2V)之间通信的前提是参与通信的车辆必须安装车载终端,车载终端须内置无线通信模块和各种传感器,且车辆与车辆之间能组建车载自组网。

当车辆A、B、C在车道上行驶时,三辆车的车载终端已自动运行,车辆A快速地和其通信范围内、同一方向行驶的后面车辆B、C之间建立车载自组网,如图3-7所示。

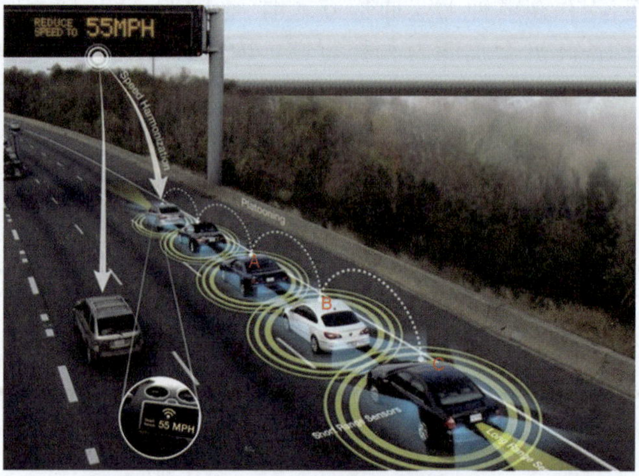

图3-7　V2V通信示意图

车辆A通过内置在车载终端的超声波、雷达、激光、红外线及摄像头等多种传感器不间断地监测前方的道路状况,并对周边车辆的路径进行预测。当车辆A监测到有危险临近,如前方有障碍物、前方路面异常、前方车辆紧急制动等危险情况时,它将从正常行驶的车辆变为危险车辆,需要先减速并对其车后的其他车辆进行提醒。虽然车辆C被车辆B阻挡,驾驶员无法看到车辆A紧急制动,但车辆A上的车载终端会将速度、位置及状态等信息封装成一个信息包,并通过车载自组织网络实时广播给其后面的车辆B、C。车辆B、C的车载终端接收到信息包后进行解包处理,根据信息包的内容通过声音等方式及时提醒驾驶员,则车辆B、C可根据前车的反馈信息及时地调整车辆的速度,从而帮助驾驶员消除视线盲区,提前感知道路状况,及时采取应对措施规避风险,提高行车安全。

2. 车与路的通信原理

道路基础设施内置了无线通信模块和移动通信模块。通过无线通信模块与车辆上的车载终端构成一种车载自组织网络(VANET),从而实现车辆的接入。通过移动通信模块接入互联网,实现道路基础设施与云端交通控制中心的互联互通。

车辆在行驶过程中,道路基础设施通过移动通信模块从云端实时获取天气信息、实时交通、交通信号信息、弯道速度提醒、超速提醒,以及其他车辆的行驶状况等信息,并通过VANET向其覆盖区域的车辆广播,车辆上的车载终端接收到广播信息后进行解包处理。例如,收到天气信息、交通信号信息、弯道速度提醒、超速提醒,以及其他车辆的行驶状况等信息时,以声音的方式通知驾驶员减速缓行,注意道路交通安全,避免由天气及速度等引起的交通安全风险；收到实时交通信息后，结合车载导航软件，动态规划行车路径，避开拥堵路段。

同时，道路基础设施收集所接入车辆的行驶方向、速度、位置等信息，并将汇集的路况数据实时传输到云端交通信息中心，由交通信息中心进行分析、加工、处理，形成实时交通信息，再返回给道路基础设施。

车路通信的另外一个典型应用场景为 ETC。其工作原理如图 3-8 所示。用户先要预交通行费或设立付费账户，将交费或账户信息存入车载终端，并完成车载终端的安装。道路基础设施通过网络接到云端收费管理系统，收费管理系统根据收费标准和账户信息的变化不定期给道路基础设施推送收费标准和账户异常信息。

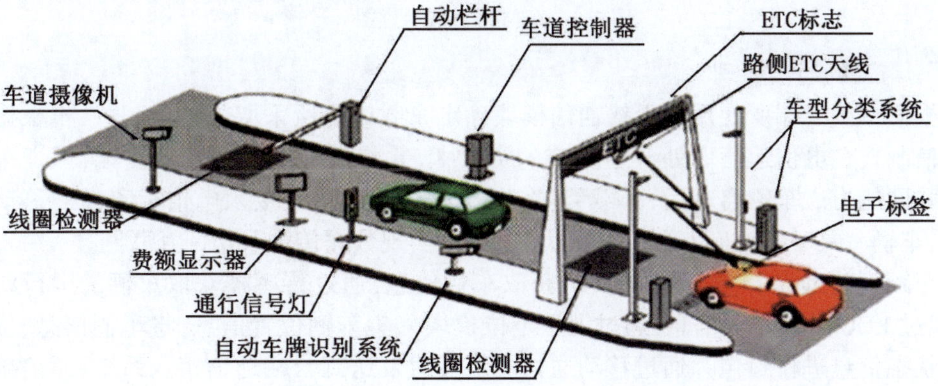

图 3-8　ETC 工作原理图

当车辆进入收费站时，按规定车速进入不停车收费通道，道路基础设施通过无线通信方式与车载终端进行通信，读取车载终端中的车辆信息和车型信息，计算通行费用。如果车主的专用账户正常，则道路基础设施自动从账户中记录本次通行费用，并控制收费通道的电子栏杆，实现车辆的放行。

每次收费操作完成后，道路基础设施将收费操作的相关信息通过网络传输到收费管理系统。收费管理系统对预交费车辆的费用信息进行分析汇总，并生成相应的报告。对于设立付费账户的车辆，收费管理系统将费用信息汇总后生成转账清单向金融机构请求支付。

如图 3-9 所示，当安装有车载终端的车辆在车道上行驶时，车辆与道路基础设施之间建立车载自组网，此时道路基础设施可获取所覆盖区域的道路交通状况，车辆可从道路基础设施中获取交通信息、天气信息等。如在收费闸口，道路基础设施可识别通过的车辆，实现不停车收费。

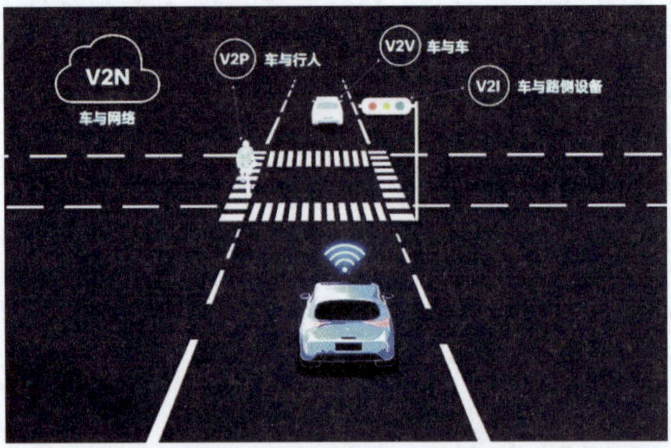

图 3-9　车与路通信示意图

3. 车与云的通信原理

先根据车载终端所使用的无线通信模块确定车载终端所采取的通信制式，再根据终端的通信制式在电信运营商处开通相应的资费卡，并将资费卡装入车载终端，保证车载终端的联网能力。车辆启动后，车载终端进行拨号联网，通过接入电信运营商的移动通信网络，车辆就具备了访问互联网的能力，就可以实现数据传输及访问互联网。

在车辆行驶过程中，车载终端实时获取车辆信息，通过传感器获取车辆的运行状态信息，通过 ECU 采集车辆信息，通过卫星定位模块采集车辆位置信息，将车辆信息、位置信息及状态信息进行封包并通过移动通信网络实时发送到云端通信接入系统；通信接入系统对接收到的数据包进行相应的解析，把解析后的数据交与应用服务系统进行处理；应用服务系统通过对收到的数据进行实时分析、整理并保存到数据库，从而形成车辆的运行情况、行驶轨迹、油耗数据、驾驶员的驾驶行为、维修计划等内容。当驾驶员或车队管理者需要查看车辆运行情况时，可根据服务提供商提供的客户端软件，如 Web、手机 APP，以直观的方式将车辆的运行情况、车辆技术状况、驾驶操作情况等信息展现出来。

车辆行驶过程中如果驾驶员请求服务，驾驶员可通过语音或手动操作车载终端的方式，向服务中心发起服务。此时，车载终端将车辆的位置信息及状态信息进行封包并发送给云端，云端的通信接入系统对接收到的数据包进行相应的解析，把解析后的数据交与应用服务系统进行处理，应用服务系统处理收到的数据并查找数据库，得到驾驶员所需的信息。

如果要与呼叫中心服务人员交互，则发送数据到服务人员工作终端，由服务人员进行处理；否则，应用服务系统将驾驶员所需要的信息发送给通信接入系统，通信接入系统对以上信息进行封包并发送给车载终端，车载终端接到数据包后进行相应的解析，根据解析后的数据进行任务响应并呈现给驾驶员。

如图 3-10 所示，当车辆上安装了车载终端时，车辆与云端实现互联互通，驾驶员可通过车载终端向云端的服务中心获取与出行有关的人工服务，也可通过云端获取与出行有关的自动服务。云端服务中心可实时监控车辆的行驶情况，并能实时调度车辆。相关人员可通过手机应用软件或通过电脑查看车辆的当前位置。

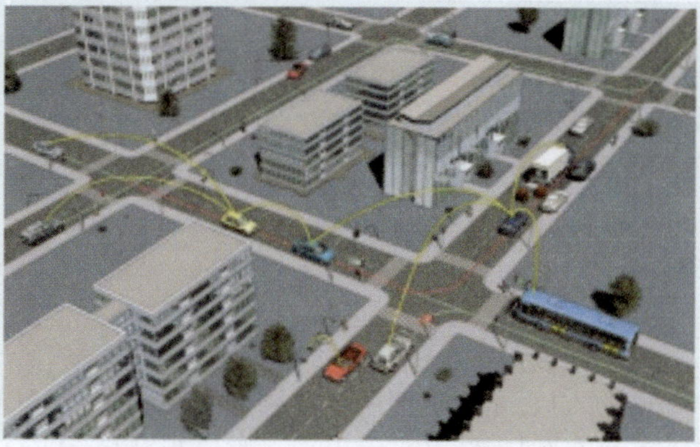

图 3-10 车与云通信示意图

任务三 车载终端的技术发展趋势

在车联网迅速发展的同时,智能网联汽车的车载终端渗透率随着产业转型升级,也在不断加重比例,前景非常可观。

★任务目标

素质目标

1. 培养团结合作的精神。
2. 树立精益求精的工作态度。
3. 培养爱国精神,增强民族自信。

知识目标

1. 了解车载终端技术的现状。
2. 掌握车载终端的类型。
3. 了解车载终端的发展趋势。

能力目标

1. 能根据具体情境对车载终端类型进行分析。
2. 能根据具体情境识别出车载终端。

★知识准备

车载终端作为车联网的入口,是用户使用车联网服务的载体,用户了解车联网,基本是通过终端开始的。尤其是车载导航,其显示屏成为除电视屏幕、手机屏幕、电脑屏幕之外的第四屏,随着汽车与互联网的紧密融合,消费者对于汽车的要求将不再是单纯的交通工具。如何做好车载终端,关乎未来的车联网发展。

苹果推出了 CarPlay、谷歌推出了 Android Auto、百度推出了 CarLife、阿里巴巴推出了 YunOS,这些科技巨头之所以不约而同地推出各自的解决方案,其目的很明确,就是在车载终端上形成自己的标准。而特斯拉 Model S 车内中控台及仪表板配备的超大尺寸液晶显示屏将这种想象空间无限放大。由于车载终端目前还没有真正实现大规模的联网,因此,车载终端已经成为企业争夺的热点。

一、复杂多样的终端

车载终端按功能可分为以下五大类。

第一类,基于卫星定位技术,具备移动通信能力,可实现车网互联以及汽车定位功能的终端,包括定位终端、汽车追踪器、电子狗等。

第二类,基于卫星定位技术,具备移动通信能力,可实现车网互联以及可采集车辆发动机等相关数据的终端,包括 OBD、T-Box 以及 HUD(平视显示系统)。

第三类,基于卫星定位技术,具备高清数字显示屏,可实现导航影音娱乐功能以及车内通信功能,可以人机交互的信息终端,包括车载导航终端、PND(便携式自动导航系统)、后视镜导航。

第四类,车载单元,具备专用短程通信功能,可以实现车载自组网功能的设备。

第五类,基于卫星定位技术,可实现车网互联、车车通信、车路通信、车内通信以及可采集车辆相关数据,可以人机交互的车联网终端。

由此可见,终端的形态复杂多样,但以上所罗列的终端未必都是车联网终端,因为车联网终端有一个统一的特点,就是可以实现车车、车路及车人之间的通信,并具备访问互联网的功能。所以无论是何种产品形态,车联网终端都要实现车与车、路、行人及云端之间的互联互通。

1. 车载导航终端

车载导航终端是安装在车辆中控台上面,集成了卫星定位系统、收音机、蓝牙及视频处理模块,能为驾驶员和乘车人员提供导航、通信、无线上网、位置共享、即时交流、影音播放、车辆检测、可视化倒车等功能的车载主机。车载导航又分车载 DVD(高密度数字视频光盘)导航及无碟机导航。车载 DVD 导航支持 CD(激光唱片)及 DVD 播放功能。随着技术的不断发展和消费需求的变化,车载导航经历了三个不同的阶段。

(1)第一阶段(1996 年之前)。这个阶段由于汽车电子技术发展的制约,参与研发的厂商比较少,且集中在发达国家和地区,如欧美和日本。这个阶段具有代表性的厂商是日本的电子企业,如先锋、索尼、松下、阿尔派、三菱、建伍等电气公司,终端价格高昂。因此,汽车厂商只为其少数高端车型配备,终端在整个汽车市场的占比非常少。

这个阶段的车载导航终端在最初的时候只能报告驾驶员所在位置、预期到达的目的地及车辆行驶方向是否正确。随着技术的不断发展,车载导航终端逐渐实现了智能化,可以通过车载导航终端显示地图或声音,从而为驾驶员提供最优的行车路线指导。

原理如下:先通过车载导航终端的 GPS 天线及 GPS 接收模块接收来自地球上空的 GPS 卫星所传递的数据,以此来测定车辆当前所处的位置;终端将 GPS 卫星所确定的位置坐标与存储在 CD-ROM/DVD 中的电子地图数据进行匹配,从而确定车辆在电子地图中的准确位置;然后车载导航软件根据驾驶员的目的地,通过电子地图自动计算出最合适的行车路线,并将行车信息及行车规则通过车载导航显示屏传递给驾驶员,在车辆行驶过程中提醒驾驶员按照车载导航软件所规划的路线行驶,一旦车辆偏离路线,车载导航软件会重新计算并规划路径信息。在整个行驶过程中,驾驶员只要按照车载导航系统的语音提示就能准确、快捷地到达目的地。

(2)第二阶段(1996~2004 年)。这一阶段的车载导航终端比第一代更加智能,除了具备第一代的车载导航功能之外,增加了如 VCD(视频压缩盘片)/DVD、电视等多媒体的播放功能。在导航方面,除了具备电子地图显示和电子语音提醒功能外,还增加了前方转向提示信息,也就是对于一些重要、复杂的交通路口,能提前在屏幕上显示路口的放大地图,并用醒目的提示信息指引正确的行驶方向。

这个阶段导航电子地图形成了一定的标准,主要有欧盟的 GDF(地理数据文件)、日本的 KIWI(几维)及美国的 NAVTEQ(诺纬达克)。这些标准用于明确如何存储详细的道路、道路附属物及交通信息,用于描述和传递与路网和道路相关的信息,并规定了在导航应用时获取数据的方法和如何定义各类特征要素、属性数据和相互关系。标准的制定解决了电子地图数据的存储格式,从而满足了嵌入式应用快速、精确和高效的要求,同时为车载导航及智能交通系统的建设提供了基础。加上这些国家和地区对地图数据采取开放政策,大大促进了导航市场的发展。

这个阶段电子地图的存储方式发生了很大的变化,SD(安全数字存储)卡成为主流。车载导航市场上,欧美、日本等发达国家和地区的企业依然占主导地位,终端价格相对第一阶段大幅下降,汽车厂商也开始为其不同车型的车辆配备终端,车载导航逐渐普及。

(3)第三阶段(2004~2010 年)。这一阶段的车载导航终端除了具备 VCD/DVD、电视等多媒体播放、导航功能之外,还增加了可视化倒车、轨迹倒车及蓝牙电话等多个功能,导航终端越来越智能化,已经发展成为车载多媒体导航影音终端,而车载操作系统主要以 QNX(黑莓平板电脑操作系统)和 WinCE(微软提供的嵌入式实时操作系统)为主。

随着导航系统越来越人性化,导航系统中的语音提示内容越来越多,录制的语音文件非常庞大。在这种情况下,采用语音合成技术可减少语音文件的存储量,因为语音合成技术可以把提示的文本生成声音信号与驾驶员交流,并可适应动态提示的需要。因此,语音合成技术在这个阶段全面应用于导航终端。

这个阶段车载导航的功能更加丰富,除了传统的导航之外,有的企业还推出了实景导航及三维地图导航,并且有的企业还推出了本地化的语音识别功能。通过辨别操作者的声音信号以确定其语义,并根据相关的指令自动控制终端的操作。在终端上装有语音识别系统,能大大降低驾驶员对显示屏的扫视时间和扫视频率,有助于提高驾驶安全性。在这个阶段,我国的企业全面进入车载导航领域。虽然之前国内企业也涉足了车载电子领域,但更多的是以汽车音响为主,厂商提供的也是车载 VCD/DVD 播放机,并没有进入导航领域。随着车载导航的不断发展,国家基础地理信息中心也开始参照 GDF 制定了适合我国国情的国家导航电子地图标准,在导航用空间数据库数据模型,数据收集、处理和维护方法等方面都出台了相应的规范。国家标准的出台大大促进了我国车载导航产业的发展。随即涌现了一大批从事导航电子地图的企业,如畅想、城际通、灵图、四维图新、高德、凯立德等企业。导航和电子地图企业的蓬勃发展促进了国内导航产业的全面发展。

国内车载厂商也开始通过在车载 DVD 上外挂导航盒及 PND 的产品形态,进军车载导航领域。在这个阶段初期,车载导航市场中依然是欧美、日本等发达国家和地区的企业占主导地位,车载导航的市场主要还是汽车厂商通过出厂时为其不同车型的车辆配备导航系统,汽车厂商全面占据车载导航的话语权,这也是业界所描述的前装市场。由于当时导航、影音类娱乐设备并未成为汽车的主要卖点之一,汽车厂商为了控制成本,并未重视车载导航的发展,这种现象一直持续到 2007 年。2007 年以后,城市的快速发展、道路状况日益复杂、国内汽车产业的蓬勃发展及汽车的普及,加速了对道路导航的需求,因此给后装汽车市场留下了增长的空间。国产车载导航软/硬件的研发成功,使得由汽车厂商主导的前装车载导航市场及部分日本企业主导的汽车后装市场发生彻底改变。一方面,外置的便携式导航不具备整体性和便捷性,而国外的车载导航终端价格非常高且外形与原车不适配、协调性差、安装困难;另一方面,国外的导航不符合我国消费者的操作习惯,因此,我国的导航产品逐渐通过"专车专用"的车载导航产品进入后装市场,使国内车载导航行业的发展全面提速。

专车专用车载导航就是在指定的车型上安装与使用的车载导航终端,"专车"就是针对某种车型而研发出来以供安装使用的导航终端,只能使用在该车型中而不能通用到其他车型中,所以称为"专用"。由于是专车专用,因此终端贴合原车风格,匹配原车总线,安装简单无损,功能实用。专车专用导航终端在技术上不断发展,无论是在操作习惯、实用性还是性价比方面,都大大超出了前装导航产品,迅速得到市场的认可。和前两个阶段所不同的是,后装市场车载导航终端的销量以压倒性的优势全面领先前装市场。因此,专车专用成为车载导航行业发展精准的切入点和转折点,使车载导航行业得到了蓬勃的发展,并奠定了车载导航产品发展的里程碑。"专车专用"这个我国企业提出的概念越来越受到世界各国,尤其是俄罗斯、中东、南美等地区及国家的青睐。

(4)第四阶段(2010 年至今)。车载导航终端发展的第四个阶段就是车联网阶段,终端厂商除了在终端上逐渐使用 Android(安卓)操作系统之外,也开始与先进驾驶辅助系统(ADAS)、OBD、胎压传感器、行车记录仪等多种外部设备连接。因此,这个阶段的终端已不是传统意义上的终端,而是一个车载信息平台。终端除了能为驾驶员带来舒适的娱乐体验之外,还能为驾驶员带来安全、便捷的操作体验。例如路畅集团推出的"百变T800"品牌就标配 ADAS 和行车记录仪,如图 3-11 所示,支持 360° 3D 全景功能,支持一键接通语音导航等车联网功能。"百变 T800"终端通过安装在车辆上的摄像头等多种传感器,在汽车行驶过程中随时感应周围的环境,根据行车速度、前车的远近、前车的大小等多个因素判定与前车的距离及所需耗费的时间,并在终端屏幕上通过不同的颜色展现,绿色代表在安全距离以内,红色表示需要注意保持车距,以免发生追尾。例如,驾驶员在没打转向灯的情况下偏离了原来的行驶轨迹,终端屏幕会用红色的线条清晰地标注出来,便于驾驶员及时纠正。通过将行车信息清晰直观地呈现并辅以语音提醒,预先让驾驶员察觉到可能发生的危险,有效地增加汽车驾驶的舒适性和安全性。终端整合了 GPU(图形处理器)芯片,从而支持 OpenGL(开放式图形界面)的图形处理,画面的拼接效果更完美。由于支持 360° 3D 全景功能,通过手指滑动屏幕,可以有效地进行立体三维图片的翻转,可以从各个方向观察汽车周边,对于汽车的停靠位置能够清晰地呈现,提高了停车的方便性与安全性。

图 3-11 "百变 T800"之 ADAS 示意图

在车联网时代,车载终端不仅具备导航和娱乐功能,还具备实时通话、在线诊断车辆、在线音乐、在线购物、在线商旅、在线保险、紧急救援、互联网广播电台、位置共享、即时社交、停车场当前停车位查询等服务。更重要的是,终端开始支持 ADAS 和 360°全景功能。

在导航方面,车联网时代的导航可一键接通服务中心电话,由服务中心查找目的地,解放了驾驶员的双手。"好友指路"功能也避免了由于对地点的描述不清或地图上信息点不足而无法规划路径的缺陷。动态规划功能根据实时交通信息实现"疏堵式"导航,自动避开堵车路段。地图的增量更新功能,告别了以往地图升级需要取卡复制数据的麻烦,通过增量更新,服务商向终端发布导航电子地图变化信息,根据用户的情况生成满足用户需要的增量更新数据,并发送给终端,终端接收增量更新数据后进行终端地图的更新。

车联网终端目前有多种联网方式:第一种是直接通过内置在终端中的无线通信模块实现联网功能;第二种是依托外挂的可通信的盒子或上网卡实现联网功能;第三种就是依托手机 Wi-Fi 热点实现联网功能;第四种是通过手机映射,实现联网方式。与前面三种所不同的是,第四种联网方式将手机的全部功能映射在终端的屏幕上进行操作。这种方式也有不同的方案,分别为 MirrorLink、Miracast、APPLink、CarPlay、Android Auto 及 CarLife 等,由自带通信功能的车联网终端内置无线通信模块,以降低通信成本。手机映射方案可在更大程度上利用用户现有的手机实现联网,这样既可以降低车联网终端本身的成本和服务成本,又可以实现车联网的一些功能,并能将用户不在线的时间吸引到互联网上来,通过互联网为用户提供不同的增值服务。

MirrorLink 是由一些国际性知名手机厂商和汽车制造商联合发起并建立的一种"车联网"标准,旨在规范智能手机和车载系统的有效连接,并形成良好的用户体验。采用此标准,手机通过 USB(通用串口总线)、蓝牙或 Wi-Fi 和车载导航终端互联时,手机端通过 APP 软件将操作界面传输到车载屏幕上,可实现对特定应用软件的手机和车机的双向控制,使用户在汽车行驶过程中不用看着手机屏幕、触摸手机屏幕或操作手机按键,只需用车上的物理按键或语音命令来控制手机,包括接听/拨打电话、听手机音乐、用手机导航等。MirrorLink 在 2012 年一度被很多车载导航厂商关注,只是到后来因为 Android 终端市场的低迷、支持的手机类型较少及其他一些原因,MirrorLink 逐渐淡出了业界的视线。

Miracast 是 Wi-Fi 联盟于 2012 年 9 月宣布启动的 Wi-Fi CERTIFIED Miracast 认证项目。Miracast 设备提供简化发现和设置功能,用户可以迅速在设备间传输视频。该技术与认证项目由 Wi-Fi 联盟中的移动与消费性电子设备制造商及芯片厂商共同制定。由于 Google(谷歌)与微软对 Miracast 的力挺,加上在传输速率方面 Miracast 比 MirrorLink 更胜一筹,Miracast 的前景十分广阔。

APPLink 是福特公司 SYNC(福特车载娱乐系统)中的一个应用程序,可以实现 SYNC 与手机 APP 互联的功能,允许驾驶员使用智能手机上的应用对汽车内部进行控制。APPLink 主要根据消费者的手机来确定使用的平台,支持苹果 iOS 和 Android 系统。

CarPlay 是苹果公司发布的车载系统,可实现用户的 iOS 设备与仪表板系统无缝结合。只要将用户的 iPhone 连接到启用了 CarPlay 的汽车,就可支持"电话""音乐""地图""信息"和第三方音频应用程序,并可通过 Siri(苹果系统智能语音助手)、汽车触摸屏进行控制,为 Carplay 提供了操作系统的支持。CarPlay 仅支持拥有 Lightning(闪电)接口的 iPhone 手机。另外,虽然 iPad 也支持这一接口,但是苹果并未将 iPad 列为 CarPlay 支持的硬件设备。

Android Auto 是 Google 推出的专为汽车设计的解决方案,其适用设备主要是使用 Android 系统的手机,手机通过 USB 线连接到车载设备。Android Auto 旨在取代汽车制造商的原生车载系统,从而执行 Android 应用与服务,并访问与存取 Android 手机的内容。目前能够与 Android 设备整合的几项功能有语音操作、Google Now 个人智慧助理、Google 卫星定位与语音导航及透过 GooglePlay 或 Pandora、Spolify 等音乐应用存取音乐。鉴于谷歌公司新的全球策略,任何支持 Android Auto 的设备都会力求保持同样的 HMI(人机界面)风格,对于各大车厂来说这无疑是个好消息。目前 Android Auto 是通过 USB 与车机连接的,由于 Google 对 Miracast 的支持,未来无论是通过 Wi-Fi 还是 Mirocast 的方式来连接,在技术上都不是问题。

CarLife 是百度推出的车联网产品,也是国内第一款跨平台的车联网解决方案。Carlife 可以非常好地支持 Android 和 iOS 智能操作系统。在车机端,无论是 Linux、QNX 还是 Android,CarLife 都可以完美适配。在用户端,Carlife 能够覆盖 95%以上的智能手机用户。Carlife 目前最重要的三大功能是地图导航、电话、音乐。CarLife 以百度地图为核心,能为用户提供准确的路线规划、地点查询、路程估算,帮助用户查找目的地,避开拥堵,还能随时随地更新地图数据。

2. 便携式导航终端/平板

PND(Portable Navigation Devices,便携式导航设备)是能为驾驶员和乘车人员提供导航通信、无线上网、位置共享、即时交流、影音播放等功能的一款便携式电子设备(见图 3-12)。PND 是手持及车载两用导航设备,是导航和丰富的附加功能的结合体,不仅附加有生活、旅游信息,又有娱乐、商务扩展功能。

图 3-12 便携式导航设备

PND 是在车载导航发展的第三阶段初期出现的。在当时的情况下,国外的车载导航设备价格高昂,且与原车适配性差,因此 PND 应运而生。在全球市场,由于日本在车载导航系统的开发与销售方面起步最早,因此,日本车载导航的发展与其汽车工业的发展基本同步,所以在日本市场,车载导航终端的普及程度很高,这一现象也影响了 PND 这种消费类电子导航产品的市场发展空间。在欧洲和北美地区,PND 的发展非常迅速,因为两个地区消费类电子导航产品与车载导航产品出现的时间较为接近,且欧美庞大的汽车保有量为电子导航产品提供了足够的市场空间。在国内,PND 产品以其高性价比得到了大规模的应用。

PND 产品从最初的纯导航发展到后来的多媒体功能,随着技术的不断发展,又增加了蓝牙、FM 调频发射、倒车可视、游戏、数字移动电视(CMMB)、无线通信、Wi-Fi、TMC(实时交通信息频道)功能。随着智能手机的不断发展,全球 PND 市场开始萎缩,PND 被智能手机替代基本没有悬念。

3. 后视镜导航

后视镜导航是便携式导航与后视镜的结合,能为驾驶员和乘车人员提供导航、通信、无线上网、位置共享、即时交流、影音播放、行车记录、可视化倒车等功能(见图 3-13)。后视镜导航的产品有两类:一种安装时用支架卡在原车后视镜上;另一种利用专用支架替换原车后视镜。

图 3-13　后视镜导航

由于车载导航市场竞争剧烈,运营成本高,利润低,产品同质化严重,为追求差异化路线,产生了后视镜导航的产品形态。相对于车载导航产品,后视镜导航产品成本低、利润较高。对产品制造商而言,后视镜导航产品模具数量少,模具简单,研发生产人员所产生的人工成本及产品的运营成本相对较低。目前后视镜导航产品大部分采用 Android 操作系统,且带有联网功能,因此功能人性化、方便升级、可扩展性强。后视镜导航产品基本都内置有行车记录仪,也符合当下消费者的需求。后视镜导航产品安装简单方便、通用性好,不改变原车线路,能保持原车完整性。由于后视镜导航的通用性好,所以其产品形态适合各种车型,对经销商、代理商而言,经营后视镜导航产品无须针对某个车型备货,不会因为车型的销量问题而导致库存积压,这样就减少了库存,大大降低了专车专用导航车型繁多、需要大量库存的风险。

4. 定位终端

汽车定位终端是安装在汽车内部隐蔽处,集成了卫星定位技术和无线通信技术,能实时查看车辆位置和状态、监控车辆、远程监听、电子围栏、防盗报警、远程控制车辆等功能的电子设备。

在乘用车市场,定位终端主要应用于车辆的防盗。服务提供商针对乘用车的服务主要包括即时查询车辆位置、车辆的跟踪定位、网上查车、一键求助、远程断油断电、防劫紧急报警、远程监听、自主/远程遥控设防/撤防、车门非法打开报警、非法启动报警、车门未关提示、遥控开关车门、遥控紧急报警、中控锁自动化(制动锁门、熄火开锁)、车载全免提通话等。

在商用车(出租车、公交车、长途客运车、危险品运输车、物流车、工程机械等)市场,定位终端主要应用于道路交通管理,规范道路运输经营行为。另外,对于企业而言,通过对车辆的实时在线调度,提高了车辆的利用率,减少了车辆的空驶率,降低了企业的运营成本。

5. 车辆追踪器

车辆追踪器是放在汽车内部隐蔽处，集成了卫星定位技术和无线通信技术，能实时查看车辆位置和状态、监控车辆、远程监听、电子围栏、移动报警等功能的电子设备（见图3-14）。和汽车定位终端不同，车辆追踪器通过自带电池给终端供电。

图 3-14　车辆追踪器

6. 车载远程诊断系统（OBD）

OBD（即 On-Board Diagnostic，简称 OBD）是具备对车辆进行故障诊断、异常监控、车况数据上传、油耗分析、里程统计等功能的一款车载设备，如图 3-15 所示。

图 3-15　OBD

早期的 OBD 与车联网没有任何关系，主要用来监控尾气排放和诊断车辆故障。OBD 通过各种与排放有关的部件信息连接到电控单元（ECU），ECU 具备检测和分析与排放相关故障的功能。当出现排放故障时，ECU 记录故障信息和相关代码，并通过故障灯发出警告，告知驾驶员。ECU 通过标准数据接口保证对故障信息的访问和处理。维修人员通过标准的诊断仪器以故障码的形式读取相关信息。根据故障码的提示，能迅速、准确地确定故障的性质和部位。

移动互联网的快速发展和 UBI 车险的出现，促使 OBD 产品登上车联网这一舞台。

目前 OBD 有三种产品形态：一种是基于保险车联网的 OBD 终端，这种终端目前都是内置 2G/3G/LTE 的无线通信模块；第二种产品形态是通过蓝牙的方式与手机 APP 连接，从而实现对车辆的故障诊断等功能；第三种是基于串行通信的 OBD 终端，这种终端主要作为一个传感器或外部设备与车载导航终端、后视镜导航终端、HUD 等产品连接，实现车辆的故障诊断、油耗分析等功能。

目前国内汽车厂商也推出了类似于 OBD 车载远程诊断系统的相关产品，称作T-Box。和 OBD 车载远程诊断系统所不同的是，T-Box 实现了与 CAN 总线的高度集成，用户可对车辆进行远程控制，如远程启动车辆、远程打开空调等。

7. 平视显示系统（HUD）

HUD（Head Up Display）是一种已经被应用于飞机的成熟显示技术，如图 3-16 所示。

图 3-16　HUD

HUD 利用光学反射的原理，将重要的飞行相关信息投射在一片玻璃上，如图 3-17 所示。这片玻璃位于座舱前端，高度大致与飞行员的眼睛水平，投射的文字和影像调整在焦距无限远处，飞行员不需要低头查看仪表的显示与资料，始终保持抬头的姿态，降低了抬头与低头之间外界环境的快速变化及眼睛焦距需要不断调整产生的延迟与不适。HUD 可避免飞行员注意力中断及丧失对状态意识的掌握，大大提高了飞行安全性。

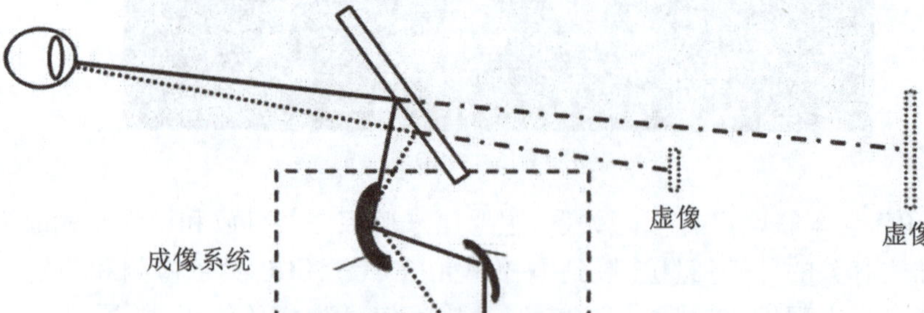

图 3-17　平视显示系统成像原理

目前汽车后市场也以类似的原理推出了相应的车载设备（见图 3-18）。通过外接 TPMS（胎压胎温监测）、OBD 等多种传感器，可实现对车辆进行实时故障诊断、胎压监测等功能。

通过直接投影显示到汽车前风窗玻璃的原理，降低了车辆高速行驶中驾驶员低头查看中控屏幕而引发事故的风险。

图 3-18　车载 HUD

目前市场上的 HUD 有两种产品形态：一种是内置 2G/3G/LTE 的无线通信模块和卫星定位模块，可实现联网功能；另一种产品形态没有内置通信模块和卫星定位模块，只有显示功能。

8. 驾驶安全预警仪

驾驶安全预警仪又称“电子狗”，是一种集成了雷达探测器、卫星定位模块、中央处理器和智能测速预警系统的车载装置（见图 3-19）。电子狗有固定测速和移动测速两种工作方式。固定测速通过卫星定位接收模块获取车辆当前的位置信息，与储存在设备中的固定测速电子眼位置数据进行对比，从而提前提醒驾驶员前方有测速电子眼。移动测速通过设备中的雷达探测器进行探测，当设备接收到雷达信号后，马上报警，提前提醒车主前方有电子眼或测速雷达等测速设备，防止其因为超速等违规而被罚款或扣分。

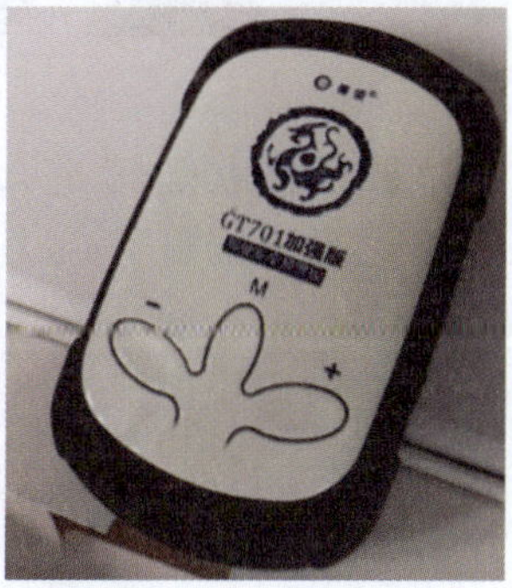

图 3-19　车载安全警示仪

驾驶安全预警仪（电子狗）按是否具备无线通信功能分为普通驾驶安全预警仪（普通电子狗）和云驾驶安全预警仪（云电子狗）等。云驾驶安全预警仪内置无线通信模块，可与云端进行联网。通过移动通信网络可实时更新固定测速电子眼的位置数据，并可实现电子眼的分享、车辆的定位、行车轨迹查询，并且驾驶员可采集缺漏的固定测速数据，并自动上传至云端等。

二、各类终端的技术现状

对于不带导航功能的终端,如汽车卫星定位终端、OBD、车辆追踪器、HUD、驾驶安全预警仪,其产品核心是单片机+传感器,采用 ST(意法半导体)及 NXP(恩智浦)的芯片作为 MCU(微控制单元),采用uC/OS及 Linux 作为嵌入式操作系统。

对于导航终端,如车载导航终端、后视镜导航及 PND,其产品相对于不带导航功能的终端更具复杂性,除了具备基本的核心 CPU 之外,还用 MCU 作为其他外部设备的控制设备。车载导航终端分为两类:一类是汽车厂商预装的,也就是前装市场的终端,这类终端的车载操作系统以 QNX 和 WinCE 为主,少部分自主品牌的车型采用 Android;另一类是第三方的车载导航产品,也就是后装市场,这类终端的操作系统以 Windows 和 Android 为主。后视镜导航和 PND 以 Android 操作系统为主,以 WinCE 为辅,如图 3-20 所示。

图 3-20　车载导航终端卡巴迪

苹果和谷歌陆续进入车联网行业。国内在车联网终端方面,百度起初推出了 CarNet,之后又推出了 CarLife;腾讯先推出路宝盒子,之后又推出腾讯车联开放平台(Tencent Auto-motive Services),发布了车联 ROM、车联 APP 及通过微信、QQ 连接汽车的 MyCar 服务;阿里巴巴推出了 YunOS 操作系统。

三、车联网终端的技术发展趋势

互联网企业进入车联网势不可挡,但是入驻汽车中控难度较大,因为很难绕过 QNX 这道关。QNX 是汽车行业最大的操作系统供应商。据不完全资料显示,QNX 在车用市场的占有率达到 75%,目前全球有超过 230 种车型使用 QNX 系统,包括哈曼贝克、德尔福、大陆、通用电装、爱信等知名汽车电子平台都是在 QNX 系统上搭建的。全球几乎所有的汽车品牌包括讴歌、阿尔法-罗密欧、奥迪、宝马、别克、凯迪拉克、雪佛兰、克莱斯勒、戴姆勒、道奇、菲亚特、福特、通用汽车、本田、悍马、现代、英菲尼迪、捷豹、吉普、蓝旗亚、马自达、马赛地、宝马迷你、三菱、尼桑、欧宝、庞迪克、保时捷、萨博、土星、双龙、丰田和大众汽车等目前都采用了基于 QNX 技术的系统。苹果的 CarPlay 车载系统实际上也是基于黑莓 QNX 平台的,谷歌的车载 Android 系统未来也很可能会依托 QNX 运行。据说福特目前也正在考虑放弃与微软的合作而选择黑莓 QNX 作为其同步平台。从这一数据不难看出 QNX 在汽车领域的影响力。由于汽车本身的安全因素要求操作系统的稳定性非常高，因此，在汽车前装市场，汽车厂商推翻现有的方案直接用 iOS 或者 Android 的可能性非常小。那么面对车联网市场，苹果和谷歌想要攻下汽车这个堡垒，最好的办法，就是和 QNX 合作。QNX 负责中控调度硬件设备，iOS 和 Android 接管应用层，如导航、音乐、网络，尤其是娱乐和信息方面的一些应用。车联网车载终端如图 3-21 所示。

图 3-21　车载终端

从目前国内汽车后市场的格局看，虽然 WinCE 在汽车后市场的车载操作系统里占绝对优势，但 WinCE 也只适合作为单机的操作系统，显然不适合车联网时代的发展。目前在移动端的操作系统中，iOS 和 Android 走在最前面，iOS 不好整合，最好的选择就是车机版的 Android 操作系统。车联网企业只有订制出真正适合车机的操作系统，才能握住车联网的主导权。车联网服务提供商作为产业的核心，其前提是要有标准化的终端，终端操作系统不统一，服务的落地就缺乏相应的载体。

Android 已经成为一款标准的"物联网"操作系统。各种移动芯片、传感器都可以很好地兼容 Android，开发者现在可以对 Android 进行订制，使之应用于任何设备。随着 Android 的不断发展，无论是有屏的导航终端还是无屏的其他终端，未来更多的终端将采用 Android 操作系统。尤其对于无屏的终端，实现远程升级功能比较复杂，Android 系统功能强大、联网方便且便于升级。对于企业而言，原来只能靠嵌入式软件工程师实现的功能，现在手机应用软件开发人员也可对终端进行开发，大大降低了开发成本。

在车联网时代，终端将不再是功能单一的车载设备，而是实现汽车主动安全的一个信息平台。终端将外挂多种传感器，如摄像头、OBD、胎压传感器、雷达预警等，从而给驾驶员带来更多的安全、便捷的体验。

在主动安全方面，近几年 ADAS 逐步被国内市场接受，尤其是环视泊车辅助系统，也就是 360°泊车系统，通过多摄像头可采集车辆四周的图像，并以虚拟俯视图的形式在终端屏幕上显示，视角会根据行车轨迹而动态移动，提供车辆四周 360°的画面，扫除倒车的盲点。

经过一段时间的发展，这些技术已得到消费者的认可，相信未来会有更大的市场空间，未来的车联网终端将逐步集成这些技术。

综上所述，未来车联网终端的发展一定会集中在主动安全和行车便捷方面，而车联网终端必须具备高性能、高集成度和低功耗等特点。

★拓展视窗

RSU 终端

一、RSU 定义

RSU(Road Side Unit)是指路侧单元的意思,是 ETC 系统中,安装在路侧,采用 DSRC(Dedicated Short Range Communication)技术,与车载单元(OBU,On Board Unit)进行通讯,实现车辆身份识别、电子扣分的装置。

二、RSU 的组成

如图 3-22 所示,智慧交通路侧单元(RSU)由智慧控制主机单元(IHU)、数据接口单元(DU)、通信单元(CU)和供电单元(PU)组成。

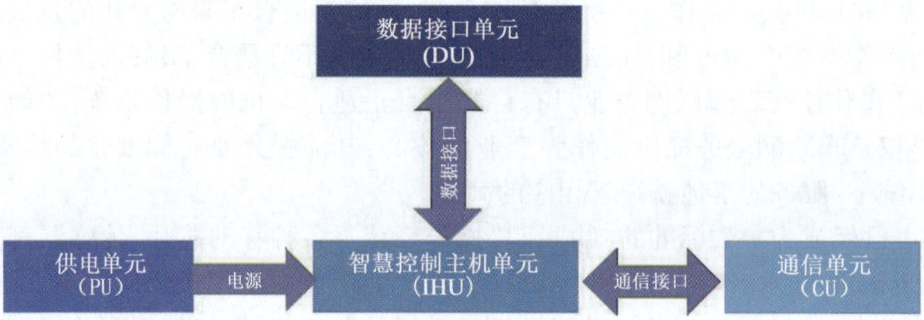

图 3-22　智慧交通路侧单元的组成

1.智慧控制主机单元

智慧控制主机单元负责处理各种类型的感知交通信息,包括交通事件、交通天气、交通流量等,经过前端计算处理后,通过通信单元向路侧设备、车辆等指定对象发送道路通行通知、安全警示等信息,优化交叉口信号配时,为行人提供合理的出行指导信息。

2.数据接口单元

数据接口单元负责接收各种智能前端设备上传的数据,如卡口、电子警察上传的交通数据、非法数据,以及信号机上传的执行计划、倒计时等信息;负责接收各级中心发布的道路阻塞等交通信息,将其转换为标准数据格式并提供给智能控制主机单元进行后续处理;还负责与中央和相邻路边单位交换数据。

3.通信单元

通信单元主要有有线通信和无线通信两种,负责提供各种信息通信接口形式。有线通信接口提供光纤通信、串行通信和网络通信;无线通信接口主要提供调频广播和短程通信(DSRC、LTE-V2X)。移动链路通信系统(3G、4G、5G)可以通过有线通信接口与路侧设备通信,例如与信号机、监控设备、非法抢拍设备、引导屏、气象探测器、变速限位卡等进行数据通信,也可以通过无线接口与车载一体机、车载设备等进行通信。

4.供电单元

供电单元负责设备的供电和稳压。

三、RSU 的作用

1.监测带来异常的状况并发布信息

RSU 可以连接道路上现有的电子设备,例如信号灯和摄像机,以获得相应的数据,并将其上传到云端或发布到车辆,从而实现车路交通的智能化。公路上的 RSU 集成了一个传感单元,与高清摄像头和微波雷达相连,可以检测和识别路面上的异常情况,如行人或动物入侵、紧急车道停车、车辆逆行、车辆故障、交通事故或大雾、落石、结冰等,这些信息可以实时上传到云端,并发布到装有车载终端的车辆上,避免车辆前往异常道路。

2.提供差异定位

不管是 GPS 还是北斗,卫星和定位终端都不能用于精确定位,还需要地面的一个固定点,即差分基站。这三点可以形成相对准确的位置信息。RSU 是固定的,也可以参与车辆定位。这就相当于在原有三点定位的基础上,又增加了一个固定点,自然可以实现更精确的定位。因此,RSU 可以作为差分定位基站,对过往车辆进行高精度定位。

3.制造数据冗余

如果没有 RSU,实际也可以定位车辆位置。因为增加了 RSU,所以增加了一部分数据,额外的数据使定位更加准确可靠,这就是数据冗余产生的作用。

四、RSU 的接口

智慧交通路侧单元接口主要分为数据接口与通信接口。

1.数据接口

(1)交通流量接口:从各类检测器(视频检测器、地磁检测器、雷达检测器、卡口电警设备等)接收上报流量数据,主机单元进行汇总融合后,提供给信号机实现控制策略。

(2)交通事件接口:接收从视频事件检测器、交通信息中心发布的交通事件信息。

(3)信号配时方案接口:从信号机接口接收信号配时方案,根据流量变化情况,优化信号配时方案,向信号机发送优化后的配时方案。

(4)交通广播信息接口:通过 FM(调频)广播等方式,向路侧车端发送调频信号,发布交通广播信息。

(5)特殊车辆通过信息接口:在路口电子标识识读器、视频检测器等设置特殊车辆信息判断规则,从而接收特殊车辆通过检测点位信息。

(6)交通违法信息接口:接收从路口、路段交通违法检测器、区间测速卡口等检测到的车辆交通违法信息。

2.通信接口

(1)FM 广播:通过定向广播方式,向过往车辆发布出行提示、警示信息。

(2)短程通信:通过 LTE-V、DSRC 等短程通信方式,建立车路通信连接,根据路况情况实时提供优化的驾驶路线,缓解交通压力。

(3)移动网络通信:通过 3G、4G 无线通信模块与互联网应用(高德、百度等)进行通信,相互交换数据。

(4)光纤通信:通过路口光纤与其他相邻路口相连,实现路口与路口之间的路侧单元通信。

(5)以太网通信:通过网线接口,与路口机柜其他设备实现数据通信。

(6)串口通信:通过串口接口,与路口信号机、诱导屏进行通信。

近几年来,随着我国新型基础建设提出的要求,RSU 建设已经明确列入“新基建”建设范畴。各级地方政府出台多项举措促进交通、通信、公安、城市等基础设施的协同、融合,从而在降低基础设施成本,提高道路通行效率,降低交通事故率等方面,凸显我国交通强国建设发展已经进入快车道。

★学习小结

本项目主要讲解车联网的三要素及工作原理。通过学习,学习者要掌握车联网的三要素及工作原理,学会应用车联网技术解决实际问题。

★任务工单

实训工单三　车联网的认知

任务名称		实训日期	
学生姓名		班级学号	
小组成员		组长姓名	

实训目标：

1. 能够正确应用智慧交通系统的定位软件，并能正确连接红外线摄像头的定位系统。
2. 能够正确维护智慧交通实验室的各个硬件，做好日常的维护与保养。
3. 能够与他人合作，用专用设备或工具完成智能微型车在智慧交通系统中的定位，做好日常检查与故障判定，并能够制订合理的工作计划和实施方案。
4. 能够秉承认真负责、严谨务实的工作态度，完成每一项工作任务。
5. 能够正确启动智慧交通系统的定位软件、定位广播和教学仿真软件，知道常见的定位故障，并学会分析定位原因，要做好每次故障记录，以备后用者查看。

一、接受工作任务	成绩：

在智慧交通实验室里，早晨上班后，王老师准备与同学们一起测试智慧交通系统云控平台的数据。王老师按照使用说明书的要求，打开云控平台的软件终端，启动电源。室内毫米级高精度定位系统正常启动，加载配置文件后，再启动定位广播，接着打开仿真教学软件。此时发现仿真教学软件界面上没有出现智能微型车的实时定位数据。若你是实验室的维护保养人员，请帮助王老师解决此问题。

二、信息收集	成绩：

1. 实训设备名称：____________________________________。
2. 实训场地的要求：__________________________________。
3. 实训所用工具：电热枪规格要求：____________，数量：______个。
4. 实训人员的要求：______人完成，______人辅助，分______组。
5. 实训的安全注意事项是：____

____

____

____

____

____

____

____。

三、制订计划	成绩：

1. 请根据智慧交通系统仿真教学软件的操作规范及要求，制订智能微型车定位的实训计划。

操作流程

序号	作业项目	操作要点

计划审核	审核意见： 年　月　日　签字：

2. 请根据实操作业计划，完成小组成员任务分工。

操作人		记录员	
监护人		展示员	

作业注意事项

①实训开始前应检查智慧交通系统的电源安全状况，以免耽误实训时间安排。

②保持智能微型车定位球的表面清洁，智能微型车使用完毕后应当放置到单元橱柜内，以防定位球表面被灰尘覆盖。

③无任何实训任务时，要及时关闭智慧交通系统仿真教学软件的电源开关，以防漏电。

④启动智慧交通系统定位软件前，要及时查看定位软件的运行历史状态，做好实验前的一切预备工作。

⑤使用智慧交通系统仿真教学软件时，要按照实验要求及操作规范启动软件系统，实验人员要时刻保持认真、细致的态度，不得随意更改软件系统的原始参数及相关数据，一旦有意外情况，要及时报备，以免造成麻烦。

⑥实训设备及工具使用后，应清洁并归还原处。

实训设备/工具/材料

序号	名称	数量	清点
			□已清点
			□已清点
			□已清点
			□已清点
			□已清点
			□已清点
			□已清点
			□已清点

<table>
<tr><th colspan="2">四、计划实施</th><th colspan="2">成绩：</th></tr>
<tr><td colspan="4">1. 请完成智慧交通系统沙盘认知作业前的检查工作，并做好基本信息记录。
①作业前沙盘的清洁。</td></tr>
<tr><td></td><td colspan="3">作业内容：

作业结果：</td></tr>
<tr><td colspan="4">②作业前智能显示终端的清洁与检查工作。</td></tr>
<tr><td>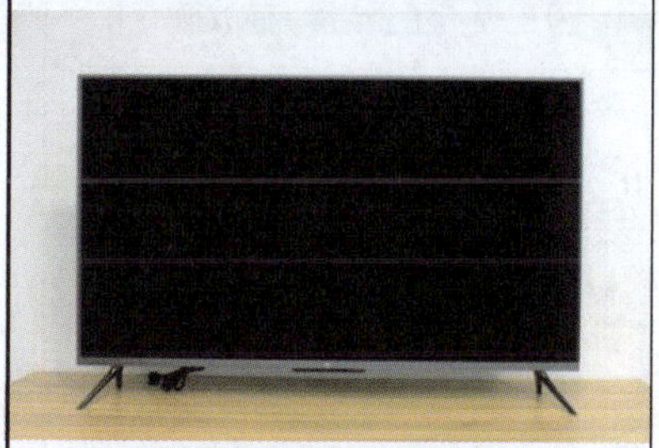</td><td colspan="3">作业内容：

作业结果：</td></tr>
<tr><td colspan="4">③作业前智慧沙盘的检查。</td></tr>
<tr><td></td><td colspan="3">作业内容：

作业结果：</td></tr>
<tr><td colspan="4">2. 请检查智慧交通系统定位软件的使用情况。
①检查智慧交通系统云控平台主机。</td></tr>
<tr><td rowspan="3">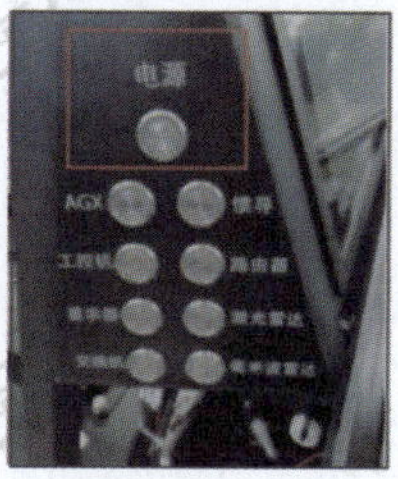</td><td rowspan="3">云控平台主机</td><td>主机接口</td><td>□正常 □破损 □脏污</td></tr>
<tr><td>主机按键</td><td>□完整 □破损 □脏污</td></tr>
<tr><td>主机指示灯</td><td>□完整 □破损 □脏污</td></tr>
</table>

②检查智能显示屏各个接线口及线束。			
	智能显示屏	HMI 接口	□正常 □破损 □脏污
		Wi-Fi 网线	□完整 □破损 □脏污
		USB 接口	□完整 □破损 □脏污
		遥控器	□完整 □破损 □脏污
③检查智能移动终端。			
	智能移动终端	电源接口	□完整 □破损 □脏污
		USB 接口	□完整 □破损 □脏污
		启动	□正常 □异常,有故障
3. 启动智慧交通系统定位软件。 ①启动智能主机,打开软件,加载配置文件。			
 室内毫米级高精度定位系统	室内定位系统启动	双击软件图标	□正常启动 □异常,有故障
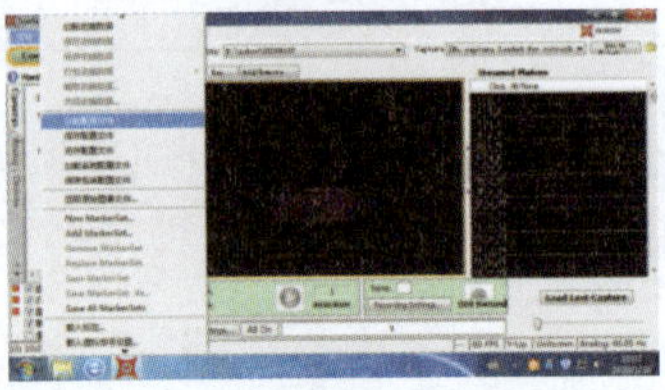	加载配置文件	找到文件目录下的加载文件	□正常启动 □异常,有故障
②启动定位广播软件。			
 定位广播系统	定位广播系统启动	双击软件图标	□正常启动 □异常,有故障
4.启动教学仿真软件。 ①启动智慧交通监控系统仿真教学软件。			
 智慧交通监控系统	智慧交通监控系统	双击软件图标	□正常启动 □异常,有故障

②启动智能网联汽车仿真教学系统。

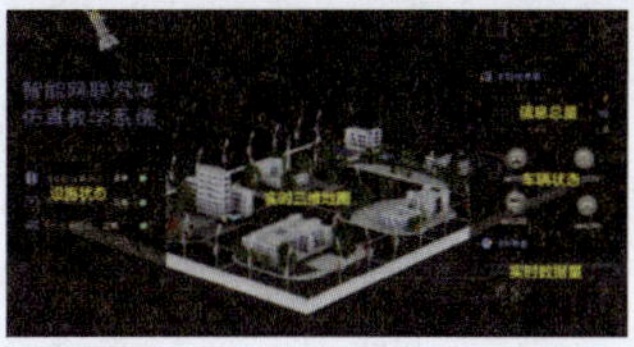	智能网联汽车仿真教学系统	观察智能显示屏	□画面正常 □画面异常，无数据流

③启动智能网联汽车仿真教学系统的过程：□无异常　□异常，异常现象记录：____。

五、质量检查		成绩：
请实训指导教师检查各组作业结果，并针对实训过程中出现的问题提出改进措施及建议。		
序号	评价标准	评价结果
1	智慧交通云控平台认知前准备工作	
2	智慧交通定位软件的启动及运维管理	
3	启动智能网联汽车仿真教学系统的操作是否规范，执行步骤的顺序是否正确	
综合评价	☆ ☆ ☆ ☆ ☆	
综合评语（作业问题及改进建议）		

六、评价反馈	成绩：

请根据自己在课堂中的实际表现进行自我反思和自我评价。

自我反思：____。

自我评价：____。

实训成绩单			
项目	评分标准	分值	得分
接受工作任务	明确工作任务，理解任务在企业工作中的重要程度	5	
信息收集	掌握智慧交通系统定位的基本要求及规范	5	
	掌握智能显示屏的正确使用	5	
	掌握智慧交通定位软件启动的操作规范	5	
	掌握智能移动终端的使用及可能出现的常见问题或故障现象	5	
制订计划	按照智慧交通系统定位软件启动的操作步骤制订相应的工作计划	10	
	能协同小组人员安排任务分工	5	
	能在实施前准备好所需要的工具器材	5	
计划实施	规范进行场地布置及工具检查	5	
	掌握智慧交通系统软件操作的基本规范及要领	5	
	按照智能显示屏的使用说明及要求启用智能显示屏	10	
	记录智慧交通系统定位软件使用中出现的故障现象	10	
	能够找出智慧交通系统定位软件故障的原因	10	
质量检查	学生任务完成，操作过程规范	5	
评价反馈	学生能对自身表现情况进行客观评价	5	
	学生在任务实施过程中发现自身问题	5	
得分（满分100）			

★学习评价

一、填空题

1. 车联网的系统架构可分为____________、____________和应用层三个层次。

2. ____________主要负责收集、分析、传输数据流，由服务器和第三方 Web Service 服务构成。

3. 车联网具有____________、无线性、及时性及稳定性等特点。

二、选择题（不定项选择）

1. 车联网的工作过程包括三个环节，即（　　）。

A. 信息采集　　B. 信息传输　　C. 信息反馈　　D. 信息处理

2. 车联网的工作协议有（　　）。

A. DSRC　　B. ZigBee　　C. LTE-V　　D. 5G

3.（　　）（即 T-Box）通过 CAN 总线来采集车辆实时运行数据，通过无线通信传送到 TSP 云后台，再由后台处理车辆信息，对数据进行收集。这些数据将会使感知更加透彻，在客服、售后维修等方面提取的数据，可反馈并应用于车载终端。

A. 移动终端　　B. 车载终端　　C. 路边设施　　D. 路侧单元

三、思考题

1. 车联网终端分为几类？

2. 车联网的三要素是什么？

项目四

车联网数据采集与处理技术

随着信息技术、网络技术、射频识别技术及无线传感技术的发展，车联网技术迅速发展起来，已经成为国内外学术界及汽车产业界研究、应用的热点。车联网技术是实现信息智能化管理与通信的一种网络技术，利用无线采集设备、感知环境信息的传感器、GPS 等智能终端感知设备，通过车载计算单元、存储单元与整车控制系统交互后，将采集的数据进行分析、处理、传输，再把有效数据传输给车辆控制单元，控制单元再给各类执行单元发送相应指令，完成相应的操作。

★学习情境

智能网联汽车关键传感器实验室里，早晨上班后，王老师与同学们一起测试智能网联汽车上各类传感器的性能。他打开实验台架电源，启动实验台，发现激光雷达连接网络后，没有在屏幕上显示其二维点云图。若你是实验室的维护保养人员，请帮助王老师解决此问题。

任务一　环境感知技术

自动驾驶的汽车首先是对环境信息和车内信息的采集、处理与分析，即为环境感知。它是智能车辆自主行驶的基础和前提。作为自动驾驶的第一个环节，环境感知是智能驾驶车辆与外界环境信息交互的关键，其核心在于使智能驾驶车辆更好地模拟，最终超越人类驾驶员的感知能力，准确地感知并理解车辆自身和周围环境的驾驶姿态。

★任务目标

素质目标

1. 培养团结合作的精神。
2. 树立精益求精的工作态度。
3. 培养爱国的精神，增强民族自信。

知识目标

1. 掌握环境感知的概念。
2. 掌握车载传感器的感知原理。
3. 了解车载感知融合技术的应用。

能力目标

1. 能够根据不同车载传感器的安装与检测要求，完成基础的装调工作。
2. 能够根据车载传感器的故障现象分析其故障原因。

★知识准备

一、环境感知技术

1. 环境感知的目的

自动驾驶是车辆作为运载工具智能化、网联化发展的核心应用,也是车联网、智慧交通产业发展的核心应用服务。目前,单车智能自动驾驶主要依靠车辆自身的视觉、毫米波雷达、激光雷达等传感器进行环境感知,可以探测车辆周围的环境及完成定位功能。

2. 环境感知的特性

(1)通过性:基于自身行驶性能和共识规则,能实时、可靠、准确地识别并规划出可保证规范、安全、迅速到达目的地的行驶路径。

(2)安全性:在行驶过程中,能够实时、准确地识别出行驶路径周边对行驶安全可能存在安全隐患的物体,为自身采取必要操作以避免发生交通安全事故。

(3)经济性:为车辆高效、经济行驶提供参考依据。

(4)平顺性:为车辆平顺行驶提供参考依据。

3. 环境感知的对象

(1)行驶路径:对于结构化道路而言,包括行车线、道路边缘、道路隔离物、恶劣路况的识别;对于非结构化道路而言,包括车辆与行驶前方路面环境状况的识别和可行驶路径的确认。

(2)周边物体:包括车辆、行人、地面上可能影响车辆通过性、安全性的其他各种移动或静止物体的识别,各种交通标志的识别。

(3)驾驶状态:包括驾驶员驾驶精神状态、车辆自身行驶状态的识别。

(4)驾驶环境:包括路面状况、道路交通拥堵情况、天气状况的识别。

视觉传感器

二、车载视觉感知技术

1. 视觉传感器的定义

视觉传感器是指通过摄像头拍摄到的图像进行图像处理,对目标进行检测,并输出数据和判断结果给传感器。自动驾驶车辆上视觉传感器多以摄像头(机)的形式安装在车辆上,搭载先进的人工智能算法,便于对目标进行检测和对图像进行处理。

2. 视觉传感器的组成

视觉传感器主要由光源、镜头、图像传感器、模数转换器、图像处理器、图像存储器等组成,如图 4-1 所示。其主要功能是获取足够的机器视觉系统要处理的原始图像。

把光、摄像机、图像处理器、标准的控制与通信接口等集成一体的视觉传感器常称为智能图像采集与处理单元。如图 4-2 所示,视觉传感器是将镜头所成的图像转变成数字或模拟信号输出,是视觉检测的核心部件,主要由 CCD 图像传感器和 CMOS 图像传感器两种,分别如图 4-3 和图 4-4 所示。CCD(Charge-Coupled Device,电荷耦合元件)是一种半导体器件,能够把光学影像转化为数字信号。CCD 上植入的微小光敏物质称作像素(Pixel)。一块 CCD 上包含的像素数越多,其提供的画面分辨率也就越高。CCD 的作用就像胶片一样,但它是把图像像素转换成数字信号。CMOS(Complementary Metat-Oxide Semiconductor,互补性氧化金属半导体)图像传感器是一种典型的固体成像传感器,与 CCD 有着共同的历史渊源。CMOS 图像传感器通常由像敏单元阵列、行驱动器、列驱动器、时序控制逻辑、模数转换器、数据总线输出接口、控制接口等几部分组成,这几部分通常都被集成在同一块硅片上。其工作过程一般可分为复位、光电转换、积分、读出几部分。

内部程序存储器可存储图像处理算法,并能使用计算机,利用专用组态软件编制各种算法并下载到视觉传感器的程序存储器中,视觉传感器将计算机的灵活性、PLC 的可靠性、分布式网络技术结合在一起,用这样的视觉传感器和 PLC 可以更容易地构成机器视觉系统。

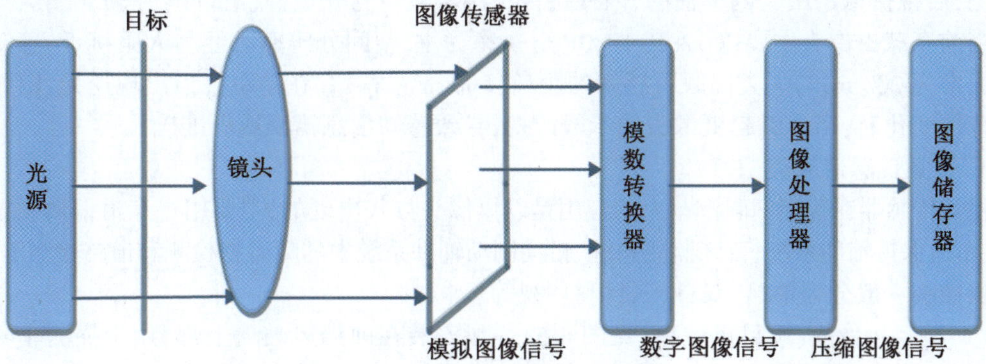

图 4-1　视觉传感器的组成

图 4-2　视觉传感器信息采集单元

图 4-3　CCD 图像传感器

图 4-4　CMOS 图像传感器

3. 视觉传感器的特点

视觉传感器具有以下特点：

(1)视觉图像的信息量极为丰富，尤其是彩色图像，不仅包含视野内物体的距离信息，而且还有物体的颜色、纹理、深度和形状等信息。

(2)在视野范围内可同时实现道路检测、车辆检测、行人检测、交通标志检测、交通信号灯检测等，信息获取面积大。当多辆智能网联汽车同时工作时，不会出现相互干扰的现象。

(3)视觉信息获取的是实时的场景图像，提供的信息不依赖于先验知识，比如 GPS 导航依赖地图信息，有较强的适应环境的能力。

(4)视觉传感器应用广泛。车载视觉传感器已经成为智能汽车的重要感知设备，随着产业的转型升级，视觉传感器的市场渗透率越来越大。如果按照摄像头安装位置和功能的差异，可以分为前视、环视、侧视、后视以及内视等。前视摄像头主要用于车辆和行人探测、交通标志识别、车道偏离预警、车距检测以及自适应巡航控制等，通常需要搭载复杂的算法芯片。环视摄像头主要用于全景泊车和车道偏离预警，侧视摄像头可用于盲点监测，后视摄像头用于倒车辅助，内视摄像头用于疲劳驾驶预警、情绪识别等等。

当前车载摄像头主要以 720P、1080P 分辨率为主，空间分辨率已经与人眼接近，感知距离通常为 200 m，与人类肉眼可感知的距离(500 m 左右)存在差距。当出现逆光、图像动态范围变化时，都会引起摄像头的参数改变，导致感知信息错误或不准确。

4. 视觉传感器的类型

视觉传感器在智能网联汽车上的应用是以摄像头方式出现的，主要用于车道偏离预警系统、车道保持辅助系统、盲区监测系统、自动制动辅助系统中的障碍物检测和道路检测等。

摄像头一般分为单目、双目、三目和环视等。

(1)单目摄像头：单目摄像头(见图 4-5)一般安装在前挡风玻璃上部，用于探测车辆前方环境，识别道路、车辆、行人等。单目摄像头是先通过图像匹配进行目标识别(各种车型、行人、物体等)，再通过目标在图像中的大小去估算目标距离。这就要求对目标图像准确识别，然后建立并不断维护一个庞大的样本特征数据库，保证这个数据库包含待识别目标的全部特征数据。如果缺乏待识别目标的特征数据，就无法估算目标的距离，从而导致 ADAS 的漏报。

单目摄像头的优点是成本低廉，能够识别具体障碍物的种类，且识别准确；缺点是由于其识别原理导致其无法识别没有明显轮廓的障碍物，工作准确率与外部管线条件有关，并且受限于数据库，没有自我学习功能。

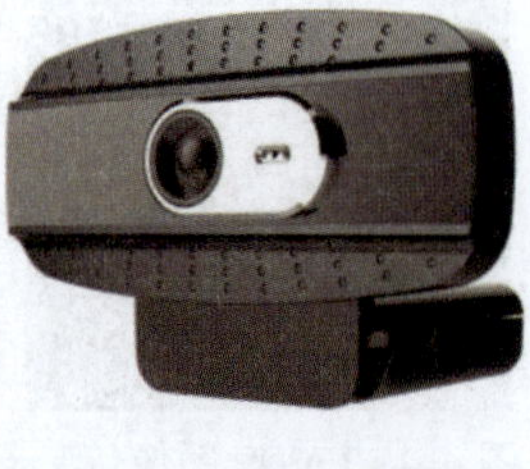

图 4-5　单目摄像头

单目摄像头

（2）双目摄像头：双目摄像头（见图 4-6）是通过对两幅图像视差的计算，直接对前方景物进行距离测量，而无须判断前方出现的是什么类型的障碍物。依靠两个平行布置的摄像头产生的视差，找到同一个物体所有的点，依赖精确的三角测距，就能够算出摄像头与前方障碍物的距离，实现更高的识别精度和更远的探测范围。使用这种方案，需要两个摄像头有较高的同步率和采样率，因此技术难点在于双目标定及双目定位。相比单目摄像头，双目摄像头没有识别率的限制，无须先识别，可直接进行测量，直接利用视差计算距离精度更高，无须维护样本数据库。但因为检测原理上的差异，双目视觉方案在距离测算上相比于单目，其硬件成本和计算量级都大幅增加。

双目摄像头

图 4-6　双目摄像头

（3）三目摄像头：三目摄像头（见图 4-7）实际上是由三个不同焦距的单目摄像头组合而成的，它的感知范围更大，但同时标定三个摄像头，工作量较大。如特斯拉在其一款车型上的前挡风玻璃下面安装了三目摄像头，这样就增加了深度学习效能，可识别出障碍物的位置、车辆形态、行人、交通标志等，使感知能力得到大大提升。

（4）环视摄像头：环视摄像头如图 4-8 所示，一般至少要包括 4 个摄像头，实现 360°环境感知。

摄像头分为红外摄像头和普通摄像头。红外摄像头既适合于白天工作，也适合于夜间工作。普通摄像头只适合于白天工作，不适合于黑夜工作。目前车辆上使用的主要是红外摄像头。

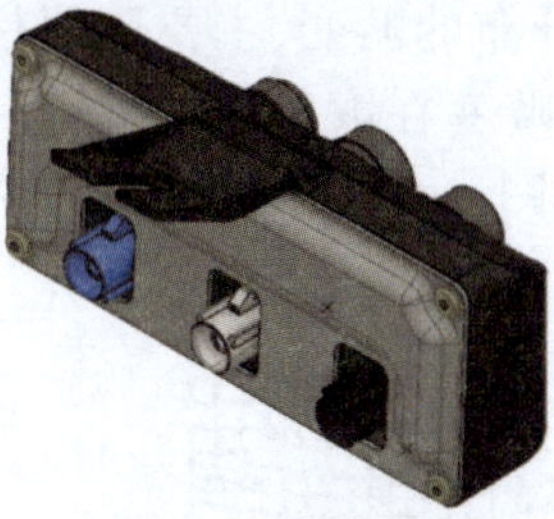

图 4-7　三目摄像头

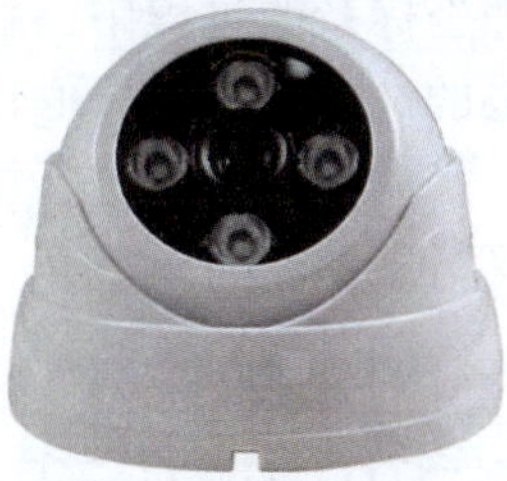

图 4-8　环视摄像头

5. 视觉传感器的技术参数

（1）图像传感器的技术指标：图像传感器的主要技术指标有像素、帧率、靶面尺寸、感光度和信噪比等等。像素是图像传感器的最小感光单位，即构成影像的最小单位。一帧影像画面由许多密集的亮暗、色彩不同的点组成，这些小点就称为像素。像素的多少由 CCD 或 CMOS 上的光敏元件数目决定，一个光敏元件就对应一个像素。帧率代表单位时间内记录或播放的图片的数量,连续播放一系列图片就会产生动画效果。每秒的帧数或者帧率表示图像传感器在工作时每秒能够更新的次数,高的帧率可以得到更流畅、更逼真的视觉体验。靶面尺寸就是图像传感器感光部分的大小,一般用英寸(1 英寸 = 25.4 mm)来表示。通常这个数据指的是图像传感器的对角线长度。靶面越大,光的通光量越好;靶面越小,越容易获得较大的景深。感光度代表通过 CCD 或 CMOS 以及相关的电子线路感应的入射光线的强弱。感光度越高,感光面对光的敏感度越强,相机的快门速度越高。信噪比是指信号电压对于噪声电压的比值,单位为 dB。一般摄像头给出的信噪比均是 AGC(自动增益控制)关闭时的值。

(2)相机的参数:相机的参数包括内部参数和外部参数,内部参数有焦距、光学中心、图像尺寸和畸变系数等,外部参数有离地高度、旋转角度等。其中焦距、畸变系数、离地高度、旋转角度对相机所采集的数据影响较大。

①焦距:焦距就是指镜头的光学中心到图像传感器的距离。相机的焦距如图 4-9 所示。焦距一般用毫米(mm)作单位,焦距不同,拍摄的目标图像效果就会显著不同,如图 4-10 所示。

图 4-9　原焦距拍摄

图 4-10　变焦距拍摄

②畸变系数:畸变系数分为径向畸变系数和切向畸变系数。径向畸变发生在相机坐标系转向物理坐标系的过程中,就是沿着透镜半径方向分布的畸变,主要原因是光线在远离透镜中心的地方比靠近中心的地方更加弯曲。这种畸变在廉价的相机镜头中表现得比较明显。径向畸变主要包括枕形畸变和桶形畸变,如图 4-11 所示。切向畸变是因为透镜不完全平行于图像所致。

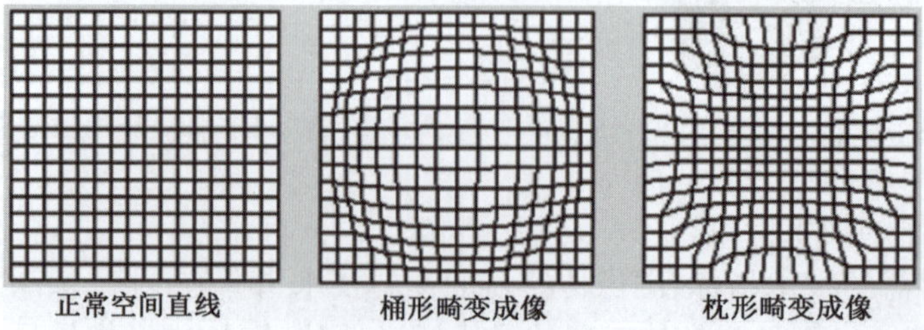

图 4-11

③离地高度：离地高度是指从地面到相机焦点的垂直高度，如图 4-12 所示。

图 4-12　相机离地高度

④旋转角度：相机相对于车辆坐标系的旋转角度有俯仰角、偏航角和横滚角。俯仰运动是指相机绕车辆坐标系 Y_v 轴的转动，偏航运动是指相机绕车辆坐标 Z_v 轴的转动，横滚运动是指相机绕车辆坐标 X_v 轴的转动。

俯仰角是指车辆的水平面与相机光轴之间的夹角；偏航角是指车辆的 X_v 轴与相机之间的夹角；横滚角是指相机绕光轴的转角。

6. 视觉传感器感知流程

视觉传感器环境感知流程如图 4-13 所示，一般包括图像采集、图像预处理、图像特征提取、图像模式识别、结果传输等.根据具体识别对象和采用的识别方法不同，环境感知流程也会有所不同。

图 4-13　视觉传感器环境感知流程

(1)图像采集：图像采集主要是通过摄像头采集图像，如果是模拟信号，要把模拟信号转换为数字信号，并把数字图像以一定格式表现出来。根据具体研究对象和应用场合，选择性价比高的摄像头。

(2)图像预处理：图像预处理包含的内容较多，有图像压缩、图像增强与复原、图像分割等，要根据具体实际情况进行选择。

(3)图像特征提取：为了完成图像中目标的识别，要在图像分割的基础上，提取需要的特征，并将这些特征计算、测量、分类，以便于计算机根据特征值进行图像分类和识别。

(4)图像模式识别：图像模式识别的方法很多，从图像模式识别提取的特征对象来看，图像识别方法可分为基于形状特征的识别技术、基于色彩特征的识别技术以及基于纹理特征的识别技术等等。

(5)结果传输：通过环境感知系统识别的信息，传输到车辆其他控制系统或者传输到车辆周围的其他车辆，完成相应的控制功能。

利用视觉传感器进行道路识别的流程如图 4-14 所示。

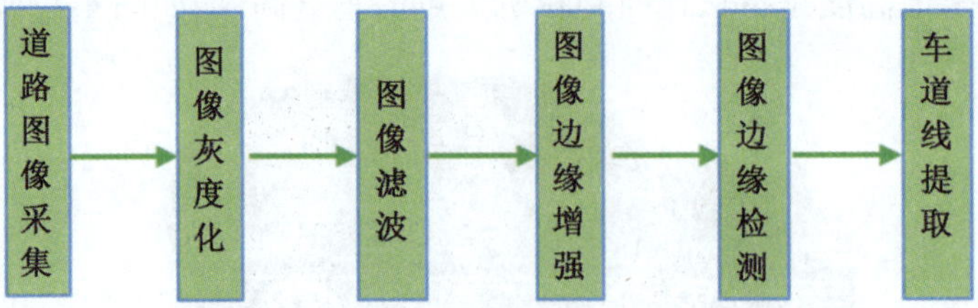

图 4-14　视觉传感器道路识别流程

7. 视觉传感器的应用

视觉传感器是智能网联汽车实现众多预警、识别等功能的 ADAS 功能的基础，见表 4-1。

视觉传感器的应用

表 4-1　视觉传感器在智能网联汽车上的应用

ADAS	使用摄像头	功能应用
车道偏离预警系统	前视	检测到车辆即将偏离车道线时预警
盲区监测系统	侧视	将后视盲区的影像显示在后视镜或驾驶舱内
自动泊车辅助系统	后视	将车尾影像显示在驾驶舱内
全景泊车系统	前视、侧视、后视	将摄像头采集的影像组成周边全景图
驾驶员疲劳预警系统	内置	检测到驾驶员疲劳、闭眼等时发出警报
行人碰撞预警系统	前视	检测到车辆与前方行人可能发生碰撞时预警
车道保持辅助系统	前视	检测到即将偏离车道线时，发出警报并纠正
交通标志识别系统	前视、后视	识别前方和道路两侧的交通标志
前向碰撞预警系统	前视	检测到与前车距离小于安全距离时预警

根据不同 ADAS 功能的需要，摄像头的安装位置也有不同，主要分为环视、前视、倒车、侧视以及内置，如图 4-15 所示。

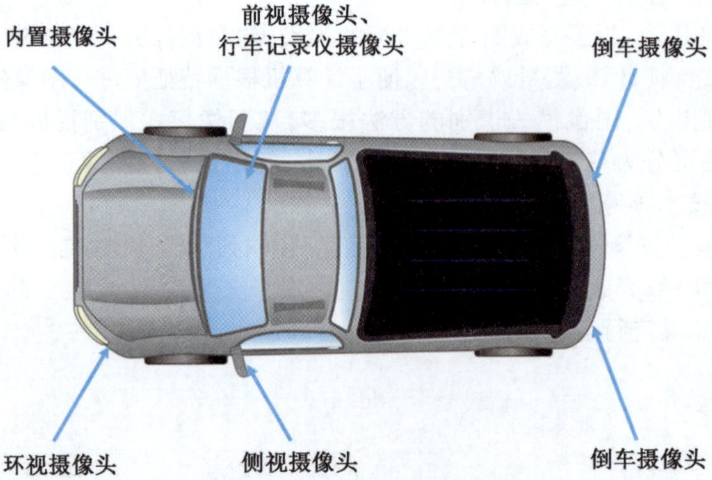

图 4-15　智能网联汽车摄像头安装位置示意图

三、车载激光雷达感知技术

1. 激光雷达的定义

激光雷达是工作在光频波段的雷达,是以发射激光束探测目标的位置、速度等特征量的雷达系统激光雷达传感器,如图 4-16 所示。

激光雷达

图 4-16　激光雷达传感器

2. 激光雷达系统的组成

智能网联汽车激光雷达系统由收发天线、收发前端、信号处理模块、汽车控制装置和报警模块组成,如图 4-17 所示。

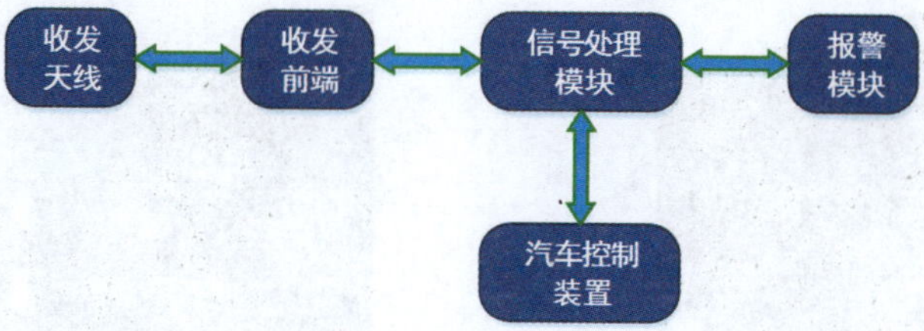

图 4-17　智能网联汽车激光雷达系统的组成

(1)收发天线:收发天线可安装于车辆保险杠内,向车辆前方发出发射信号,并接收反射信号。

(2)收发前端:收发前端是雷达系统的核心部件,负责信号调制、射频信号的发射接收及接收信号解调。

(3)信号处理模块:信号处理模块自动分析、计算出与前方车辆的距离和相对速度,并且防止转弯时错误测量临近车道车辆的情况发生。

(4)汽车控制装置:汽车控制装置是控制汽车的自动操作系统,达到自动减速慢速行车或紧急制动的目的。通过限制发动机输出转矩、调节制动力及变速器挡位来控制汽车行驶速度。

(5)报警模块:根据设定的安全车距和报警距离,以适当方式给驾驶员报警,保障汽车安全行驶。

3. 激光雷达的类型

(1)激光雷达按有无机械旋转部件,可分为机械激光雷达、固态激光雷达和混合固态激光雷达。

激光雷达测距原理

①机械激光雷达:机械激光雷达带有控制激光发射角度的旋转部件,体

积较大，价格昂贵，测量精度相对较高，一般置于汽车顶部。

②固态激光雷达：固态激光雷达则依靠电子部件来控制激光发射角度，无须机械旋转部件，故尺寸较小，可安装于车体内。

③混合固态激光雷达：混合固态激光雷达没有大体积旋转结构，采用固定激光光源通过内部玻璃片旋转的方式改变激光光束方向，实现多角度检测的需要，并且采用嵌入式安装。

(2)根据线束数量的多少，激光雷达又可分为单线束激光雷达与多线束激光雷达。

①单线束激光雷达：单线束激光雷达扫描一次只产生一条扫描线，其所获得的数据为2D数据，因此无法区别有关目标物体的3D信息。但由于单线束激光雷达具有测量速度快、数据处理量少等特点，多被应用于安全防护、地形测绘等领域。

②多线束激光雷达：多线束激光雷达扫描一次可产生多条扫描线。目前市场上多线束激光雷达产品包括4线束、8线束、16线束、32线束、64线束等，其细分又可分为2.5D激光雷达及3D激光雷达。2.5D激光雷达与3D激光雷达最大的区别在于激光雷达垂直视野的范围，前者垂直视野范围一般不超过10°，而后者可达到30°甚至40°以上，这也就导致两者对于激光雷达在汽车上的安装位置要求有所不同。如图4-18所示为全固态激光雷达传感器和多线束激光雷达传感器。

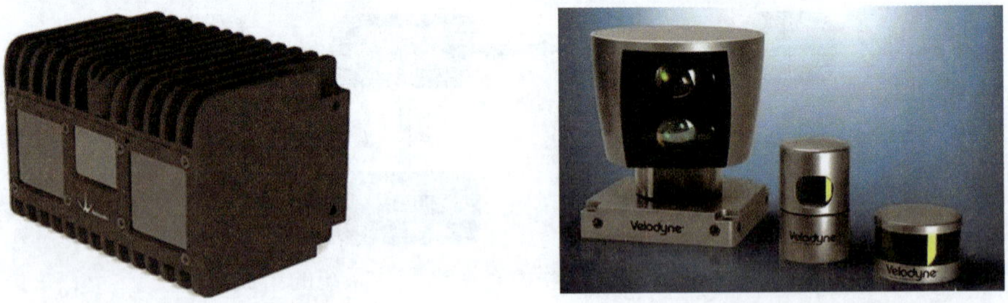

(a)全固态激光雷达传感器　　(b)多线束激光雷达传感器

图4-18　激光雷达传感器类型

4. 激光雷达的特点

激光雷达主要具有以下特点：

(1)分辨率高：激光雷达可以获得极高的角度、距离和速度分辨率。通常激光雷达的角分辨率不低于0.1 mard，也就是说可以分辨3 km距离上相距0.3 m的两个目标，并可同时跟踪多个目标；距离分辨率可达0.1 m；速度分辨率能达到10 m/s以内。

(2)探测范围广：探测距离可达300 m左右。

(3)信息量丰富：可直接获取探测目标的距离、角度、反射强度、速度等信息，生成目标多维度图像。

(4)全天候工作：激光主动探测，不依赖于外界光照条件或目标本身的辐射特性，只需发射自己的激光束，通过探测发射激光束的回波信号来获取目标信息；但容易受到大件以及工作环境烟尘的影响，且不具备摄像头能识别交通标志的功能。

5. 激光雷达的测距原理

激光雷达测距的基本原理是通过测算激光发射信号与激光回波信号的往返时间，从而计算出目标的距离。首先,激光雷达发出激光束,激光束碰到障碍物后被反射回来,被激光接收系统进行接收和处理,从而得知激光从发射至被反射回来并接收之间的时间,即激光的飞行时间;根据飞行时间,可以计算出障碍物的距离。根据所发射激光信号的不同形式,激光测距方式可分为脉冲法激光测距和相位法激光测距两大类,如图 4-19 所示。

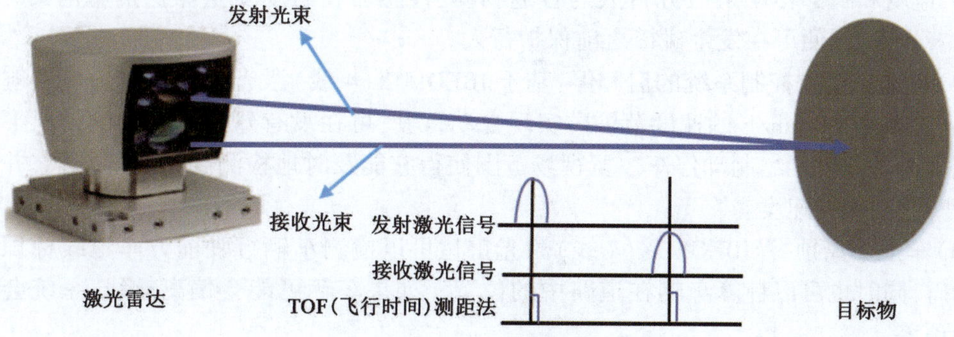

图 4-19　脉冲法激光测距

(1)脉冲法激光测距:脉冲法是通过激光雷达的发射器发出脉冲激光照射到障碍物后有部分激光反射回来,由激光雷达的接收器接收。同时激光雷达内部可以记录发射和接收的飞行时间间隔,根据光速可以计算出要测量的距离。

(2)相位法激光测距:相位法由激光发射器发出强度调制的连续激光信号,照射到障碍物后反射回来,测量光束在往返中会产生相位的变化,通过计算激光信号在雷达与障碍物之间往返飞行产生的相位差,换算出障碍物的距离。

6. 激光雷达的应用

激光雷达具有高精度电子地图和定位、障碍物识别、可通行空间检测、障碍物轨迹预测等功能。

(1)高精度电子地图和定位:利用多线束激光雷达的点云信息与车载组合惯导采集的信息,进行高精度电子地图制作。无人驾驶汽车利用激光点云信息与高精度电子地图匹配,以此实现高精度定位。

(2)障碍物识别:利用高精度电子地图限定感兴趣区域(ROI)后,根据障碍物特征和识别算法,进行障碍物检测与识别。

(3)可通行空间检测:利用高精度电子地图限定 ROI 后,可以根据 ROI 内部(比如可行驶道路和交叉口)点云的高度及连续性信息判断点云处是否可通行。

(4)障碍物轨迹预测:根据激光雷达的感知数据与障碍物所在车道的拓扑关系(道路连接关系)进行障碍物的轨迹预测,以此作为无人驾驶汽车规划(避障、换道、超车等)的判断依据。

7. IBEOLUX(4 线)激光雷达简介

IBEOLUX(4 线)激光雷达是德国 IBEO 公司借助高分辨率激光测量技术推出的第一款多功能汽车智能传感器。它拥有 110°的宽视角,0.3~200 m 的探测距离,绝对安全的等级激光。

IBEOLUX(4 线)激光雷达不仅输出原始扫描数据,同时还输出每个测量对象的数据,如位置、尺寸、纵向速度、横向速度等,拥有远距离、智能分辨率、全天候等能力,结合110°的宽视角,在以下7个方面拥有出色的性能。

(1)行人保护:当一个人出现在车辆行驶的前方路面上时,需要车辆提供保护的场合。IBEOLUX(4线)激光雷达能检测0.3~30 m视场范围内的所有行人。通过分析对象的外形、速度和腿部移动来区分行人与普通物体,传感器在启动安全保护措施前300 ms时发出警告,这样便可在发生碰撞之前保护行人。

(2)自适应巡航控制系统的启和停:基于IBEOLUX(4线)激光雷达的自适应巡航控制系统可在0~200 km/h的速度范围内实现自动行驶,可在没有驾驶员帮助的情况下自动调整车速,如有必要,制动停车。宽视场范围使得它能及时地检测到并线的车辆,并且快速判断它的横向速度。

(3)车道偏离预警:IBEOLUX(4线)激光雷达可以检测车辆行驶前方车道线标识潜在的障碍,同时也可以计算车辆在道路中的位置。如果车辆可能会偏离航线,系统会立即发出预警。

(4)自动紧急制动:IBEOLUX(4线)激光雷达实时检测车辆行驶前方所有静止的和移动的物体,并且判断它们的外形,当要发生危险时,自动紧急制动。

(5)预碰撞处理:通过分析所有的环境扫描数据,不管即将发生什么样的碰撞(如擦碰),预碰撞功能都会在碰撞发生前100 ms发出警告。IBEOLUX(4线)激光雷达能计算出碰撞的初始接触点并且采取措施以减小碰撞,提前启动安全系统。

(6)交通拥堵辅助:针对城市拥堵路况,IBEOLUX(4线)激光雷达能够在上下班路上消除频繁启停而带来的烦恼,驾驶员只需掌握好汽车转向盘即可。该功能在速度小于30 km/h的路况下显得尤为重要,缓和的加/减速度和可靠的行人保护功能,使车辆驾驶既安全又安心。

(7)低速防碰撞功能:行驶途中,哪怕是一小会儿的分神也有可能导致事故发生,引入低速防碰撞功能,使得以前在30 km/h速度下时常发生的事故不再发生。IBEOLUX(4线)激光雷达能检测并分析前方的路况,车辆会在发生碰撞前自动停驶。

四、车载毫米波雷达传感器

毫米波雷达是高阶自动驾驶的标配。毫米波雷达指工作在30~300 GHz频域的雷达,具有体积小、质量轻和空间分辨率高等优点,具有全天候、全天时等优秀特性,能够同时识别多个小目标,可以穿透雾、烟、灰尘等环境,精准测量目标的相对距离和相对速度,被广泛应用于自动驾驶汽车车间距离探测,但易受干扰。

1. 毫米波雷达的定义

毫米波雷达是工作在毫米波频段的雷达,如图4-20所示。毫米波是指波长在1~10 mm的电磁波,对应的频率范围为30~300 GHz。毫米波雷达是ADAS的核心传感器,主要用于自适应巡航控制系统、自动紧急制动系统、盲区监测系统、行人检测系统等。

图 4-20 毫米波雷达传感器

毫米波位于微波与远红外波相交叠的波长范围内，所以兼有这两种波谱的优点，同时也有自己独特的性质。根据波的传播理论，频率越高，波长越短，分辨率越高，穿透力越强，但在传播过程中的损耗越大，传输距离越短；相反，频率越低，波长越长，绕射能力越强，传输距离越远。所以与微波相比，毫米波的分辨率高，指向性好，抗干扰能力强和探测性能好。与红外波相比，毫米波的大气衰减小，对烟雾和灰尘具有更好的穿透性，受天气影响小。

2. 毫米波雷达的特点

毫米波雷达具有以下优点：

(1) 探测距离远：毫米波雷达探测距离远，最远可达 250 m 左右。

(2) 响应速度快：毫米波的传播速度与光速一样，并且其调制简单，配合高速信号处理系统，可以快速地测量出目标的角度、距离、速度等信息。

(3) 适应能力强：毫米波具有很强的穿透能力，在雨、雪、大雾等恶劣天气下依然可以正常工作，而且不受颜色与温度的影响。

毫米波雷达的缺点是覆盖区域呈扇形，有盲点区域；无法识别道路标线、交通标志和交通信号灯。

3. 毫米波雷达的类型

毫米波雷达可以按照工作原理、探测距离和频段进行分类，如图 4-21 所示。

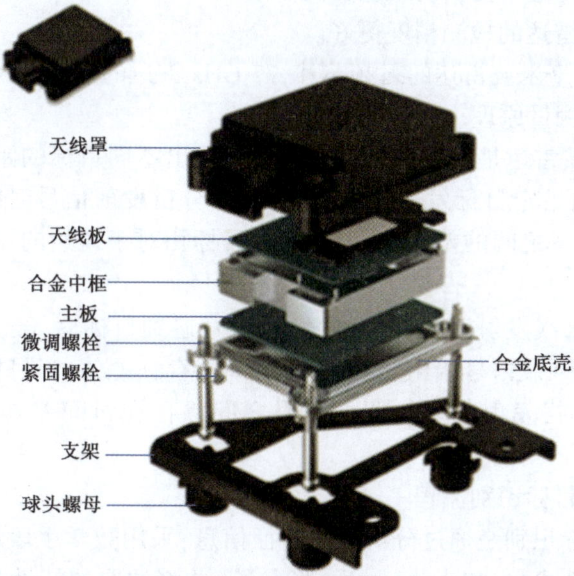

图 4-21 毫米波雷达传感器

(1)按工作原理分类：毫米波雷达按工作原理的不同可以分为脉冲式毫米波雷达与调频式连续毫米波雷达两类。脉冲式毫米波雷达通过发射脉冲信号与接收脉冲信号之间的时间差来计算目标距离；调频式连续毫米波雷达是利用多普勒效应测量得出不同目标的距离和速度。脉冲方式测量原理简单，但由于受技术、元器件等方面的影响，在实际应用中很难实现。目前，大多数车载毫米波雷达都采用调频式连续毫米波雷达。

(2)按探测距离分类：毫米波雷达按探测距离可分为近距离(SRR)、中距离(MRR)和远距离(LRR)毫米波雷达，如图4-22所示。

图4-22　毫米波雷达传感器的探测距离

(3)按频段分类：毫米波雷达按采用的毫米波频段不同，划分有24 GHz、60 GHz、77 GHz和79 GHz毫米波雷达，主流可用频段为24 GHz和77 GHz。79 GHz有可能是未来发发展趋势。

77 GHz毫米波雷达与24 GHz毫米波雷达相比具有以下不同。

①77 GHz毫米波雷达探测距离更远。

②77 GHz毫米波雷达的体积更小。

③77 GHz毫米波雷达所需要的工艺更高。

④77 GHz毫米波雷达的检测精度更好。

⑤相对于24 GHz毫米波雷达的射频芯片，77 GHz雷达的射频芯片更不易获取。

4. 毫米波雷达的测量原理

调频式连续毫米波雷达是利用多普勒效应测量得出不同目标的距离和速度，它通过发射源向给定目标发射毫米波信号，并分析发射信号时间、频率和反射信号时间、频率之间的差值，精确测量出目标相对于雷达的距离和运动速度等信息。

毫米波雷达工作原理

雷达调频器通过天线发射毫米波信号，发射信号遇到目标后，经目标的反射会产生回波信号，发射信号与回波信号相比形状相同，时间上存在差值；当目标与雷达信号发射源之间存在相对运行时，发射信号与回波信号之间除存在时间差外，还会产生多普勒频率。

5. 毫米波雷达的目标识别流程

毫米波雷达的目标识别是通过分析回波特征信息，采用数学手段通过各种特征空间变换来抽取目标的特性参数，如大小、材质、形状等，并将抽取的特性参数与已建立的数据库中的目标特征参数进行比较、辨别和分类。其流程如图4-23所示。

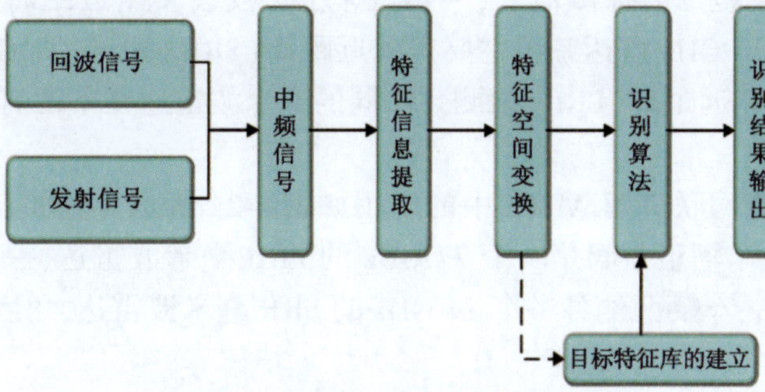

图 4-23　毫米波雷达的目标识别流程

(1)特征信息提取:利用发射源与目标处于相对静止状态时的中频信号可以进行目标特征信息的提取,以进行有效的目标识别。

(2)特征空间变换:特征空间变换是利用梅林变换、沃尔什变换、马氏距离线性变换等正交变换方法,解出不同目标特征间的相关性,加强不同目标特征间的可分离性,最终剔除冗余特征,达到减少计算量的目的。

(3)识别算法:识别算法主要有空目标去除、无效目标去除和静止目标去除。

(4)目标特征库的建立:目标特征库的建立有三种方法,即通过实际试验数据建立、通过半实物仿真数据建立和通过虚拟仿真数据建立。

(5)识别结果输出:把识别结果输出到有关的控制系统中,完成相应的控制功能。

6. 毫米波雷达的应用

毫米波雷达被广泛应用于智能网联汽车的自适应巡航控制(ACC)系统、前向碰撞预警系统、自动紧急制动系统、盲区监测系统、自动泊车辅助系统、变道辅助系统等 ADAS 中,如表 4-2 所示。

表 4-2　毫米波雷达在智能网联汽车上的应用范围

毫米波雷达的类型		近距离雷达	中距离雷达	远距离雷达
探测距离/m		<60	100 左右	>200
工作频段/GHz		24	77	77
功能	自适应巡航系统		前方	前方
	自动紧急制动系统		前方	前方
	前向碰撞预警系统		前方	前方
	自动泊车辅助系统	侧方	侧方	
	盲区监测系统	前方、后方	侧方	
	变道辅助系统	后方	后方	
	后向碰撞预警系统	后方	后方	
	行人监测系统	前方	前方	
	驻车开门辅助系统	侧方		

为了满足不同距离范围的探测需要，一辆汽车上会安装多个近距离、中距离和远距离毫米波雷达。其中 24 GHz 雷达系统主要实现近距离（SRR）探测，77 GHz 雷达系统主要实现中距离（MRR）和远距离（LRR）探测。不同的毫米波雷达在车辆前方、侧方和后方发挥不同的作用。

毫米波雷达在智能网联汽车 ADAS 中的应用如图 4-24 所示。例如自适应巡航控制需要 3 个毫米波雷达，车辆正中间是一个 77 GHz 的 LRR 毫米波雷达，探测距离为 150~250 m，角度为 10°左右；车辆两侧各一个 24 GHz 的 SRR 毫米波雷达，角度都为 30°，探测距离为 50~70 m。

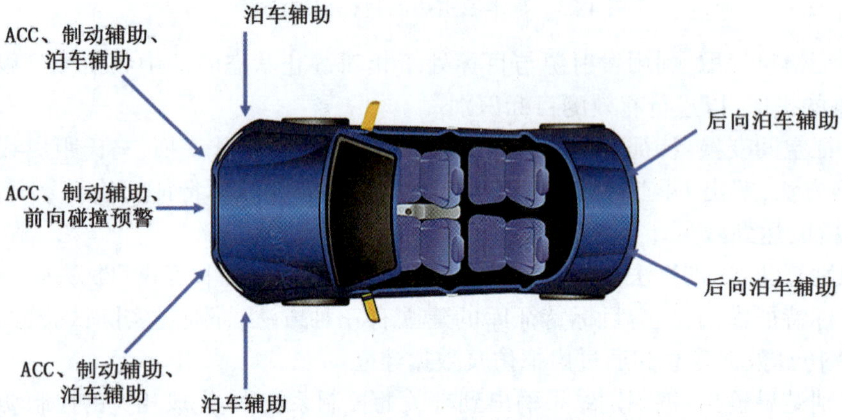

图 4-24　毫米波雷达在 ADAS 中的应用

五、感知融合技术

多传感器融合技术

1. 多传感器融合的定义

自动驾驶采用多传感器组合实现对环境的感知，为了提高信息的可信度，采用多传感器融合技术。各个车载传感器的原理、功能、参数不同，在不同的场景下发挥着各自的优势。其获取的信息各不相同，不能相互替代，仅通过增加单一传感器数量并不能从根本上解决问题。实现自动驾驶，就必须要多个传感器相互配合，共同构成自动驾驶汽车的感知系统。

多传感器信息融合（即 Multi-sensor Information Fusion，MSIF），就是利用计算机技术将来自多传感器或多源的信息和数据，在一定的准则下加以自动分析和综合，以完成所需要的决策和估计而进行的信息处理过程。多传感器信息融合技术的基本原理就像人的大脑综合处理信息的过程一样，将各种传感器进行多层次、多空间的信息互补和优化组合处理，最终产生对观测环境的一致性解释。在这个过程中要充分利用多源数据进行合理支配与使用，而信息融合的最终目标则是基于各传感器获得的分离观测信息，通过对信息多级别、多方面组合导出更多有用信息。这不仅利用了多个传感器相互协同操作的优势，而且也综合处理了其他信息源的数据来提高整个传感器系统的智能化。

2. 多传感器融合的优势

传感器数据融合是针对一个系统使用多个(种)传感器这一特定问题而提出的信息处理方法,可发挥多个(种)传感器的联合优势,消除单一传感器的局限性。把分布在不同位置的多个同类或不同类传感器所提供的数据资源加以综合,采用计算机技术对其进行分析,加以互补,实现最佳协同效果,获得对被观测对象的一致性解释与描述,提高系统的容错性,从而提高系统决策、规划、反应的快速性和正确性,使系统获得更充分的信息。

具体来说,在自动驾驶汽车系统中使用多传感器融合技术主要有如下优势。

(1)提高系统感知的准确度:多种传感器联合互补,可避免单一传感器的局限性,最大限度地发挥各个(种)传感器的优势,能同时获取被检测物体的多种不同特征信息,减少环境、噪声等干扰。

(2)增加系统的感知维度,提高系统的可靠性和鲁棒(Robust)性:多传感器融合可带来一定的信息冗余度,即使某一个传感器出现故障,系统仍可在一定范围内继续正常工作,具有较高的容错性,增加了系统决策的可靠性和置信度。

(3)增强环境适应能力:应用多传感器融合技术采集的信息具有明显的特征互补性,对空间和时间的覆盖范围更广,弥补了单一传感器对空间的分辨率和环境的语义不确定性。

(4)有效减少成本:融合可以实现多个价格低廉的传感器代替价格昂贵的传感器设备,在保证性能的基础上又可以降低成本预算。

3. 多传感器融合的结构

在信息融合处理过程中,根据对原始数据处理方法的不同,信息融合系统的体系结构主要有三种:集中式、分布式和混合式。

(1)集中式:集中式将各传感器获得的原始数据直接送至中央处理器进行融合处理,可以实现实时融合,其数据处理的精度高,算法灵活;缺点是对处理器要求高,可靠性较低,数据量大,故难于实现。

(2)分布式:每个传感器对获得的原始数据先进行局部处理,包括对原始数据的预处理、分类及提取特征信息,并通过各自的决策准则分别作出决策,然后将结果送入融合中心进行融合以获得最终的决策。分布式对通信带宽需求低、计算速度快、可靠性和延续性好,但跟踪精度没有集中式高。

(3)混合式:大多数情况下是把上述二者进行不同的组合,形成一种混合式结构。它保留了上述两类系统的优点,但在通信和计算上要付出较昂贵的代价。但是,此类系统也有上述两类系统难以比拟的优势,在实际场合中往往采用此类结构。

4. 多传感器融合的特点

多传感器融合系统具有四个显著的特点。

(1)信息的冗余性:对于环境的某个特征,可以通过多个传感器(或者单个传感器的多个不同时刻)得到它的多份信息,这些信息是冗余的,并且具有不同的可靠性,通过融合处理,可以从中提取出更加准确和可靠的信息。此外,信息的冗余性可以提高系统的稳定性,从而能够避免因单个传感器失效而对整个系统所造成的影响。

(2)信息的互补性:不同种类的传感器可以为系统提供不同性质的信息,这些信息所描述的对象是不同的环境特征,它们彼此之间具有互补性。如果定义一个由所有特征构成的坐标空间,那么每个传感器所提供的信息只属于整个空间的一个子空间,和其他传感器形成的空间相互独立。

(3)信息处理的及时性:各传感器的处理过程相互独立,整个处理过程可以采用并行导热处理机制,从而使系统具有更快的处理速度,提供更加及时的处理结果。

(4)信息处理的低成本性:多个传感器可以花费更少的代价来得到相当于单传感器所能得到的信息量。另外,如果不将单个传感器所提供的信息用来实现其他功能,单个传感器的成本和多传感器的成本之和是相当的。

5. 多传感器融合技术难关

多个同类或者不同类的传感器分别获得不同局部和不同特点的信息,这些信息之间可能相互补充,也可能存在冗余和矛盾。在多传感器信息融合过程中,需要解决如下几个关键问题。

(1)数据对准:由于每个传感器观测到的数据都在各自的参考框架内,在对这些信息进行融合之前,必须将它们变换到同一时空框架中。需要注意的是,由时空配准导致的舍入误差必须得到相应的补偿。

(2)传感器观测数据的不确定性:由于传感器工作环境的不确定性,导致观测数据中有噪声成分,在融合过程中需要在最大程度上降低这些信息的不确定性。

(3)数据关联:数据关联问题广泛存在,需要解决单传感器时间域上的关联问题,以及多传感器空间域上的关联问题,从而确定来源于同一目标源的数据。

(4)不完整、不一致以及虚假数据:在多传感器信息融合系统中,对传感器接收到的测量数据有时会存在多种解释,称之为数据的不完整性。多传感器数据往往也会对观测环境做出不一致甚至相互矛盾的解释,如激光雷达感知系统检测到前方障碍物车辆速度为0,毫米波感知系统检测到前方障碍物车辆速度为10 m/s。另外,由于噪声及干扰因素的存在,往往会产生一些虚假的测量数据。信息融合系统需要能够对这些不完整数据、不一致数据以及虚假数据进行有效的筛选、处理和融合。

任务二　数据采集技术

数据是车联网得以存在的基础,数据采集也是较为复杂的一门技术,涉及多个技术领域,因此,数据采集技术是车联网的关键技术之一。车联网的数据采集分为两大部分:一部分是针对整车数据的采集;另一部分是针对车外数据的采集。

★任务目标

素质目标

1. 培养团结合作的精神。
2. 树立精益求精的工作态度。
3. 培养爱国精神,增强民族自信。

知识目标

1. 掌握数据采集的目的。
2. 掌握数据采集的过程。
3. 掌握数据处理的过程。

能力目标

1. 能够对采集的数据进行分析。
2. 能根据数据采集过程分析数据的来源及对数据进行归类。

★知识准备

、数据采集的定义

1. 数据采集的定义

数据采集技术起步较早,1956 年,美国开始研究数据采集系统,并开发了第一个得到初步认可的数据采集系统——军用测试系统。20 世纪 60 年代,国外市场引进了成套的功能完备的采集设备,这些设备多属于专用系统。70 年代,计算机技术与数据采集设备结合诞生了新一代的数据采集系统。该系统凭借其优良的性能而获得迅速的发展。80 年代,随着计算机的推广和普及,通用采集系统及自动测试系统应运而生,进一步推动了数据采集系统的发展,并被逐步应用到军事、工业、航空航天等领域。

数据采集,又称为数据获取,是指传感器和其他待测设备等模拟和数字被测单元自动采集信息的过程。对于智能网联汽车来讲,数据采集就是车辆上的各类传感器和相关设备等,结合相应采集技术,获取车辆的各类信息的过程。数据采集是物理世界与信息世界交互的重要环节,采集设备是实现这一环节的关键。通常,采集设备有较高的实时性,能够利用自身的感知机制实现现场信息的即时采集,通过显示接口将数据展现给用户,可以存储传输采集的记录,通过一定的数据预处理分析功能减少后续的计算量。

2. 被采集数据的类型

自动驾驶车辆所能采集的数据大致分为操控数据、使用数据、性能数据、用户数据、环境数据和工况数据。

(1)操控数据:自动驾驶车辆的加速度、制动情况、驻车、挡位、远近光/雾灯/位置灯、车窗位置、安全带、方向盘转角、方向盘转速、空调、音乐/FM/蓝牙、碰撞等级、碰撞检测。

(2)使用数据:车辆的行驶里程、生命周期、行驶车程历史、行驶时间、行驶方向、行驶时段、行驶频次、单次行驶时长、拥堵时长、畅行时长、驾乘人数、进度/维度/海拔、翻滚角/俯仰角/横摆角、胎温/胎压、倒车雷达测距、探头、空调、车速/加速度、雨刷器状态等。

(3)性能数据:车辆的油门踏板开度、制动踏板百分比、制动踏板状态、发动机转速、瞬时油耗、百公里油耗、剩余油量、百米加速等。

(4)用户数据:用户的POI(兴趣点)、住址、公司、家庭成员情况、自驾游历史及出行次数、通勤族、自由职业、加班族、早九晚五、驾驶安全等级、不良行为频度、行程分析、常用路线、活动范围。

(5)环境数据:车辆使用时的天气情况、道路类型、路面质量状况、道路限速标志、通行路段的拥堵情况、道路上行人的通行情况、平顺/拥堵/爬坡/颠簸。

(6)工况数据:车辆行驶过程中,动力蓄电池电压电流温度、电机电压电流温度状态、发动机转速、发动机状态、怠速状态、节气门绝对位置、平均点火角度、主缸压力、进气温度、冷却液温度、ABS(制动防抱死系统)状态、EBD(电子制动力分配)状态、ESP(车身电子稳定系统)状态、车身稳定性控制状态、牵引力控制系统状态、警告信息。

以上数据都是车辆在使用过程中得到的原始数据,这些数据与移动互联网络有着千丝万缕的联系,最终会直接或间接影响车辆的使用。

二、数据采集类型

自动驾驶车辆的信息采集,来源于多传感器融合后的数据采集。因此可以根据传感器所采集的信息进行分类。

各类传感器信息分别处于不同层次的信息级别,可以根据传感器在不同信息层次上的融合程度,将多传感器信息融合划分为 Low-level(低级)融合、High-level(高级)融合和混合融合结构。其中,Low-level 融合体系结构包括数据级融合和特征级融合,是一种集中式融合结构;High-level 融合体系结构是一种决策级别融合,可以是集中式融合或者分布式融合;混合融合结构由多种 Low-level 和 High-level 融合结构组合而成。

1. Low-level 融合

Low-level 融合体系结构是一种较低信息层次上的融合,是集中式融合结构。集中式融合结构将各传感器获得的原始数据直接送到数据融合中心,进行数据对准、数据关联、预测等,在传感器端不需要进行任何处理,可以实现实时融合。其结构如图 4-25 所示。集中式融合结构具有较高的融合精度,算法灵活。但是其对处理器的要求高,计算量大,成本较高。

另外，其数据流向单一，缺少底层传感器之间的信息交流，可靠性较低，实现难度较大。

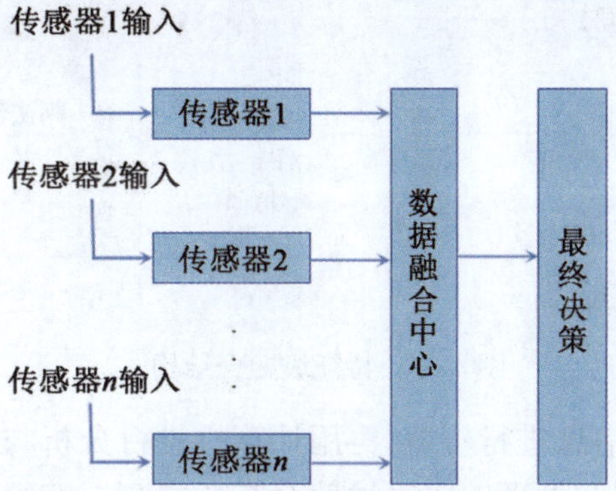

图 4-25　集中式融合结构

(1)数据级融合：数据级融合又称为像素级融合，是最低层次的融合，直接对传感器的观测数据进行融合处理，然后基于融合后的结果进行特征提取和判断决策。其结构如图 4-26 所示。经过数据级融合以后得到的图像，不论是内容还是细节都会有所增加，如边缘、纹理的提取，有利于图像的进一步分析、处理与理解，还能够把潜在的目标暴露出来，有利于判断识别潜在的目标像素点的操作。

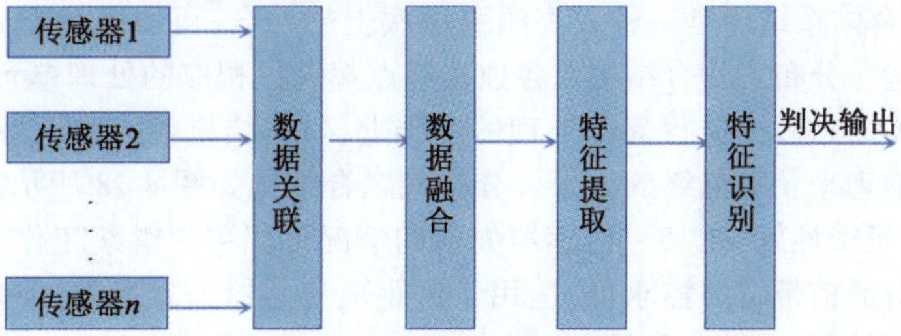

图 4-26　数据级融合结构

数据级融合处理的数据是最底层融合，精确到图像像素级别，但其计算量大、处理所耗费的时间成本巨大，不利于实时处理；另外，其在进行数据通信时，容易受不稳定性、不确定性因素的影响；最后，其处理过程都是在同种传感器下进行的，无法有效地处理异构数据。

根据融合内容，数据级融合又可以分为图像级融合、目标级融合和信号级融合。图像级融合以视觉为主体，将雷达输出的整体信息进行图像特征转化，与视觉系统的图像输出进行融合；目标级融合是对视觉和雷达的输出进行综合可信度加权，配合精度标定信息进行自适应的搜索匹配后融合输出；信号级融合是对视觉和雷达传感器 ECU 传出的数据源进行融合，其数据损失小、可靠性高，但需要大量的计算。

(2)特征级融合：特征级融合指在提取所采集数据包含的特征向量之后融合。特征向量用来体现所监测物理量的属性，在面向检测对象特征的融合中，这些特征信息是指采集图像中的目标或特别区域，如边缘、人物、建筑或车辆等信息。其结构如图 4-27 所示。特征级融合通过各传感器的原始数据结合决策推理算法，对特征信息进行分类、汇集和综合，提取具有表示能力及统计信息的属性特征。对融合后的特征进行目标识别的精确度明显高于原始图像的精确度。

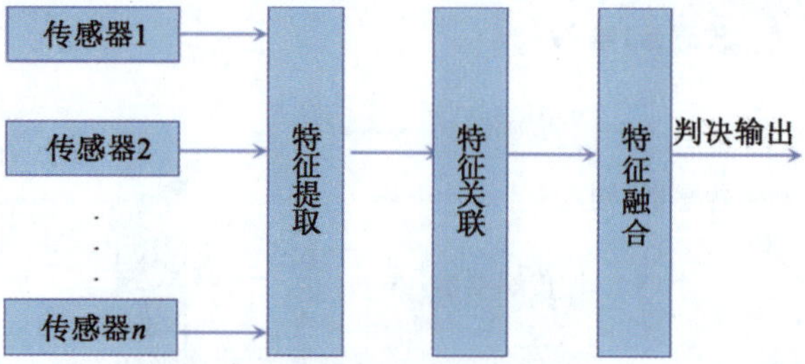

图 4-27　特征级融合结构

特征级融合先对图像信息进行压缩,再用计算机进行分析与处理,所消耗的内存、时间与数量级相比会减少,因此处理的实时性就会有所提高。特征级融合提取图像特征作为融合信息,不可避免地会丢掉一部分的细节性特征,因此,对图像匹配的精确度的要求没有数据级融合高,但计算速度比数据级融合快。

根据融合内容,特征级融合又分为目标状态信息融合和目标特性融合两大类。其中,前者是先进行数据对准,以实现对状态和参数的相关估计,更加适用于目标追踪;后者是借用传统模式识别技术,在特征预处理的前提下进行分类组合。

2. High-level 融合

High-level 融合体系结构是一种较高语义层次上的融合,可以是分布式融合结构或者集中式融合结构。分布式融合结构在各独立节点都设置相应的处理单元,在对各个独立传感器所获得的原始数据进行局部处理的基础上,再将结果输入数据融合中心,进行智能优化、组合、推理来获得最终的结果。分布式融合结构如图 4-28 所示。分布式融合结构计算速度快、延续性好,在某一传感器失灵的情况下仍可以继续工作,可靠性更高。分布式融合结构对通信带宽的需求低,适用于远距离传感器信息反馈,但在低通信带宽中传输会造成一定的损失,精度降低。

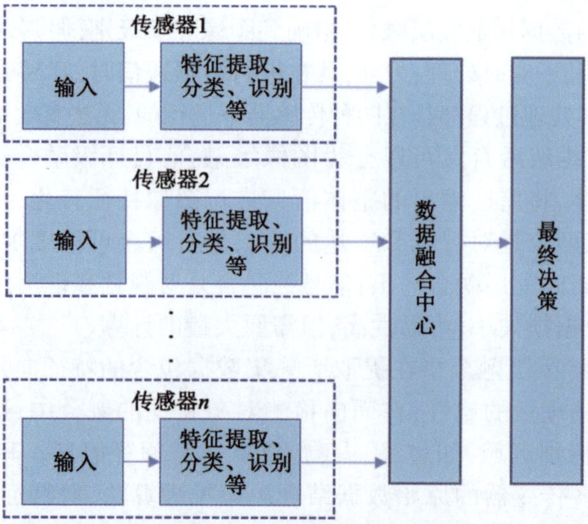

图 4-28　分布式融合结构

集中式融合结构如图 4-29 所示。根据不同种类的传感器对同一目标观测的原始数据，进行一定的特征提取、分类、判别以及简单的逻辑运算，然后根据应用需求进行较高级的决策，获得简明的综合推断结果，是高语义层次上的融合。

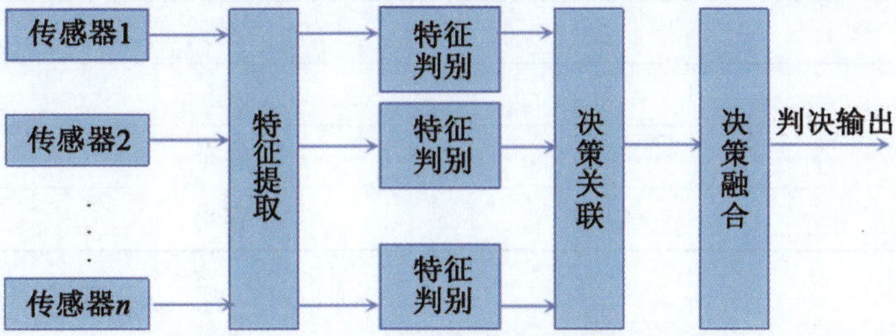

图 4-29　集中式融合结构

3. 混合式融合结构

混合式融合结构由多种 Low-level 和 High-level 融合结构组合而成，如图 4-30 所示。部分传感器采用集中式融合方式，其余的传感器采用分布式融合结构。该结构兼有二者的优点，能够根据不同需要灵活且合理地完成信息处理工作。但是，混合式融合方法的结构复杂，对结构设计要求高，加大了通信和计算的成本。

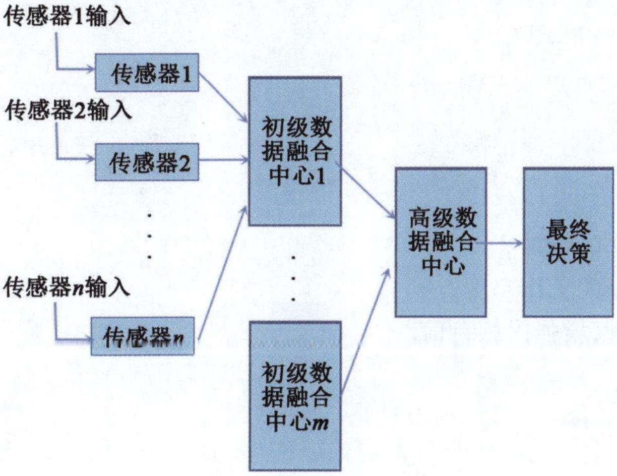

图 4-30　混合式融合结构

4. 三种融合结构的比较

基于精度、通信带宽和可靠性等方面，可将分布式、集中式、混合式结构融合方法进行比较，如表 4-3 所示。

表 4-3　三种融合结构比较

体系结构	分布式	集中式	混合式
信息损失	大	小	中
精度	低	高	中
通信宽度	小	大	中

续表

体系结构	分布式	集中式	混合式
可靠性	高	低	高
计算速度	快	慢	中
可扩充性	好	差	一般
融合处理	容易	复杂	中等
融合控制	复杂	容易	中等

任务三　大数据处理技术

随着5G、人工智能、云计算、大数据为核心的数字技术在传统产业中的渗透率不断提升，极大地助推了车联网技术的发展，大数据处理技术将会成为车联网产业创新发展的关键竞争要素。

★任务目标

素质目标

1. 培养团结合作的精神。
2. 树立精益求精的工作态度。
3. 培养爱国精神，增强民族自信。

知识目标

1. 掌握大数据的基本概念。
2. 掌握大数据处理技术的架构。
3. 掌握大数据的应用。

能力目标

1. 能根据具体情境对大数据处理的工作原理进行分析。
2. 能通过对大数据的分析，解决实际问题。

★知识准备

数据处理技术

一、大数据处理技术的架构

1. 大数据的基础概念

近年来，汽车的智能化与网联化已成为汽车行业发展的大趋势。2015 年提出的《中国制造 2025》发展战略将智能网联汽车列为重点发展对象。智能网联汽车包括两个核心问题，即智能化和网联化，其内涵是利用 V2X 和多接入边缘计算等技术提供强大的连接和计算能力，以实现“人-车-路-云”间多元数据的共享、交互和融合，从而提升汽车的智能化水平。随着消费互联网的升级以及车联网技术的逐步成熟，汽车已经不再是单纯的交通工具，而是可以提供出行、生活、娱乐及办公等服务的智能载体。车辆共享和分时租赁等汽车共享经济成为新常态，车联网保险等后服务市场的新业务不断涌现。这些与日俱增的应用需求都需要高质量的数据作为支撑。2019 年 12 月 9 日，交通运输部印发了《推进综合交通运输大数据发展行动纲要(2020—2025 年)》，以推动大数据与综合交通的深度融合。汽车作为综合交通运输的重要参与者，智能交通系统需在汽车本地数据与交通数据深度融合的前提下演进发展，汽车大数据应用将建立在跨行业、多协同的基础上，其数据的规范性、兼容性、开放性和安全性等对提升综合交通运输服务水平将起到至关重要的作用。

2. 汽车大数据的内涵

汽车大数据，即汽车及相关领域数据加上相关技术和应用的总和，其内涵是生产、业务、人-车-路互联和外部跨界数据，同时又外延至相关技术及应用。就汽车大数据本身而言，其横向跨越产品设计、制造、销售和使用等环节，纵向涉及企业、产业链和生态链、行业管理三个层面的内容；而汽车大数据技术及应用则需面向特定场景，通过数据采集、传输、存储、挖掘及可视化等一系列技术方法，将汽车大数据中包含的价值信息释放出来，以提升生产运作和经营管理水平，促进产品及商业模式的创新。

3. 汽车大数据的特点

汽车大数据具有鲜明的特点，主要体现在以下四点。

(1)数据量巨大(Volume)：各类车辆数据和道路交通数据是车联网传输的主题，是实现车联网应用的基础。城市交通系统中车辆众多，随着传感器种类的快速增长和车联网应用的不断拓展，在车辆之间、车辆和道路之间传输的车联网数据总规模将极为巨大。

(2)数据类型多样(Variety)：车联网数据来源广泛，既包括车辆总线和 GPS 数据，也包括多种车载传感器、道路传感器数据及其他数据(例如增值服务数据等)，导致数据类型多样，具有多维度、多层次、结构化与非结构化并存等特点。

(3)数据高速生成(Velocity)：因为直接关系到道路交通安全，所以车联网应用对数据的生成、传输、处理的实时性需求极高。大量传感器快速采集各种环境信息，并在车联网中完成共享。这将导致在城市路网或高峰时段，数据呈爆发式增长，对实时数据处理提出巨大挑战。

(4)数据价值高(Value):由于以上三点特征,车联网数据往往难以直接处理,且价值密度低,但其蕴含的应用价值总量极高。从道路安全、交通管理、商业应用等角度,车联网数据中的各个部分都能够成为极具价值的资源。

4. 大数据处理技术的架构

经典大数据架构包括四个层次,即数据采集层、数据存储层、数据处理分析层和数据应用层。理论上,此架构也适用于汽车大数据,但汽车大数据应用独特性明显,主要体现在以下两个方面。

(1)经典大数据架构支撑多元异构数据,面临各种数据源采集汇聚的技术难题和政策性障碍;但汽车大数据面临更大的困难,不仅涉及企业敏感数据和用户敏感数据,还包含各种政府数据。其数据互联互通困难不仅体现在技术层面,还体现在政策层面,政府数据不完善目前已经成为汽车大数据应用推进中的严重障碍,必须予以单独考量。

(2)经典大数据架构中的数据处理一般在本地集群或云端完成,但汽车大数据应用,特别是安全类应用,对处理实时性的要求较高,集中化的处理难以满足其应用需求,需以边缘计算方式予以支撑。

因此,汽车大数据架构需特别强调应用瓶颈,即数据互联互通问题和数据处理方式问题。前者旨在促进政策层面的突破,后者则旨在为服务提供方(如车企、IT 企业、运营商、交通管理部门等)定义服务介入方式。汽车大数据架构如图 4-31 所示。

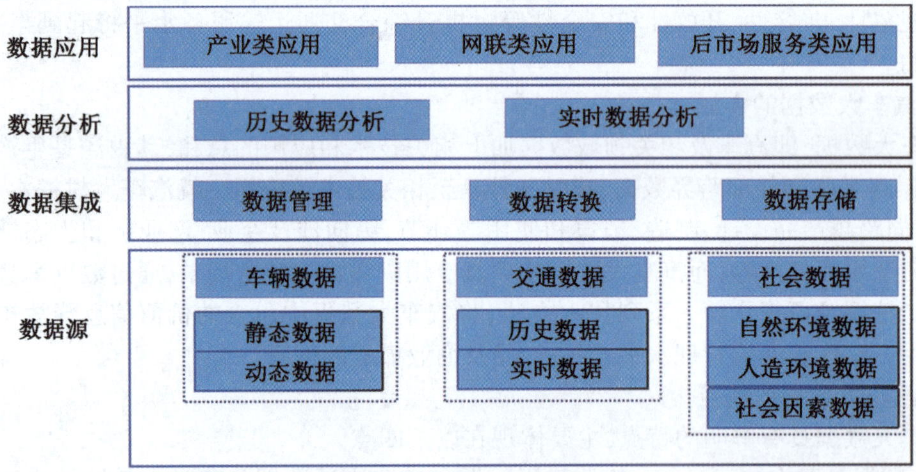

图 4-31　汽车大数据架构

从图 4-31 中可以看出,汽车大数据体系架构包括四个层次的内容。①数据源:包括车辆数据、交通数据和社会数据;②数据集成:汽车大数据的数据源结构复杂,主要体现在数据格式和数据接口的复杂性表现,互联互通必须在有效的数据转换机制和数据抽象化机制的基础上合理建立;③数据分析:汽车大数据分析融合需在多个层面进行,包括支持实时应用的边缘端计算分析和支持非实时应用的云端计算分析;④数据应用服务:汽车大数据的应用服务呈现多维度、覆盖广的特性,重点表现为支持跨行业应用。

二、大数据处理技术的应用

1. 大数据的来源

汽车大数据应用可深入汽车研发、生产、销售和使用等各个环节，可分为产业类应用、网联类应用、后市场服务类应用等。不同的数据应用服务对数据类型、数据处理模式、数据处理表现的需求也各不相同，大数据应用与数据源之间存在需求对应关系。本任务将从数据源入手，分析需求来源，解析数据源与应用之间的关联对应关系。

如图 4-31 所示，汽车大数据的数据源表现出了多源异构特性，不仅包含车辆在设计、制造、销售和使用过程中产生的相关联网数据，还包括与车辆相关的人、事、物产生的数据。与普通大数据应用不同，汽车大数据应用一方面涉及工业、社会数据；另一方面，应用类型与产业期望密切关联，即整个产业链都期待能通过汽车大数据挖掘经济增长点。因此数据源类型与产业链之间存在较强的关联关系，如表 4-4 所示。

表 4-4 应用类型与相关数据源要求

应用类型		数据准确度需求						处理能力需求	
		车辆静态数据	车辆动态数据	交通历史数据	交通实时数据	社会数据		实时性	可靠性
						基础数据	特种数据		
汽车产业类		高	高	低	低	中	中	低	高
网联类	安全应用	高	高	高	高	高	高	高	高
	信息服务	低	低	高	高	高	高	中	高
后市场服务类		高	高	低	低	高	高	低	高

表 4-5 列出了汽车大数据的数据源类型、特征及提供方。可以看出，汽车大数据数据源的复杂性不仅体现在数据源类型上，更体现在涉及部门的复杂性上。

表 4-5 汽车数据的数据源类型、特征及提供方

数据源类型	数据特征	数据内涵	数据提供方
车辆数据	静态数据	车辆技术参数、研发生产数据、车辆基本信息	车企
	缓变动态数据	车辆折旧特征参数、二手车交易数据、维修保养数据等	维修店、二手车交易所
	快变动态数据	驾驶行为数据、车辆实时行驶数据	车辆个体
交通数据	道路数据	道路属性、路侧设施、通信网络、公共资源等	路政部门
	交通数据	实时交通流数据、交通信号数据	交通管理部门

续表

数据类型	数据特征	数据内涵	数据提供方
社会数据	自然环境数据	天气、温度、污染、噪声	环境部门
	人造环境数据	路面环境数据、住宅、停车场、加油站等数据	市政管理部门
	社会数据	交通违章数据、居民受教育程度数据、用户图像数据	公安部门、民政部门

2. 大数据的应用

大数据的应用主要表现在三个方面：一是汽车产业类应用，二是网联类应用，三是汽车后市场服务类应用。数据应用服务对数据类型、数据处理模式、数据处理表现的需求也各不相同，主要体现在应用响应实时性和数据处理有效性两个方面。

(1)汽车产业类应用。汽车产业类应用主要为车企提供服务，包括产品质量管控类应用和市场调查类应用。

质量管控类包括故障反向诊断以及以此为基础的正向设计优化，主要涉及的数据源包括车辆固有数据及行驶特征数据，旨在实现车辆的售后跟踪，以确保车辆安全运行，并为优化设计和提升产品质量提供必要的反馈数据。

市场调查类旨在收集市场信息，使得汽车制造企业能通过主动获取互联网信息或与互联网公司进行数据合作，在汽车的设计阶段即结合当前用户的诉求和市场的供需情况作出准确的判断，以提升汽车市场的竞争力。

提升汽车制造企业的市场匹配能力是汽车大数据的重要任务，打通各环节数据的汽车制造将更加自动化和智能化，能为汽车产业带来制造升级和用户体验提升，如汽车订制化服务，将最大限度地满足消费者的需求。汽车产业类应用对数据准确度的需求较高，数据源质量问题将成为影响汽车产业类应用的重要瓶颈。

(2)网联类应用。网联类应用可分为两类，即安全类应用和信息服务类应用，其中安全类应用又可分为实时安全类应用和非实时安全类应用。实时安全类应用与车辆控制及实时行驶策略密切相关，对数据处理实时性和准确性均有较高的要求；非实时安全类应用和信息服务类应用不涉及车辆实时行驶策略问题，对准确性的要求较高，而对实时性的要求较低。

由表 4-5 可知，实时安全类网联应用涉及多种数据源，需在云端数据处理、边缘端数据处理和车辆本地数据处理的紧密协同下执行，且需在驾驶员、汽车、道路、交通和公安等数据有效整合、共享、交互的基础上确保应用的响应质量。若要达成此目的，在数据抽象化、数据接口、处理方式和计算资源调动方面均需理论研究和计算硬件条件的支持，这是目前影响安全类网联应用推进进程的重要因素。非实时安全类应用对处理实时性的要求不高，但对准确性有要求，非实时安全类应用主要面向汽车质量安全类服务，旨在提前发现因汽车质量问题而导致的安全隐患，如电池故障隐患消除等。该类应用需要有效的平台数据的支持，即对数据质量的要求较高。

信息服务类应用目前的使用率较高，主要是一些提高驾乘体验的车载信息类应用，如导航服务、堵点提醒、充电引导、停车引导等。这类应用因涉及与人的互动,对数据的实时性要求较高,又因为引导式服务的需求,其对数据的准确性要求也很高。此类应用的执行度较好,未来可致力于应用服务质量的提升,以确保应用服务的有效性。

(3)汽车后市场服务类应用。汽车大数据的后市场应用服务包括汽车保险、车辆服务和出行服务等。汽车后市场保险业需要汽车行驶数据、违章数据、维修数据等的支撑,以期实现保费合理评估,并以此增进投保数量及保险质量。目前已提供的相关服务有中国汽车技术研究中心和中国保险信息技术有限责任公司提供的事故车定损云平台服务、地铁里程(Metromile)公司的自动理赔助手艾娃(Ava)等。宁柏迪(Lamberti)公司提出将区块链引入汽车保险服务,对汽车大数据质量和数据处理能力提出了更高的要求。

车辆服务包括维修服务、清洗服务、加油服务、配件购置和救援服务等,需通过收集服务提供方的信息来进行合理评级,并为用户推荐可靠的服务方。此类应用对评级方的公正性要求较高,需要在确保评级可靠的前提下保证服务质量。目前,典型的出行服务方式包括车辆共享分时租赁,基于数据智能化的分时租赁模式在很大程度上节约了人工成本,租车、解锁、驾驶、支付和归还等操作都能直接通过手机应用完成,用户体验良好。

三、云计算的技术架构

汽车云计算平台是自动驾驶技术的重要组成部分,借助云技术,车辆可以实现车间通信(V2V),从而避免交通事故的发生。

1. 云计算平台架构

云计算平台使用虚拟化技术整合了服务器、存储和网络硬件资源,并优化了系统资源分配比率,以实现应用的灵活性。该系统通过综合感知、通信、计算和控制技术、人机与信息交互以及高效协作,在基于标准化通信协议的基础上,实现了“车辆、交通、环境”等要素在物理空间和信息空间的相互映射,并利用云计算大数据的能力,解决系统资源优化配置的问题,促进人、车、道路可以按需响应、快速迭代、动态优化,最终实现协同无人驾驶。同时,该系统提高了资源利用率,降低了总能耗与运维成本。在云模式下,我们可以更好地实时处理大量数据,开发更多的应用程序。

云平台包含云基础平台以及云应用平台。云基础平台为智能网联汽车及其用户、管理及服务机构等提供车辆运行、基础设施、交通环境、交通管理等动态基础数据,具有高性能信息共享、高实时性云计算、大数据分析、信息安全等基础服务机制,是支持智能网联汽车实际应用需求的基础支撑平台。而云应用平台是以云基础平台为基础,部署和运行包括智能网联汽车协同感知、决策与控制、智能交通管控、公共出行服务、智能网联汽车测试等在内的多类行业应用,也是进行应用过程管理、应用资源配置、应用生态拓展的智能网联汽车行业专业管理与服务的平台。

云计算平台架构如图 4-32 所示。云计算是网格计算、分布式计算、并行计算、实用计算、网络存储、虚拟化、负载均衡等传统计算机和网络技术融合发展的产物,也是一种业务计算模型。它将计算任务分布在由大量计算机组成的资源池中,使用户能够根据需要获得计算能力、存储空间和信息服务,此资源池称为云。云是一种可以自我维护和管理的虚拟计算资源,通常是大型服务器群集,包括计算服务器、存储服务器和带宽资源。

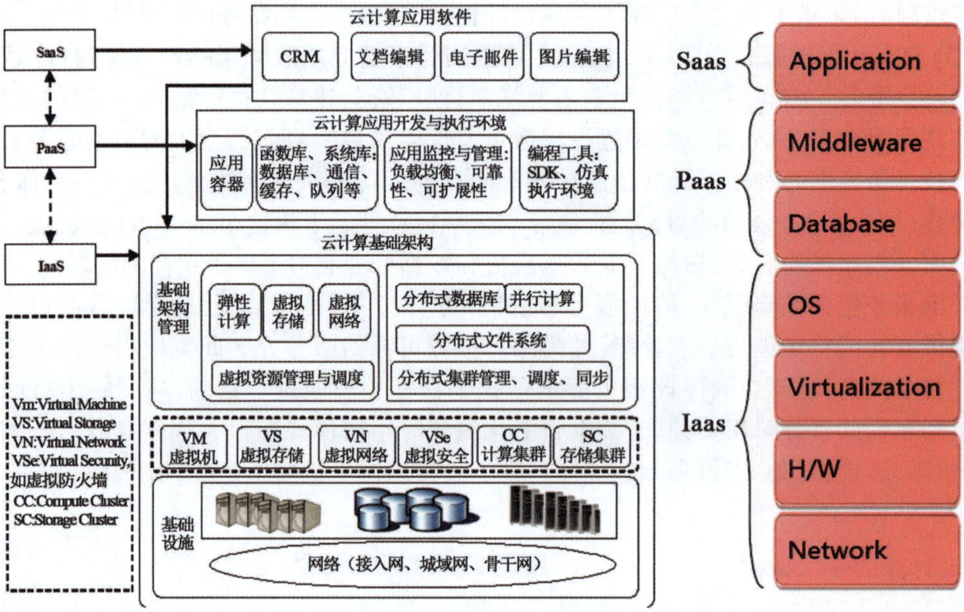

图 4-32 云计算平台架构

云计算根据部署方式的不同,可以分为公有云、私有云和混合云。公有云就在互联网上,只要是注册用户或付费用户都可以享用。私有云是在防火墙中为企业内的组织或部门共享数据中心资源而创建的云基础设施和软硬件资源。混合云是公有云和私有云的混合,大部分是指私有云的建设,但由于很多资源(计算能力或存储空间)还不够用,所以必须动态申请公有云作为私有云在公网上的补充。

2. 云计算平台功能

云计算平台主要应用于对实时性要求不高的内容服务和数据分析,比如智能互联中的信息娱乐功能、用户的驾驶行为分析等。车辆通过网络将 ECU 数据上传到云平台,云平台通过数据存储、数据挖掘、数据分析,然后将生成的数据模型下发给车辆,供车辆提升用户体验使用。

自动驾驶域控制器可以通过发送或接收车辆的时速数据、相对位置数据、制动数据、直行还是左转等所有与行驶安全相关的数据,甚至包括拍摄周围事物的图片或者音视频等,分析和预判其他车辆的驾驶行为,从而实现主动的安全策略,提升行驶安全,为半自动驾驶、自动驾驶提供数据支撑。

基于车联网技术的云服务平台是一个综合性的服务体系,主要包括以下五个方面。

(1)车辆安全监督:通过监控、报警、拍照、行车记录仪、停车统计等服务,确保行人、车辆和货物的安全。

(2)运输成本管理:提供智能调度、智能导航、油耗管理、路桥收费管理、里程统计等功能,有效降低运输成本。

(3)运输老化管理:提供路线规划、车道跟踪、关键节点预警、到达时间预判、实时分析等功能,有效提高运输的及时性。

(4)全程货物跟踪:通过平台与车载终端的有机结合,实现对货物的实时跟踪,帮助货主掌握货物在任何时间、任何地点的实时运输,全程监控,增强货物运输的安全性。

(5)精细完善的车辆管理:通过对车辆档案管理、车辆业务管理、车辆综合分析等方面的分析,以及对车辆运行监控、日常维护、成本统计等方面的分析,可以实时掌握车辆运行状况,节约运维成本,提高运营管理水平。

3. 云计算平台主要优势

(1)虚拟化技术:云计算平台的最大特点是使用软件实现硬件资源的虚拟化管理、调度和应用。通过虚拟平台,用户使用网络资源、计算资源、数据库资源、硬件资源、存储资源等,并在本地计算机上使用。在云计算中利用虚拟化技术可以大大降低维护成本,提高资源利用率。

(2)灵活的订制:在云计算时代,用户可以根据自己的需求或偏好订制相应的服务、应用和资源。云计算平台可以根据用户需求部署相应的资源、计算能力、服务和应用。

(3)动态可扩展性:在云计算系统中,可以将服务器实时添加到现有服务器群中,以提高云处理能力。如果计算节点失败,则通过相应的策略丢弃该节点,并将其任务分配给其他节点。节点故障排除后,可以实时将其添加到现有集群中。

(4)缩短产品开发周期:云计算产品有一个显著的特性,那就是可以缩短产品开发周期。随着云计算的出现,从理念到产品的开发周期逐渐缩短,我们可以看到隐藏在其中的巨大价值。

通过将云计算技术引入汽车联网平台,可以形成巨大的计算能力。互联不同的本地信息,并将不同的行业应用集中在同一平台上,为海量数据的智能处理和可视化服务提供了坚实的基础。同时,云计算的虚拟化、灵活订制、动态扩展等特点,不仅解决了传统建设方面的困难,而且降低了联网管理的复杂性,实现了资源的自动扩展和部署,提高了资源利用率,降低了成本。该系统平台基于北斗或 GPS 卫星定位、无线通信、地理信息系统、计算机网络、云计算等技术。通过车载智能终端和管理平台,帮助用户实现车辆安全监管和精细化交通管理。

4. 云计算平台服务模式

云计算平台架构主要围绕车辆和手持终端相关的数据聚合、计算、调度、监控、管理和应用构建,可以同时支持数百万终端的大数据并发,实现海量数据的存储、分析、挖掘和应用。云计算可以分为基础云服务(IaaS)、平台云服务(PaaS)和应用云服务(SaaS)三种主要的服务模式。

(1)IaaS:IaaS 如图 4-32 所示,它基于云框架以及与车联网相关的虚拟基础设施来提供动态可扩展的资源,包括计算、存储、网络等基础设施资源,用于部署和执行操作系统或者软件。通过虚拟化技术,IaaS 可以在物理服务器上生成多个虚拟机,实现这些虚拟机之间的完全隔离。这不仅可以降低服务器的购买成本,还可以降低服务器的运行维护成本。车联网建设的核心是 PaaS 平台的建设,即在 IaaS 资源池上建设 PaaS 平台,从而提供内部云平台、外部 SaaS 运营平台和统一的开发测试环境。

(2)PaaS:PaaS 主要提供基于 IaaS 基础设施的软件和产品开发工具,如图 4-32 所示,开发人员可以直接创建和运行与车联网相关的应用程序。该平台提供基本的中间件或服务，如海量数据存储、数据挖掘和分析、调度任务、消息队列和 PaaS 级搜索引擎。面向服务的体系结构是一种松耦合的软件构件技术，它将应用程序的不同功能模块化，并通过标准化接口和调用方法将它们连接起来，以实现快速、可重用的系统开发和部署，提高汽车联网体系结构的可扩展性，提高应用程序开发的效率，并能充分集成和重用信息资源。

平台面向服务的架构(SOA)中的服务模块通过消息总线进行交互。只要每个服务模块遵循总线定义的消息定义标准，就可以通过消息总线向目标服务模块发送消息。添加新的服务模块时，只要遵循标准接口规范，就可以通过简单的注册过程集成到系统中，消息总线中的消息格式标准是系统的“中心协议”。PaaS 的分布式数据库将子数据库、子表、分区等数据库分割技术应用于传统商业数据库，并实现海量数据的存储和扩展。

在车联网平台中，按照标准，一辆车一般平均 30 s(甚至更短)生成一个主动上报的数据，但当系统注册容量达到 20 万辆时，系统每秒需要处理近 1 万个数据并进行存储。因此，海量数据的存储、读取和分析能力是车联网云平台面临的挑战，也是车-云平台信息与数据交互等技术应用成功的关键。

在网联汽车云平台中，需要实时提供批量处理能力相对较低的 PB 级数据，主要应用于数据分析、数据统计、数据挖掘、商务智能等领域。PaaS 提供分布式任务调度服务，可以动态地将一个批量任务或一个不断变化的任务分配给多个进程并行执行，从而实现对海量数据的异步并行分析和处理。

(3)SaaS：SaaS 如图 4-32 所示，基于基础云服务和第三方服务资源的能力，任何开发者都可以开发与联网车辆相关的特定应用，并可以发布和支持多个用户终端(特定终端、PC、浏览器、手机等)。SaaS 提供了数据库分割技术，实现了海量数据的存储和扩展需求。它将原来的单个数据库按照一定的规则进行分片，并将数据分发给多台物理机进行存储，从而突破单个机器的限制，使系统能够不断地增加数据量的质量并做出横向响应。

云基础平台可以提供智能网联驾驶云服务、智能网联数据标准化互联互通服务、大数据计算服务、动态交互场景库服务、体系化应用开发与测试环境五大服务，并在智慧城市的基础设施、自动驾驶协同感知、交通等领域得到应用。其利用协同感知、云端决策与网联交通设施控制，实现交通设施控制与车辆控制协同，增强智能网联驾驶服务的能力，降低交通事故伤亡率，减少交通拥堵时间，提升交通效率。

云基础平台是中国标准智能网联汽车体系的重要组成部分，是支撑智能网联汽车实际应用实施的数据协同中心，也是计算中心与资源优化配置中心。通过云控基础平台的物理架构形成车端-边缘云-区域云-中心云四级支撑体系，逐步建立中国特色的智能网联汽车生态体系，打造行业协同发展生态圈，推进现有产业的转型升级，推动智能网联驾驶基础设施建设，拉动经济发展，完善公共服务，降低行业运营成本。

四、云计算平台的应用

1. 云计算平台可以解决实际问题

云控基础平台是面向网联驾驶的“车-路-云一体”数字化大型基础设施，也是智慧城市综合化管理的支撑平台，为智能网联汽车提供车-路-云一体的云端协同感知、决策、控制能力，为智慧城市安全、绿色、高效的智能交通体系赋能，如图 4-33 所示。

图 4-33 云计算平台功能

(1)解决智能网联汽车存在的信息孤岛，难以互联协同、有效管控的问题。通过提供一套基础可靠的信息交互规则，实现跨品牌车与车、车与基础设施、车与服务机构之间数据互联互通，将各种实时动态信息汇聚到云控基础平台，为各种出行应用场景、交通管理、车辆监管提供基础大数据平台。

(2)解决自动驾驶单车智能成本过高、感知能力不足、运行范围受限，难以商业化运营的问题。通过对车-路-云数据统一分析处理、协同感知，建立车辆与交通环境的精细化四维数字时空模型，从全局角度进行云端大数据计算与分析，将全局最优决策结果反馈给车辆、路侧设备，进行协同控制，实现车-路-云协同自动驾驶，降低单车智能对车载传感、导航、计算处理等设备在数量、性能上的依赖程度。

通过解决上述问题，云控基础平台使得汽车作为主体深度参与城市交通优化变为现实，为智能网联汽车营造车-路-云一体化的出行环境，减少交通事故发生率，提高道路交通效率及社会公共服务管理水平，推动智慧城市数字化建设。

2. 云计算平台的应用效果

(1)实现车辆对环境的协同感知。通过协同感知，提升了车辆传感系统的感知范围和感知能力，确保车辆在各种条件下均能安全行驶。

(2)实现车辆之间的协同决策。通过协同决策，让车与车之间实现高效的配合。解决车辆行驶过程中协同决策的难题，减少拥堵，有效提升道路通行效率。

(3)实现车路之间的协同控制。通过车路一体化综合计算与优化调度控制，提高交通通行效率。打破车与交通基础设施独立运行的壁垒，实现“车-路-云一体化”协同控制，提升城市管理服务水平。

(4)构建新型智慧城市公共服务体系。借助云控基础平台这一基础设施体系，各行各业都可以利用相关基础服务，开发匹配自己业务的智慧化应用。例如，当发生事故时，利用云控平台协同感知技术，第一时间将数据发送给各类服务机构，通过感知数据，协同规划，换道让行，让救援车辆以最快速度到达现场，实现及时而精准的救援。通过时空模型对交通运行状态的在线计算，精确浮现交通事故的动态过程，实现快速远程判定事故责任，快速远程保险定损，极大地提升了事故处理效率，恢复交通通行。

★拓展视窗

车联网背景下汽车产业的数据安全合规

一、数据的来源

当讨论车联网背景下汽车的数据安全合规，到底在讨论哪些数据呢？

1. 车联网信息服务数据

工信部于 2020 年 8 月 31 日发布的通信行业标准《车联网信息服务数据安全技术要求》(YD/T 3751-2020)(下称“3751 标准”)，已于 2020 年 10 月 1 日起实施。3751 标准将车联网信息服务数据基于其属性或特征，分为六大类，并在六大类中细分若干小类。六大类数据包括基础属性类数据、车辆工控类数据、环境感知类数据、车控类数据、应用服务类数据和用户个人信息。

2. 汽车数据

3751 标准为推荐性标准，不具有强制执行力。2021 年 8 月 6 日，发改委、工信部等五部委发布了《汽车数据安全管理若干规定(试行)》(下称“《若干规定》”)，已于 2021 年 10 月 1 日生效。《若干规定》以部门规章的形式，根据《数据安全法》进一步完善汽车数据安全管理，并为汽车数据安全管理提供了一定的法律依据。

在数据范围上，相较 3751 标准针对的车联网信息服务数据，《若干规定》规范的范围扩展到汽车数据。根据《若干规定》第三条，“汽车数据”的定义为“包括汽车设计、生产、销售、使用、运维等过程中的涉及个人信息数据和重要数据”，并定义了“个人信息”、“敏感个人信息”和“重要数据”，如图 4-34 所示。

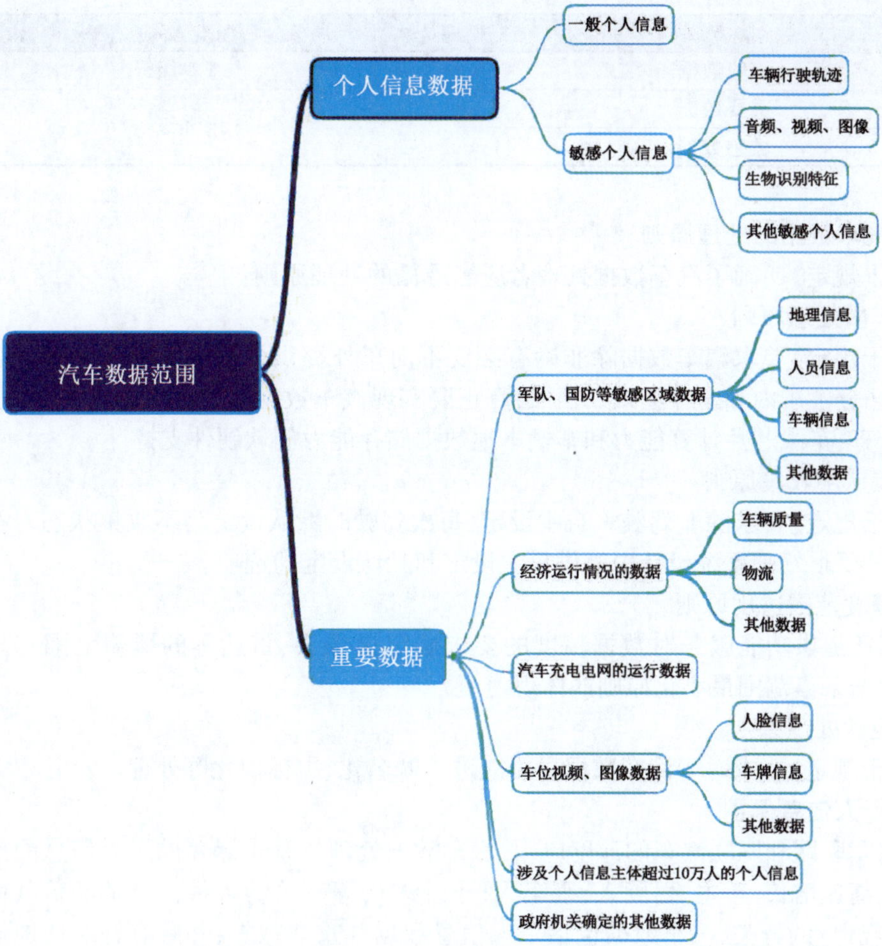

图 4-34　汽车数据来源

二、数据分类分级保护

《数据安全法》第二十一条规定了国家建立数据分类分级保护制度，并要求各地区、各部门确定相应的重要数据具体目录，对列入目录的数据进行重点保护。目前尚未出台专门针对汽车或车联网产业的重要数据目录。

在此情况下，3751 标准中的分类分级标准是企业合规的参考依据。3751 标准将车联网信息服务数据分为六大类和若干细分类别，这些类别将依据车联网信息服务数据的安全目标、重要性以及在发生安全事故时可能造成的影响范围与严重程度，划分为三个敏感等级：一般数据、重要数据和敏感数据。

对不同敏感等级的数据实施分级保护，划分为基本级和增强级两个等级；对于敏感等级为一般的数据实施基本级保护；对于敏感等级为重要或敏感的数据实施增强级保护（见表 4-6）。分级保护的基本原理是，在不同的处理环节，处理任何敏感等级数据都必须满足基本级安全保护要求；重要数据和敏感数据的处理则均需额外满足增强级安全保护要求。

表 4-6 对不同敏感等级的数据实施分级保护

数据敏感等级	保护等级
一般数据	基本级
重要数据	增强级
敏感数据	

三、汽车数据的处理原则

《若干规定》明确了汽车数据处理者应当遵循的处理原则：

1. 车内处理原则

《若干规定》要求汽车数据除非确有必要不向车外提供。该规定契合汽车产业的真实场景，区分了车内和车外场景。当然，真正要实现汽车数据最大程度的车内处理，还需要边缘计算、车载芯片计算能力和车辆本地数据储存能力等软硬件支持。

2. 默认不收集原则

《若干规定》要求除非驾驶人自主设定，每次驾驶时默认设定为不收集状态。在实现过程中，这要求驾驶系统设计中提供自主设定和默认设定的选项。

3. 精度范围适用原则

根据所提供功能服务对数据精度的要求确定摄像头、雷达等的覆盖范围、分辨率。这也是数据采集范围最小化原则的体现。

4. 脱敏处理原则

《若干规定》要求对于汽车数据尽可能进行匿名化、去标识化等处理。

四、个人信息保护

随着车联网和网联汽车的深度应用，汽车数据处理过程中涵盖的个人信息的范围和数量都在高速增长，车主、驾驶人、乘车人、车外人员等有关的各种信息都涵盖其中。根据《若干规定》的分类，汽车数据包括个人信息数据和重要数据；并且有针对性地规定了涉及个人信息数据的处理要求，这些要求在一般个人信息保护要求的基础上，进一步契合车联网和网联汽车的应用场景。

1. 告知同意原则

与其他数据处理者一样，汽车数据处理者处理个人信息应遵循告知同意原则。但是，出于保证行车安全的需要可以有所例外，该例外必须满足几个条件：采集的个人信息范围为车外个人信息，传输方向是向车外传输，以及个人信息应当匿名化处理。

《若干规定》要求汽车数据处理者处理个人信息应当以显著方式告知个人，显著方式包括用户手册、车载显示面板、语音、汽车使用相关应用程序等，并在第七条对于应告知个人的事项范围也予以了细化。

2. 敏感个人信息

《若干规定》对第九条对敏感个人信息予以特殊保护，也体现了《数据安全法》规定的分类分级保护原则。

处理敏感个人信息的特殊要求体现在：处理目的直接服务于个人目的，包括增强行车安全、智能驾驶、导航等，要求取得个人的单独同意；赋予个人自主设定同意期限的权利；提示收集状态；在个人删除权方面量化规定了十个工作日内删除的时限。

3. 行业标准

工信部还发布了通信行业标准《车联网信息服务 用户个人信息保护要求》(YD/T 3746-2020)(下称"3746 标准")。3746 标准与 3751 标准的思路基本一致，规定了车联网信息服务中用户个人信息保护的信息内容分类、敏感性分级和分级保护要求，适用于汽车厂商、零部件和元器件供应商、软件提供商、数据内容提供商和服务提供商等在提供服务过程中的个人信息保护。

3746 标准将个人信息分为三大类：用户身份证明类信息、车联网信息服务内容类用户数据信息、用户服务相关信息。进一步地，三大类中的各细分小类将根据车联网信息服务中用户个人信息的敏感程度和在发生用户个人信息泄露或滥用等事件后对用户人身和财产等方面的危害程度，划分为三个敏感性分级：个人一般信息、个人重要信息和个人敏感信息，安全保护要求也逐级递增。

五、数据的跨境传输

某平台"数据门"事件余波未平，警醒了大家重新审视跨境数据合规的重要性。无论是资本还是技术原因，数据的跨境传输已经成为不可回避的问题。除遵守一般的跨境数据传输规定外，车联网背景下汽车数据的跨境处理需要注意如下要点：

1. 境内储存

《若干规定》项下的重要数据和个人信息数据均涉及境内储存问题。

(1)重要数据：《若干规定》第十一条规定了重要数据应当在境内存储，因业务需要确需向境外提供的，应当通过国家网信部门会同国务院有关部门组织的安全评估。

(2)个人信息数据：《个人信息保护法》和《数据安全法》均规定关键信息基础设施应当将在中华人民共和国境内收集和产生的个人信息存储在境内。汽车产业企业，尤其是车联网产业企业由于涉及交通等重要行业和领域，不排除被认定为关键信息基础设施运营者的可能。汽车数据处理者应尽可能在境内存储《若干规定》项下个人信息数据。

2. 对境外提供汽车数据中的重要数据的要求

对境外提供汽车数据中的重要数据，需要满足以下几个要求：

(1)提供必要范围内的重要数据，且不得超出出境安全评估时明确的目的、范围、方式和数据种类、规模等。

(2)通过国家网信部门会同国务院有关部门组织的安全评估。

(3)除履行一般报告义务外，还需履行额外报告义务。

随着我国《国家安全法》《网络安全法》《密码法》的逐步实施，能够有效防止车联网技术数据受到网络入侵、网络攻击等，形成数据安全的有力保障，营造安全、和谐的社会环境。

★学习小结

本项目主要讲解车联网传感器数据采集与处理技术、云计算平台的技术架构等。通过学习，学习者要掌握车联网数据采集与分析处理技术，学会应用云计算平台的基本工作原理分析与处理相关实际问题。

★任务工单

实训工单四　车联网数据采集与处理技术

任务名称		实训日期	
学生姓名		班级学号	
小组成员		组长姓名	

实训目标：

1. 能够正确识别各类传感器的组成及各部件的功能。
2. 能够正确维护各类传感器的线束、接口、电源等，做好日常的维护与保养。
3. 能够正确安装、调试各类传感器，完成传感器的正常启用。
4. 能够与他人合作，用专用设备或工具完成各类传感器的数据采集，能够依据传感器的采集信息分析并判定传感器的故障，做好故障现象等方面的记录，并能够制订合理的工作计划和实施方案。
5. 能够秉承认真负责、严谨务实的工作态度，完成每一项工作任务。

一、接受工作任务	**成绩：**

智能网联汽车关键传感器实验室里，早晨上班后，王老师与同学们一起测试智能网联汽车上各类传感器的性能。他打开实验台架电源，启动实验台，发现激光雷达连接网络后，没有在屏幕上显示其二维点云图。若你是实验室的维护保养人员，请帮助王老师解决此问题。

二、信息收集	**成绩：**

1. 实训设备名称：____________________。
2. 实训场地的要求：____________________。
3. 实训所用工具：万用表规格要求：____________，数量：______。个。
4. 实训人员的要求：__________人完成，__________人辅助，分__________组。
5. 实训的安全注意事项是：____
____
____
____
____
____
____
____
____
____。

<table>
<tr><td colspan="3">三、制订计划</td><td colspan="2">成绩：</td></tr>
<tr><td colspan="5">1. 请根据智能传感器安装调试的操作规范及要求，制订启动智能网联汽车关键传感器实验台的结构认知与功能验证的实训计划。</td></tr>
<tr><td colspan="5">操作流程</td></tr>
<tr><td>序号</td><td colspan="2">作业项目</td><td colspan="2">操作要点</td></tr>
<tr><td></td><td colspan="2"></td><td colspan="2"></td></tr>
<tr><td></td><td colspan="2"></td><td colspan="2"></td></tr>
<tr><td></td><td colspan="2"></td><td colspan="2"></td></tr>
<tr><td></td><td colspan="2"></td><td colspan="2"></td></tr>
<tr><td>计划审核</td><td colspan="2">审核意见：
年　月　日　签字：</td><td colspan="2"></td></tr>
<tr><td colspan="5">2. 请根据实操作业计划，完成小组成员任务分工。</td></tr>
<tr><td>操作人</td><td></td><td colspan="2">记录员</td><td></td></tr>
<tr><td>监护人</td><td></td><td colspan="2">展示员</td><td></td></tr>
<tr><td colspan="5">作业注意事项</td></tr>
<tr><td colspan="5">①实训开始前应检查智能网联汽车关键传感器的电源安全状况，以免耽误实训时间安排。
②保持智能网联汽车关键传感器实验台的表面清洁，使用完毕后应将各类传感器回放到最初的位置，以免给其他使用者带来麻烦。
③无任何实训任务时，要及时关闭智能网联汽车关键感知实验台的电源开关，以防漏电。
④启动智能网联汽车关键传感器实验台前，要及时查看智能微型车各个部件之间的连接线束，要检查其牢固情况，以防止接口松动。
⑤使用智能网联汽车关键传感器实验台的实验人员，要时刻保持认真、细致的态度，不得随意触摸或拆卸智能网联汽车关键传感器实验台的危险部件，要按照其使用说明书来完成其基础的维护保养。
⑥实训设备及工具使用后，应清洁并归还原处。</td></tr>
<tr><td colspan="5">实训设备/工具/材料</td></tr>
<tr><td>名称</td><td>数量</td><td colspan="2">清点</td><td></td></tr>
<tr><td></td><td></td><td colspan="2"></td><td>□已清点</td></tr>
<tr><td></td><td></td><td colspan="2"></td><td>□已清点</td></tr>
<tr><td></td><td></td><td colspan="2"></td><td>□已清点</td></tr>
<tr><td></td><td></td><td colspan="2"></td><td>□已清点</td></tr>
<tr><td></td><td></td><td colspan="2"></td><td>□已清点</td></tr>
<tr><td></td><td></td><td colspan="2"></td><td>□已清点</td></tr>
<tr><td></td><td></td><td colspan="2"></td><td>□已清点</td></tr>
</table>

四、计划实施	成绩：
1. 请完成智能网联汽车关键传感器实验台的清洁和检查工作，并做好基本信息记录。 ①作业前给实验台做好清洁。	
	作业内容： 作业结果：
②作业前查看各类传感器的主要线束或接口。	
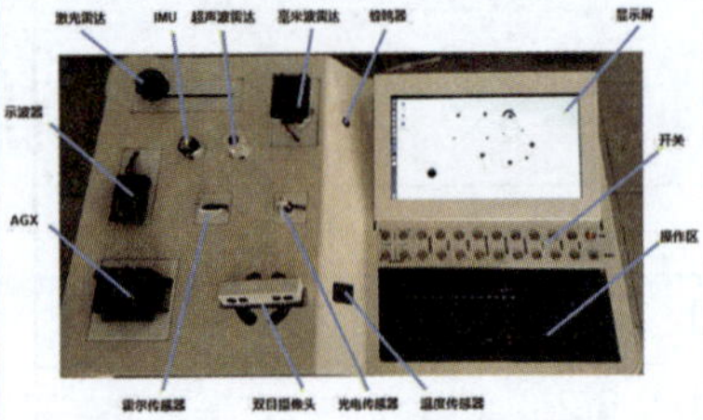	作业内容： 作业结果：
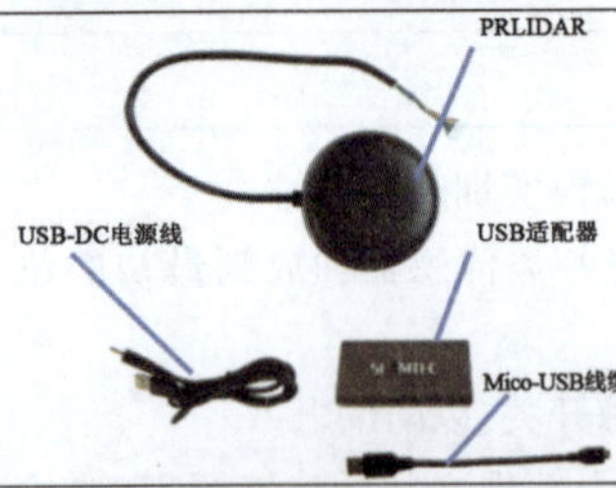	作业内容： 作业结果：
	作业内容： 作业结果：
	作业内容： 作业结果：
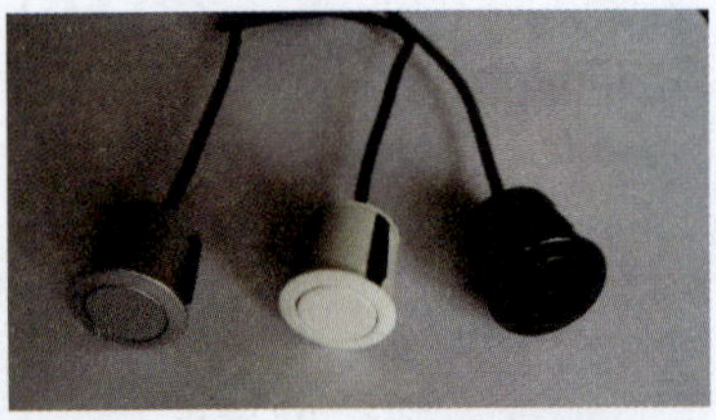	作业内容： 作业结果：

	作业内容： 作业结果：

2. 请检查实验台上各个传感器的情况。

①激光雷达传感器的检查。

	激光雷达传感器	连接线束	□正常 □破损 □脏污
		横向滑道	□完整 □破损 □脏污
		单线激光雷达	□完整 □破损 □脏污

②毫米波雷达传感器的检查。

	毫米波雷达传感器	连接线束	□正常 □破损 □脏污
		接口	□完整 □破损 □脏污
		固定螺栓	□完整 □破损 □脏污

③超声波雷达传感器的检查。

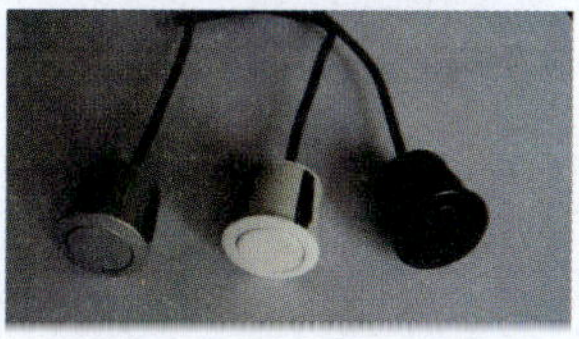	超声波雷达传感器	连接线束	□正常 □破损 □脏污
		探头	□完整 □破损 □脏污

④双目摄像头的检查。

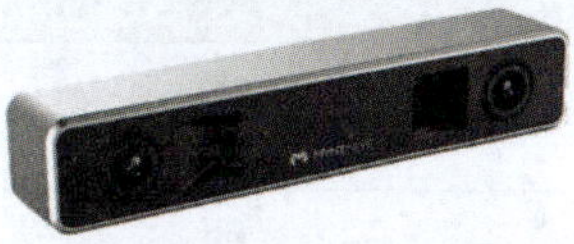	双目摄像头	连接线束	□正常 □破损 □脏污
		京东	□完整 □破损 □脏污

3. 启用智能网联汽车关键传感器台架。

①启动电源。

	激光雷达传感器	启用软件	□正常启动 □异常，有故障
		左右移动	□正常移动 □异常，有故障

②检查激光雷达传感器与 AGX 的连接接口。

	激光雷达外围连接部件	AGX 工作	□正常 □异常，有故障
		激光雷达传感器电源接口	□正常 □异常，有故障

③记录激光雷达传感器启动中的故障现象：____

____

____。

五、质量检查	成绩：

1. 请实训指导教师检查各组作业结果，并针对实训过程中出现的问题提出改进措施及建议。

序号	评价标准	评价结果
1	智能网联汽车关键传感器实验台认知前准备工作	
2	智能网联汽车关键传感器实验台的基础维护与管理	
3	启动智能网联汽车关键传感器的操作是否规范，执行步骤的顺序是否正确	
综合评价	☆ ☆ ☆ ☆ ☆	
综合评语（作业问题及改进建议）		

六、评价反馈	成绩：

请根据自己在课堂中的实际表现进行自我反思和自我评价。

自我反思：____

____

____

____。

自我评价：____

____

____

____。

实训成绩单			
项目	评分标准	分值	得分
接受工作任务	明确工作任务,理解任务在企业工作中的重要程度	5	
信息收集	掌握智能网联汽车关键传感器整体结构部件的配备	5	
	掌握智能网联汽车关键传感器的功能与结构	5	
	掌握智能网联汽车关键传感器数据采集工作操作规范	5	
	掌握使用智能网联汽车关键传感器实验台可能出现的常见问题或故障现象	5	
制订计划	按照智能网联汽车关键传感器功能验证的操作步骤,制订相应的工作计划	10	
	能协同小组人员安排任务分工	5	
	能在实施前准备好所需要的工具器材	5	
计划实施	规范进行场地布置及工具检查	5	
	智能网联汽车关键传感器的结构认知、功能	5	
	按照智能网联汽车关键传感器的使用说明及要求启动实验台	10	
	找出激光雷达传感器启动中的常见异常现象	10	
	能够分析智能网联汽车关键传感器启动异常的原因	10	
质量检查	学生任务完成,操作过程规范	5	
评价反馈	学生能对自身表现情况进行客观评价	5	
	学生在任务实施过程中发现自身问题	5	
得分(满分100)			

★学习评价

一、填空题

1. 摄像头一般分为单目、__________、__________和环视等。

2. 混合融合结构由多种__________和 High-level 融合结构组合而成。

3. 大数据架构包括四个层次,即______________、数据存储层、数据处理分析层和数据应用层。

二、选择题

1. (多选)环境感知的对象有(　　)。

A. 行驶路径　　B. 周边物体

C. 驾驶状态　　D. 驾驶环境

2. 视觉传感器主要由光源、镜头、(　　)、模数转换器、图像处理器、图像存储器等组成。

A. 图像收集器　　B. 图像传感器

C. 图像收发器　　D. 图像分辨器

3. High-level 融合体系结构是一种较高语义层次上的融合,可以是(　　)融合结构或者集中式融合结构。

A. 分布式　　B. 组合式

C. 综合式　　D. 复合式

三、思考题

1. 毫米波雷达目标识别的流程是什么?

2. 什么是数据采集?

项目五

车载网络技术及其应用

汽车车载网络技术是计算机网络技术在汽车中的具体应用，随着人们生活水平的提高、电子技术的发展，对汽车的要求越来越高，电子设备的大量应用使得车身线路越来越复杂。为了实现资源共享，提高信号利用率，同时减少线束数量，车载网络技术应运而生。车载网络技术涉及哪些技术？它到底是什么呢？

★学习情境

某客户去4S店要买一辆新汽车，要求销售人员讲解一下汽车上的车载网络系统配置。如果你是4S店的销售人员，该如何介绍呢？

任务一　车载网络技术的认知

车载网络是基于CAN(控制器局域网络)、LIN(局部连接网络)、FlexRay(宝马、飞利浦和博世等公司共同制定的一种新型通信标准)、MOST(多媒体定向系统传输)、以太网等总线技术建立的标准化整车网络,实现车内各电器、电子单元间的状态信息和控制信号在车内网上的传输,使车辆具有状态感知、故障诊断和智能控制等功能。

★任务目标

素质目标

1. 培养团结合作的精神。
2. 树立精益求精的工作态度。
3. 培养爱国精神,增强民族自信。

知识目标

1. 了解车载网络产生的背景。
2. 掌握车载网络的分类。
3. 掌握常见的车载网络总线技术。

能力目标

1. 能根据具体情境对车载网络进行分类。
2. 能根据具体情境识别出汽车上的总线类型。

★知识准备

一、车载网络的产生

在汽车技术发展处于单系统的汽车单片机控制时代,特别是早期生产的汽车,车上只安装一个电子控制单元(Electronic Control Unit,ECU),其信息传输量较少,电子控制系统的传感器、电子控制单元和执行器之间的连接线束的数量还不太多,分别布线还可接受。

而随着汽车技术的进步和消费者需求的进一步提高,特别是进入21世纪以来,汽车电子技术迅猛发展并在汽车上广泛应用,汽车电子化程度越来越高。从发动机控制到传动系统控制,从行驶、制动、转向系统控制到安全保障系统及仪表报警系统,从电源管理到为提高舒适性而做的各种努力,使汽车电子系统形成了一个复杂的大系统,如图5-1所示。

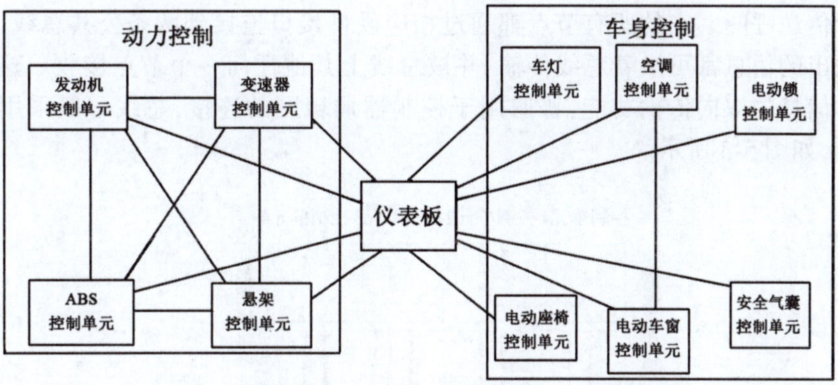

图5-1　复杂的、多控制单元的汽车单片机控制系统

这些系统除了各自的电源、传感器和执行器外,还需要互相通信,这样就使信息传输量急剧加大。如果在各个控制单元之间依然采用传统的布线方式,那么,对于复杂控制系统,其连接线束的数量将急剧增加,庞大的线束、插接器也会降低车辆电气系统的可靠性,使故障率升高。

为了简化线路,提高信息传输的速度和可靠性,降低故障率,一种新的信息传输技术——车载网络技术应运而生,如CAN、LIN和LAN等。

一辆汽车不管有多少个电控单元,每个电控单元都只需引出两条线共同接在两个节点上,这两条导线就称为数据总线,也称为网线。采用车载网络可减小线束尺寸、降低成本、减少插接器的数量,同一款车同等配置下,可以大大简化汽车线束;可以进行设备之间的通信,增加功能;通过信息共享,可以减少传感器信号的重复数量,如图5-2所示。

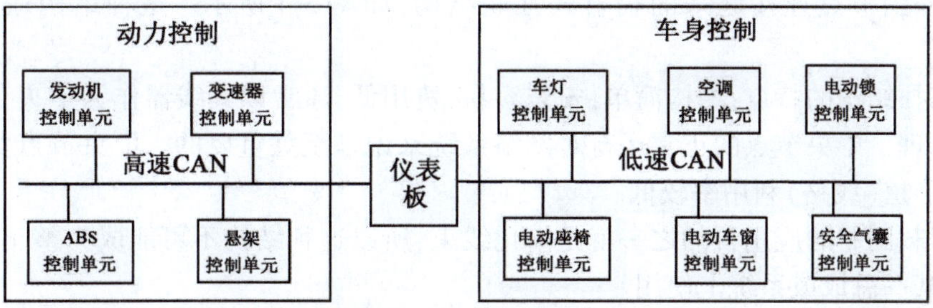

图5-2　采用总线方式布线

二、车载网络的分类

车载网络的分类

车载网络可以按网络拓扑结构或信息传输速率进行分类。

1. 按网络拓扑结构分类

网络的拓扑结构(Topological Structure)是指网上计算机或设备与信息传输介质形成的节点与数据传输线的物理构成模式。车载网络的拓扑结构主要有总线型结构、星形结构、环形结构等几种。

(1)总线型拓扑结构:在两根总线上多个节点并列连接,从其中一个节点能同时向所有节点进行传送呼叫。它的所有节点都通过相应硬件接口连接到两条公共总线上,任何一个节点发出的信息都可沿着总线传输,并被总线上其他任何一个节点接收。这种结构中总线具有信息的双向传输功能,普遍用于控制器局域网的连接,总线一般采用同轴电缆或双绞线,如图5-3所示。

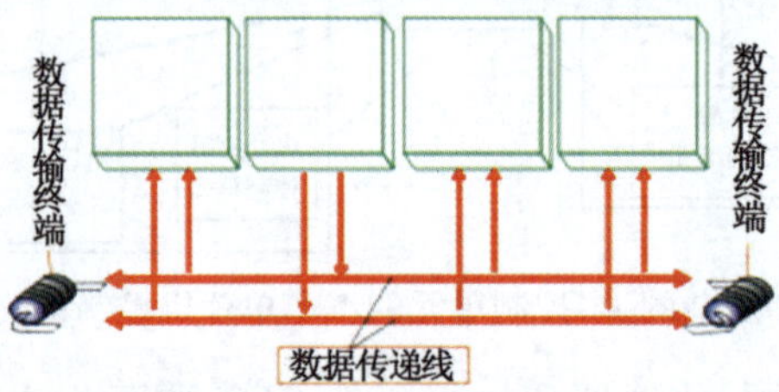

图5-3 总线型拓扑结构

总线型拓扑结构的优点:安装简单,扩充或删除一个节点很容易,不需停止网络的正常工作,节点的故障不会殃及整个系统。由于各个节点共用一个总线作为数据通路,信道的利用率高。

但总线型拓扑结构也有其缺点:由于信道共享,连接的节点不宜过多,并且总线自身的故障可以导致整个系统的崩溃。

车载网络多采用这种结构,应用在CAN总线系统上。

(2)星形拓扑结构:是以中央节点控制数据传输的网络方式,即以一台中心处理机为主组成的网络,中心处理机接收从各个节点来的数据,并进行处理,再向各节点发出指令,把若干外围节点连接起来的辐射式互联结构,如图5-4所示。这种结构适用于局域网。

星形拓扑结构的特点:结构简单,安装容易,费用低,通常以集线器作为中央节点,便于维护和管理。中央节点的正常运行对网络系统来说是至关重要的。中央节点负载重,扩充困难,信道(线路)利用率较低。

由于车载网络的应用目的之一就是简化线束,所以这种结构不可能成为整车网络的结构,只在某一总成或系统上使用。

(3)环形拓扑结构:是将节点连接成环形,顺次进行数据传输,将被传送的信息数据进行中转,以到达需要的节点为止。环形网络中的信息传输是单向的,即沿一个方向从一个节点传到另一个节点;每个节点需安装中继器,以接收、放大、发送信号,如图 5-5 所示。

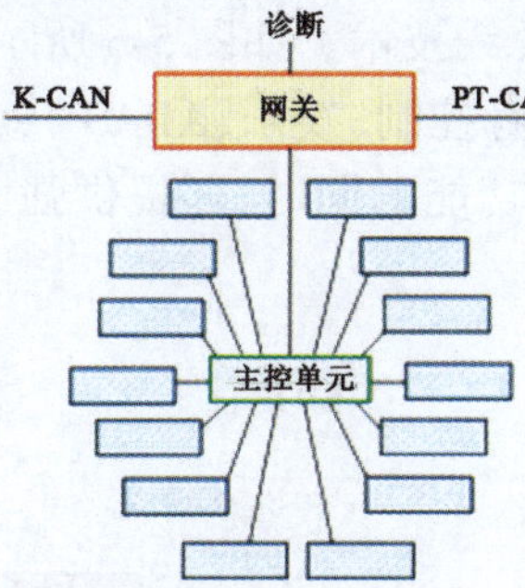

图 5-4　星形拓扑结构

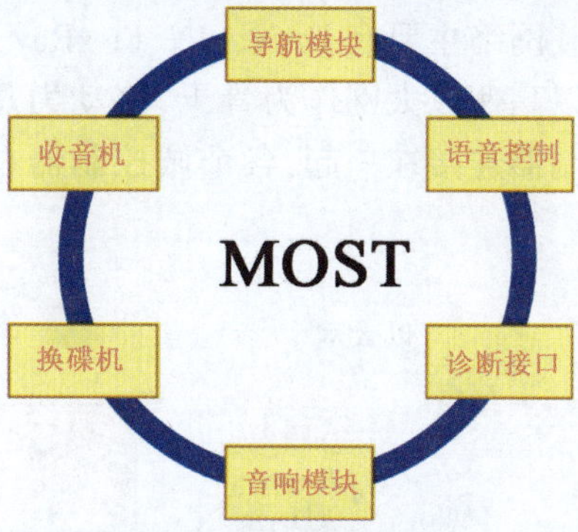

图 5-5　环形拓扑结构

环形拓扑结构的优点是结构简单,建网容易,便于管理。其缺点是:当节点过多时,将影响传输效率,不利于扩充;另外,当某一个节点发生故障时,整个网络就不能正常工作。

2. 按信息传输速率分类

目前汽车网络标准很多,其侧重功能各不相同。为方便研究和设计应用,美国汽车工程师学会(SAE)的汽车网络委员会按照系统的复杂程度、传输流量、传输速度、传输可靠性、动作响应时间等参量,将汽车数据传输网络划分为 A、B、C、D、E 五类。

(1)A 类低速网络:A 类低速网络传输速率一般小于 10 kbit/s,有多种通信协议。该类网络的主流协议是 LIN,主要用于电动门窗、电动座椅、车内照明系统和车外照明系统等。

(2)B 类中速网络:B 类中速网络传输速率为 10~125 kbit/s,对实时性要求不太高,主要面向独立模块之间的数据共享。该类网络的主流协议是低速 CAN,主要用于故障诊断、空调、仪表显示等。

(3)C 类高速网络:C 类高速网络传输速率为 125~1000 kbit/s,对实时性要求高,主要面向高速、实时闭环控制的多路传输网。该类网络的主流协议是高速 CAN、FlexRay 等协议,主要用于牵引力控制、发动机控制、ABS、ASR(牵引力控制系统)、ESP、悬架控制等。

(4)D 类多媒体网络:D 类多媒体网络传输速率为 250 kbit/s~100 Mbit/s。该类网络协议主要有 MOST、以太网、蓝牙、ZigBee(紫蜂)技术等,主要用于要求传输效率较高的多媒体系统、导航系统等。

(5)E 类安全网络:E 类安全网络传输速率为 10 Mbit/s,主要面向汽车安全系统。

随着汽车智能化和网联化的发展,对网络宽带和传输速率的要求越来越高,车载网络类型会不断增加。智能网联汽车各种网络之间是一种相辅相成的配合关系,整车厂可以从实时性、可靠性、经济性等方面出发,选择合适的网络配合使用,充分发挥各类网络技术的优势。

三、常见的车载网络总线技术

车载网络主要有 CAN、LIN、FlexRay、MOST、以太网等总线技术。如图 5-6 所示，该车载网络以高速以太网作为骨干，将动力总成、底盘控制、车身控制、娱乐、ADAS 共 5 个核心域控制器连接在一起，各个域控制器在实现专用的控制功能的同时，还提供强大的网关功能。

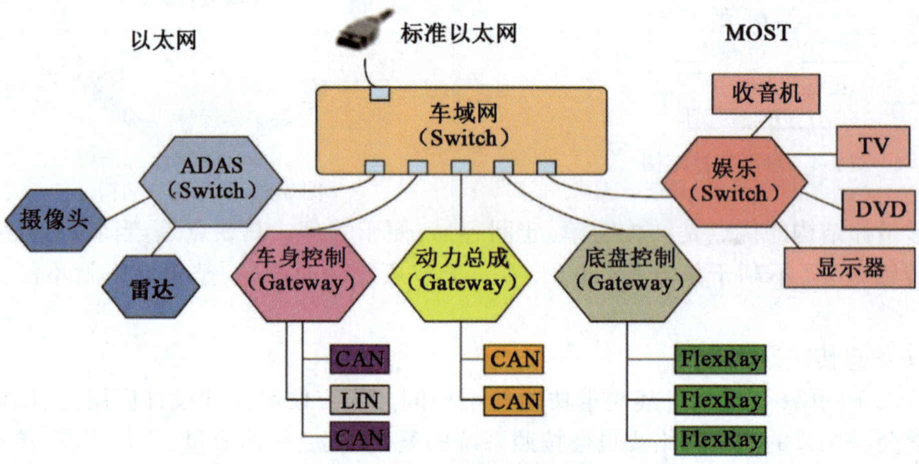

图 5-6　车载网络的总线技术

（1）CAN 总线：CAN 是控制器局域网络（Controller Area Network）的英文缩写，是德国博世公司在 1985 年为了解决汽车上众多测试仪器与控制单元之间的数据传输而开发的一种支持分布式控制的串行数据通信总线。目前，CAN 总线是国际上应用最广泛的网络总线之一，它的数据信息传输速率最大为 1 Mbit/s，属于中速网络，通信距离（无须中继）最远可达 10 km。

（2）LIN 总线：LIN 是局部连接网络（Local Interconnect Network）的英文缩写，也被称为局域网子系统，是专门为汽车开发的一种低成本串行通信网络，用于实现汽车中的分布式电子系统控制。LIN 总线的数据传输速率最大为 20 kbit/s，属于低速网络，媒体访问方式为单主多从，是一种辅助总线，辅助 CAN 总线工作。在不需要 CAN 总线的带宽和多功能的场合，使用 LIN 总线可大大降低成本。

（3）FlexRay 总线：FlexRay 总线是一种用于汽车的高速可确定性的、具备故障容错的总线系统。汽车中的控制器件、传感器和执行器之间的数据交换主要是通过 CAN 总线进行的，然而新的 X-by-wire（线控技术）系统设计思想的出现，导致车辆系统对信息传送速度尤其是故障容错与时间确定性的需求不断增加。FlexRay 总线通过在确定的时间槽中传送信息，以及在两个通道上的故障容错和冗余信息的传送，可以满足这些新增加的要求。

（4）MOST 总线：MOST（多媒体定向系统传输）总线是使用光纤或双绞线作为传输介质的环形网络，可以同时传输音/视频流数据、异步数据和控制数据，支持高达150 Mbit/s 的传输速率。

(5)以太网:以太网是由美国施乐(Xerox)公司创建并由Xerox、英特尔(Intel)和DEC(数字装备)公司联合开发的基带局域网规范,是当今现有局域网采用的最通用的通信协议标准。以太网包括标准以太网(10 Mbit/s)、快速以太网(100 Mbit/s)、千兆以太网(1000 Mbit/s)和万兆以太网(10 Gbit/s)。

任务二　CAN总线及其应用

CAN总线是汽车上应用最多、最为普遍的一种总线技术,是汽车B类和C类网络的主流总线。CAN总线是一个有效支持分布式控制和实时控制的串行通信网络,它以某种形式连接各种控制单元,形成一个完整的系统。

★任务目标

素质目标

1. 培养团结合作的精神。
2. 树立精益求精的工作态度。
3. 培养爱国精神,增强民族自信。

知识目标

1. 认知CAN总线。
2. 掌握CAN总线的结构与工作原理。
3. 描述CAN总线系统在汽车上的具体应用及面临的挑战。

能力目标

1. 能用示波器测量CAN总线系统的波形并对波形进行分析。
2. 能根据具体情境对实车上的CAN总线系统进行诊断。

★知识准备

一、CAN 总线认知

随着汽车电子技术的发展,汽车上采用的控制单元的数量不断上升,从开始的几个发展到现在的几十个甚至上百个。控制单元数量的增加,使得它们互相之间的信息交换也越来越密集。为此,德国博世公司开发了一种设计先进的解决方案——CAN 数据总线,在汽车的控制器之间进行数据交换。

1. CAN 总线的定义

CAN 是德国博世公司为解决现在汽车中众多的控制与测试仪器之间的数据交换而开发的一种串行通信协议。目前,它已被广泛应用于汽车电子系统,成为汽车工业的主要行业标准,代表了汽车电子控制网络的主流发展趋势。

CAN 总线具有以下特点:

(1)多主控制:多主控制是指在总线空闲时,所有的单元都可以开始发送消息;最先访问总线的单元可获得发送权;多个单元同时开始发送时,发送高优先级数字标识号(ID)消息的单元可获得发送权。

(2)消息的发送:在 CAN 协议中,所有的消息都以固定的格式发送。总线空闲时,所有与总线相连的单元都可以开始发送新消息。两个以上的单元同时开始发送消息时,根据 ID 决定优先级。

(3)系统的柔软性:与总线相连的单元没有类似于“地址”的信息,因此在总线上增加单元时,连接在总线上的其他单元的软硬件及应用层都不需要改变。

(4)高速度和远距离:当通信距离小于 40 m 时,CAN 总线的传输速率可以达到 1 Mbit/s。通信速率与通信距离成反比,当通信距离达到 10 km 时,其传输速率仍可以达到约 5 kbit/s。

(5)远程数据请求:可通过发送“遥控帧”请求其他单元发送数据。

(6)错误检测、错误通知、错误恢复功能:错误检测功能是指所有的单元都可以检测错误;错误通知功能是指正在发送消息的单元一旦检测出错误,会强制结束当前的发送,并立即同时通知其他所有单元;错误恢复功能是指强制结束发送的单元会不断反复地重新发送此消息,直到成功发送为止。

(7)故障封闭:CAN 总线可以判断出错误的类型是总线上暂时的数据错误(如外部噪声等),还是持续的数据错误(如单元内部故障、驱动器故障、断线等)。根据此功能,当总线上发生持续的数据错误时,可将引起此故障的单元从总线上隔离出去。

(8)多单元连接:CAN 总线可以同时连接多个单元,可连接的单元总数理论上是没有限制的,但实际上受总线上的时间延迟及电气负载的限制。降低传输速率,则可连接的单元数增加;提高传输速率,则可连接的单元数减少。

总之,CAN 总线具有实时性强、可靠性高、传输速率快、结构简单、互操作性好、总线协议具有完善的错误处理机制、灵活性高和价格低廉等特点，在车载网络上已经得到广泛的应用，如图 5-7 所示。

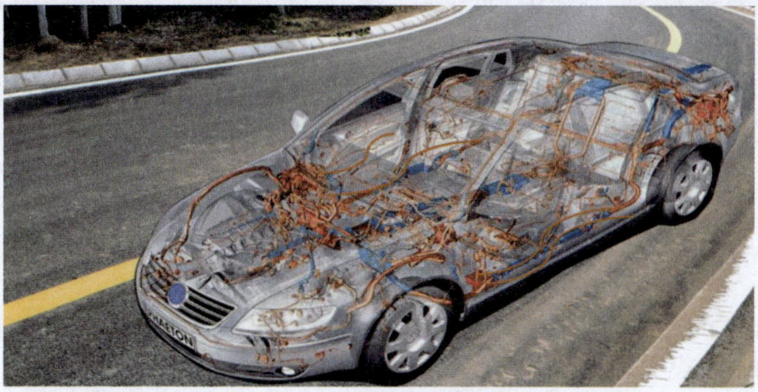

图 5-7　CAN 总线在汽车上的分布

2. CAN 总线的传输介质

CAN 数据传输线是双向串行总线，大都采用具有较强抗干扰能力的双绞线，分为 CAN-H 线和 CAN-L 线。两线缠绕绞合在一起，其绞距为 20 mm，横截面积为 0. 35 mm^2 或 0. 5 mm^2。双绞线的结构如图 5-8 所示。

图 5-8　双绞线的结构

采用双绞线结构之后，在进行数据传输时，两根数据线上的波形电压信号是相反的。若一根数据线上的电压约为 0 V，则另一根数据线上的电压就约为 5 V，如图 5-9 所示。

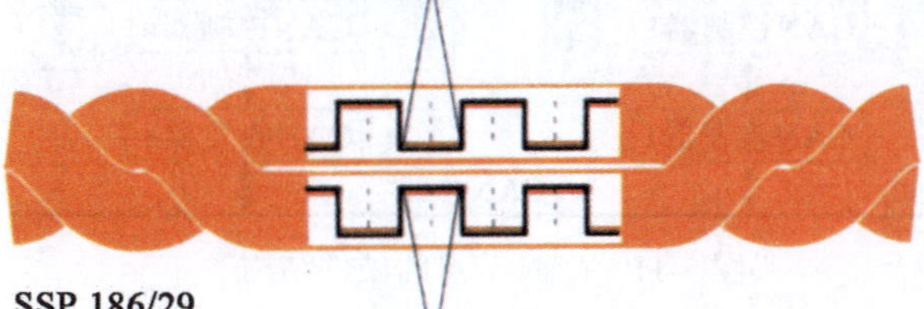

图 5-9　双绞线的波形信号

双绞线的特点如下：技术上容易实现、造价低廉；理论上节点数无限制、对环境电磁辐射有一定的抑制能力；随着频率的增加，双绞线线对的衰减迅速增加；适合传输速率为 5 kbit/s～1 Mbit/s 的网络。

3. CAN 数据总线系统的分类

在早期车型中，根据通信速率和网络结构的不同，CAN 总线可分为高速 CAN 总线和低速 CAN 总线,又分别称为动力 CAN 总线和舒适 CAN 总线。高速 CAN 总线主要应用在一些要求高实时性的系统中,如驱动系统、电子制动系统等。低速 CAN 总线主要应用在一些对实时性要求不高的系统中,如舒适系统、灯光系统等。不同速率的 CAN 总线之间通过网关连接。

而随着汽车工业的发展,目前车型的 CAN 总线大都已采用高速 CAN 总线,因此本项目后续以高速 CAN 总线为代表介绍 CAN 总线的结构与工作原理。

二、CAN 总线的结构

CAN 总线系统的总体构成如图 5-10 所示,主要由若干个节点(电控单元,包括 CAN 控制器和 CAN 收发器)、两条数据传输线(CAN-H 和 CAN-L)及终端电阻(R_T)组成。

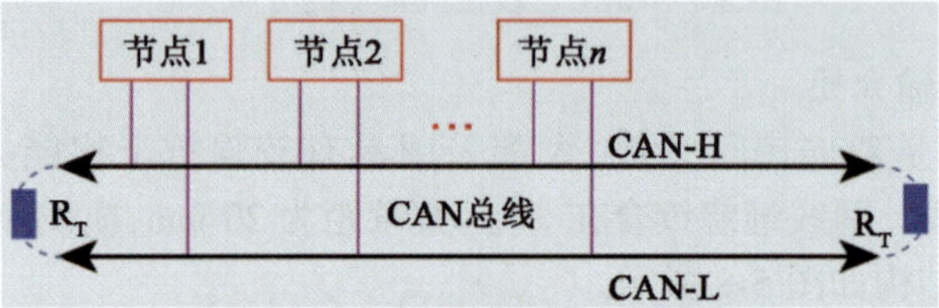

图 5-10　CAN 总线系统的总体构成

(1)CAN 节点:CAN 总线上的每个节点独立完成网络数据交换和测控任务。理论上,CAN 总线可以连接无数个节点,但实际上受总线驱动能力的限制,目前每个 CAN 总线系统中最多可以连接 110 个节点。

图 5-11 给出了 CAN 节点的硬件结构。CAN 节点主要由微控制器、CAN 控制器、CAN 收发器组成,目前汽车上多采用内部集成 CAN 控制器的微控制器。

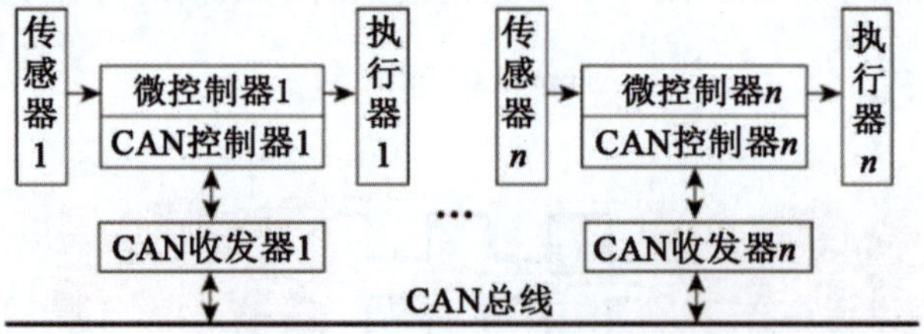

图 5-11　CAN 节点的硬件结构

CAN 节点中的 CAN 控制器具有"数据打包/解包"和"验收滤波"的作用,而 CAN 收发器具有"边说边听"(同时发送和接收)和"信号转换"(数字信号与总线电压信号的转换)的作用。图 5-12 给出了 CAN 收发器实现信号转换的过程,CAN 收发器对 CAN-H 和 CAN-L 两根导线的电压进行差分运算后,生成差分电压信号,然后采用"负逻辑"将差分电压信号转换为数字信号。

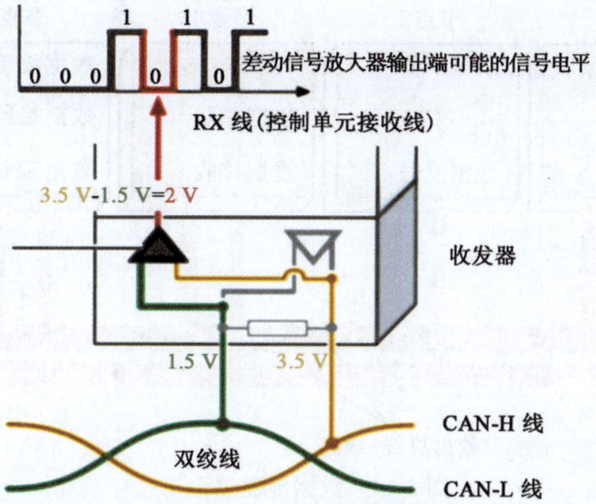

图 5-12　CAN 收发器结构简图

(2)CAN 数据总线：CAN 数据总线是用以传输数据的双向数据线分为 CAN 高位(CAN-H)和低位(CAN-L)数据线。数据没有指定接收器，通过数据总线发送给各控制单元，各控制单元接收后进行计算。如图 5-13 所示为 CAN-H 线和 CAN-L 线正常传输信号时的波形图。

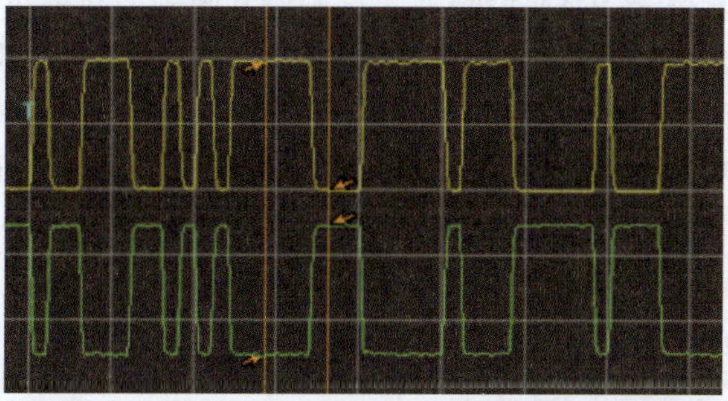

图 5-13　CAN-H 线和 CAN-L 线正常传输信号时的波形图

(3)终端电阻：终端电阻的作用是防止信号在传输线终端产生反射波，而使正常传输的数据受到干扰。在 CAN 总线中，一般只有两个数据传递终端，装在 CAN-H 和 CAN-L 之间，每一个终端电阻的电阻值均为 120 Ω。将点火开关断开后，可以用万用表测量 CAN-H 线和 CAN-L 线之间的电阻值。

三、CAN 总线的工作原理

1. CAN 总线的数据传递过程

CAN 总线的数据传递过程如图 5-14 所示，主要包括如下过程：数据准备、数据发送、数据接收、数据检验、数据接收。

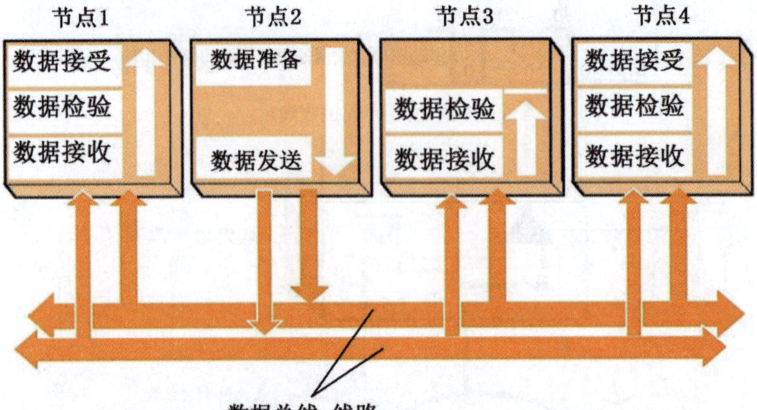

图 5-14　数据传递过程

节点 1 向节点 n 传输数据的流程如下：节点 1 的微控制器 1 对传感器 1 进行数据采集，然后将传感器 1 对应的数字信号附加一个 ID 发送给 CAN 控制器 1；CAN 控制器 1 对数据进行打包，然后将数据包发送给 CAN 收发器 1；CAN 收发器 1 再将其数字信号转换为对应的 CAN 总线电压信号，从而完成数据发送过程。当节点 n 从 CAN 总线上接收到电压信号后，首先由 CAN 收发器 n 将总线电压信号转换为对应的数字信号，然后将其数字信号发送给 CAN 控制器 n。CAN 控制器 n 首先对其收到的数据进行“验收滤波”，判断收到的信号是不是自身节点需要的数据：若是，则接收此数据并对其进行解包，为节点 n 的微控制器 n 提供有效数据（节点 1 的传感器信号），微控制器 n 可根据节点 1 的传感器信号控制执行器 n 动作；否则，节点 n 放弃此次收到的 CAN 数据。在此过程中涉及数字逻辑信号与电压信号的转换，如图 5-15 所示。

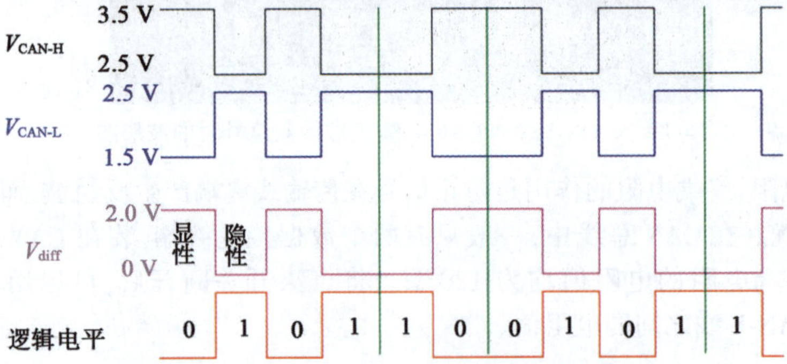

图 5-15　CAN 总线从电压信号到逻辑信号的转换

2. CAN 总线的仲裁机制

如果 CAN 总线上的多个节点同时向总线发送数据，那么多个数据就会在总线上出现“撞车”现象，这就像生活中很多人在一起讨论问题，如果几个人同时讲话，就会乱套。因此此时需要进行仲裁，决定哪个人先讲，哪个人后讲。CAN 总线的仲裁是基于数据优先级的竞争机制，以下从两个方面进行说明。

（1）CAN 总线的多个节点同时向总线发送数据时，总线上的结果是多个数据的“逻辑与”值。例如,节点 A 向总线上发送数字信号 0,而节点 B 向总线上发送数字信号 1,则总线上的结果是 0 和 1 的“逻辑与”值 0。可见,同时向总线上发送 0 和 1 时,0 被显示出来,称为显性位,而 1 被隐蔽掉,称为隐性位。另外,这也说明 0 的优先级比 1 的优先级高,正因如此,CAN 总线利用“数据 ID”来标识数据的优先级:数据 ID 越小,数据的优先级越高;反之,数据的优先级越低。

(2)CAN 收发器具有“边说边听”功能,即节点向 CAN 总线发送数据时,同时也能监听到总线上的数据。CAN 总线采用的就是“边说边听”的非破坏性仲裁机制:每个节点在发送数据时,首先发送数据 ID,在发送数据 ID 的过程中,逐位“边说边听”。当节点向总线上发送的数据和从总线上监听到的数据一致时,节点可以继续向总线发送数据;否则,节点停止向总线发送数据,而自动转变为“听众”。例如,某个节点向总线发送的是数字信号 1,而从总线上监听到的是数字信号 0,说明总线上有其他节点在发送更高优先级的数据,该节点即停止发送;待高优先级的数据发送完成后,低优先级的数据自动重发。现以图 5-16 所示的汽车动力 CAN 总线上三个电控单元节点同时向 CAN 总线发送数据为例,进一步说明 CAN 总线的仲裁机制。三个节点首先向总线发送各自的数据 ID,以便进行优先级竞争。

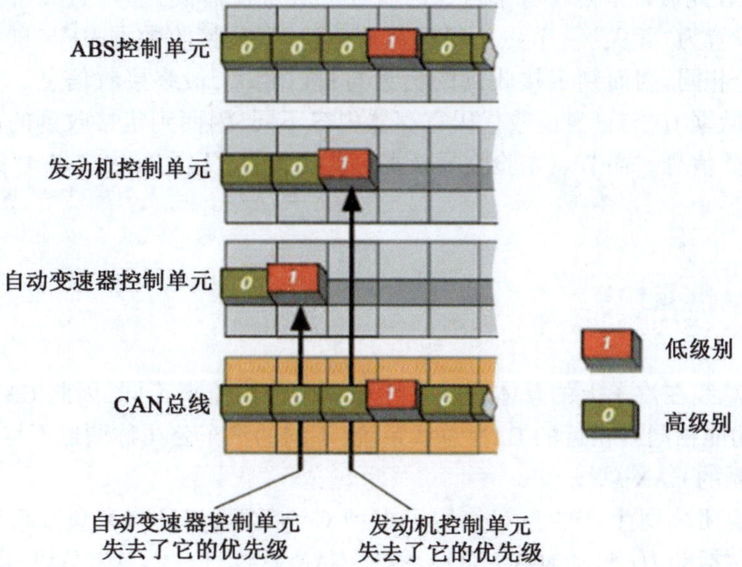

图 5-16　CAN 总线仲裁过程示意图

开始时刻,三个节点同时向总线发送数字信号 0,总线上是这三个数字信号 0 的“逻辑与”值 0,因此三个节点向总线上说的话和从总线上听到的话一致,它们都可以继续向总线发送数据。下一时刻,ABS、发动机两个节点都向总线发送数字信号 0,而自动变速器节点向总线发送数字信号 1。此时,总线上是这三个数字信号的“逻辑与”值 0;因此 ABS、发动机两个节点向总线上说的话和从总线上听到的话一致,它们都可以继续向总线发送数据,而自动变速器节点向总线上说的话和从总线上听到的话不一致,即停止向总线发送数据,转为听众。下一时刻,ABS 节点向总线发送数字信号 0,而发动机节点向总线发送数字信号 1。此时，总线上是这两个数字信号的“逻辑与”值 0，因此 ABS 节点向总线上说的话和从总线上听到的话一致，可以继续向总线发送数据；而发动机节点向总线上说的话和从总线上听到的话不一致，即停止向总线发送数据，转为听众。下一时刻，ABS 节点向总线发送数字信号 1。此时，由于 ABS 节点独占总线而使总线上的信号也是 1，因此 ABS 节点向总线上说的话和从总线上听到的话一致，可以继续向总线发送数据。

至此，三个节点通过数据 ID 进行优先级竞争的结果，是 ABS 节点首先获得总线使用权，将其数据发送至 CAN 总线；待 ABS 节点将其数据发送完毕后，系统会自动使发动机节点、自动变速器节点继续通过发送数据 ID，竞争总线的使用权。可见，在 CAN 总线仲裁过程中，不会出现不同优先级数据之间的相互破坏，这就是所谓的“非破坏性仲裁”。

3. CAN 总线的验收滤波原理分析

每个节点的 CAN 控制器中都有两个寄存器：验收代码寄存器和验收屏蔽寄存器。当某节点的验收屏蔽寄存器设置为“有关”时，则该节点只能接受数据 ID 与自身验收代码寄存器内容完全相同的数据；当某节点的验收屏蔽寄存器设置为“无关”时，则该节点“来者不拒”，可接受数据 ID 为任意值的数据。这就是所谓的 CAN 验收滤波原理。

例如在图 5-14 所示的数据传递过程中，节点 1、节点 3 和节点 4 同时接收来自总线上的“广播”信号，在此假设节点 1 和节点 3 的验收屏蔽寄存器设置为“有关”，节点 4 的验收屏蔽寄存器设置为“无关”。节点 1 经过数据检验，发现接收数据 ID 与自身验收代码寄存器内容完全相同，因而判定接收到的信息与自己相关，最终接收信息。节点 3 经过数据检验，发现数据 ID 与自身验收代码寄存器内容不同，因而判定接收到的信息与自己无关，故不再接受信息。而节点 4 验收屏蔽寄存器设置为“无关”，故节点 4“来者不拒”，可接受任意信息。

四、CAN 总线的应用

由于 CAN 总线在汽车上的具体应用系统和数据传输速率不同，因此 CAN 总线有不同的类别。而功能相同或相近的 CAN 总线系统，不同的汽车公司称谓也不尽相同。

1. 大众车系的 CAN 总线

大众汽车集团公司生产的汽车使用了多种 CAN 总线。目前大众车系比较完善的 CAN 总线系统包括动力(驱动)CAN 总线、舒适 CAN 总线、信息 CAN 总线、仪表 CAN 总线和诊断 CAN 总线五个局域网，通过网关构成一个完整的汽车网络体系，如图 5-17 所示。其中，动力 CAN 总线数据传输速率为 500 kbit/s，包括发动机、变速器、ABS、悬架等电控单元；舒适 CAN 总线数据传输速率为 100 kbit/s，包括车门、车窗、空调、电源管理等电控单元；信息 CAN 总线数据传输速率为 100 kbit/s，包括自适应巡航、多媒体等电控单元；仪表 CAN 总线数据传输速率为 100 kbit/s，包括仪表等电控单元；诊断 CAN 总线数据传输速率为 100 kbit/s，连接到汽车的诊断接口，用于故障诊断。

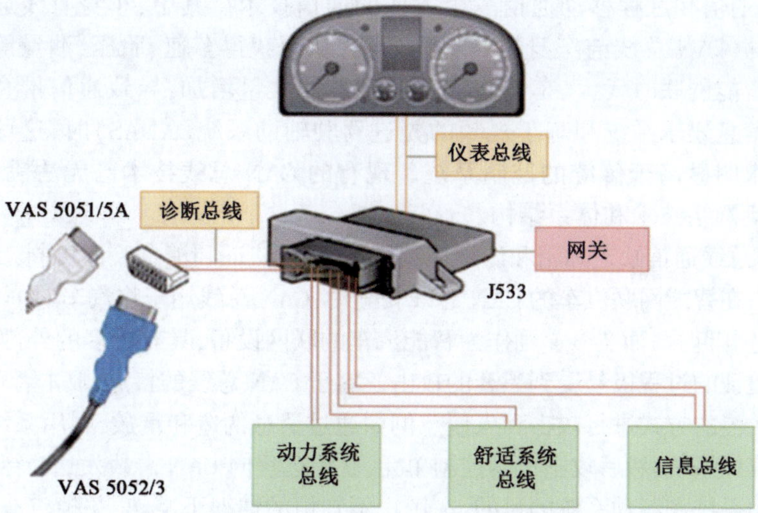

图 5-17　大众车系 CAN 总线系统

需要说明的是，由于各种数据总线和网络的传输速率、信号表示、通信协议等不同，所以不同类型的总线之间无法进行直接耦合连接并进行数据交换，必须经过一种具有特殊功能的计算机进行转换，这种计算机称为网关。网关使不同总线和网络的信息共享，并使协议间不产生冲突，从而实现无差错的数据传输。

2. 宝马汽车的 CAN 总线

宝马汽车的 CAN 总线分为 PT-CAN 总线（动力 CAN 总线）、K-CAN 总线（车身 CAN 总线）、F-CAN 总线（底盘 CAN 总线）及 D-CAN 总线（诊断 CAN 总线）。其中，PT-CAN 总线传输速率为 500 kbit/s，包括发动机、变速器、燃油泵等电控单元；K-CAN 总线传输速率为 100 kbit/s，主要包括组合仪表、滑动天窗、车身模块、灯光模块及自动恒温空调等电控单元；F-CAN 总线传输速率为 500 kbit/s，包括动态稳定控制系统（DSC）传感器、转向柱开关、主动转向等电控单元；D-CAN 总线传输速率为 500 kbit/s，连接到汽车的诊断接口，用于故障诊断。

3. 丰田汽车的 CAN 总线

丰田汽车的 CAN 总线一般分为 HS-CAN 总线和 MS-CAN 总线。其中，HS-CAN 总线由 1 号 CAN 总线和 2 号 CAN 总线组成，传输速率为 500 kbit/s，是高速通信总线，用于传动系统、底盘和某些车身电气通信；MS-CAN 总线传输速率为 250 kbit/s，是中速通信总线，用于车身电气通信，也被称为 MS 总线。

五、CAN 总线在智能网联汽车中面临的挑战

在 L0 到 L3 级别汽车的智能辅助系统中，CAN 总线是车联网的重要组成部分，车联网需要解决车辆各系统之间的信息交换和共享问题。通过对传感器数据和终端数据的处理，实现车辆诊断、提醒、报警等功能。在现阶段，对于车联网，主要依赖于车身有线通

信、短距离无线通信和远程移动通信三个方面的通信技术。其中,车身有线通信主要是指车内装置通过CAN总线与车身控制单元通信,从而获得车速、胎压、油量等车辆状态信息。在汽车智能网联时代,汽车传感器和处理器的大量增加,导致通信带宽需求显著增加。在引入信息娱乐系统和基于视频的先进驾驶辅助系统(ADAS)时,这些应用的数据传输带宽要求明显高于传统的控制系统。现有的CAN总线技术已无法满足需要,急需下一代的车辆网络技术和体系结构。

此外,CAN总线通信缺乏加密和访问控制机制,缺少认证和消息验证机制,无法识别和警告异常消息。在智能网联汽车的CAN总线安全中,CAN总线用于将汽车的T-Box与各种ECU控制模块连接起来,而T-Box则作为智能汽车的联网设备,具有更多的外部接入点,数据传输和信息验证的过程极易受到黑客的攻击。鉴于CAN总线的特点,攻击者可以通过物理入侵或远程入侵的方式进行攻击和入侵。例如通过消息伪造和重放,利用系统漏洞远程控制车辆的多媒体系统,然后攻击车辆控制单元,获得远程向CAN总线发送命令的权限,达到远程控制动力系统和制动系统的目的,在用户不知情的情况下减速,关掉汽车发动机,突然制动或者让制动失灵。当车辆处于物理接触状态时,攻击者可以通过接口注入命令来控制车辆的动力系统,并可以控制转向盘和制动系统,严重威胁到交通参与者的人身安全。基于CAN总线数据通信的汽车数据安全保障也是一个亟待解决的问题。

任务三　车载以太网及其应用

随着自动驾驶、智能网联以及汽车电动化的发展,传统的车载网络如CAN、CAN-FD、FlexRay已无法满足车辆高速通信的需求,与此同时,以太网具有传输速率高(100 Mbit/s、1000 Mbit/s等甚至更高)、成本相对较低、协议开放应用成熟、网络形式易于扩展等优点,于是行业将焦点聚集到以太网技术上,这也是以太网和汽车深度融合的机会。

★任务目标

素质目标

1. 培养团结合作的精神。
2. 树立精益求精的工作态度。
3. 培养爱国精神,增强民族自信。

知识目标

1. 认知车载以太网。
2. 描述车载以太网的具体应用。

能力目标

1. 能够描述以太网的组成。
2. 了解以太网未来的发展趋势。

★知识准备

一、认知车载以太网

车载以太网是一种用以太网连接车内电子单元的新型局域网技术。与传统以太网使用4对非屏蔽双绞线电缆不同,车载以太网在单对非屏蔽双绞线上可实现100 Mbit/s甚至1 Gbit/s的传输速率,同时还满足汽车行业对高可靠性、低电磁辐射、低功耗、带宽分配、低延迟以及同步实时性等方面的要求。车载以太网的物理层采用了博通公司的Broad R-Reach技术,Broad R-Reach的物理层(PHY)技术已经由单线对以太网联盟(One-pair Ethernet Alliance,OPEN)标准化,因此有时也称车载以太网为Broad R-Reach(BRR)或OABR(Open Alliance Broad R-Reach)。车载以太网的MAC层采用IEEE 802.3的接口标准,无须做任何适配即可无缝支持广泛使用的高层网络协议(如TCP/IP)。

车载以太网及其支持的上层协议架构如图5-18所示。车载以太网主要涉及OSI的1、2层技术,同时支持AVB(音视频桥接)、TCP/IP(传输控制协议/网际协议)、DOIP(基于IP的诊断)、SOME/IP等多种协议或应用形式。

以太网具有以下特点:

(1)数据传输速率快:现在以太网的最大传输速率能达到10 Gbit/s,并且还在提高,比任何一种现场总线都快。

(2)应用广泛:以太网是一种标准的开放式网络,不同厂商的设备很容易互联。

(3)容易与信息网络集成,有利于资源共享:由于具有相同的通信协议,以太网能实现与互联网的无缝连接,方便车辆网络与地面网络的通信。车辆互联网的接入极大地解除了为获取车辆信息而带来的地理位置上的束缚,这一性能是目前其他任何一种现场总线都无法比拟的。

(4)支持多种物理介质和拓扑结构:以太网支持多种传输介质,包括同轴电缆、双绞线、光缆、无线等,使用户可根据带宽、距离、价格等因素作多种选择。

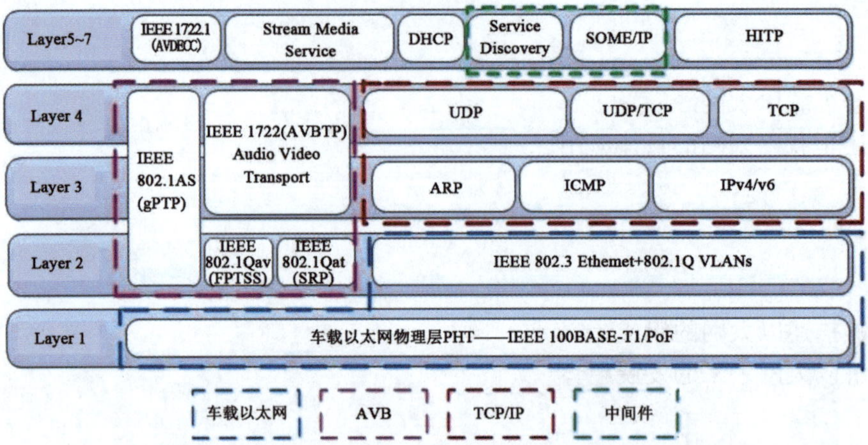

图 5-18　车载以太网及其支持的上层协议架构图

(5)软硬件资源丰富:由于以太网已应用多年,人们对以太网的设计、应用等方面有很多的经验,对其技术也十分熟悉。大量的软件资源和设计经验可以显著降低系统的开发成本,从而可以显著降低系统的整体成本,并大大加快系统的开发和推广速度。

(6)可持续发展潜力大:以太网的广泛应用,使其发展一直受到广泛的重视和大量的技术投入。车载网络采用以太网,可以避免其发展游离于计算机网络技术的发展主流之外,从而使车载网络与信息网络技术互相促进,共同发展。

二、车载以太网的应用

以太网以其通用性、开放性、高带宽、易扩展、易互联等特性,成为一种新型的车载网络。以太网在汽车上的应用虽刚刚开始,但它优越的性能已得到汽车业界的重视。随着先进传感器、高分辨率显示器、车载摄像头、先进驾驶辅助系统及其数据传输和控件的加入,汽车电子产品正变得更加复杂。采用标准的以太网协议将这些设备连接起来,可以简化布线,节约成本,减少线束质量和增加行驶里程。

自动驾驶的实现必须依赖于大量的传感器(例如毫米波雷达、激光雷达、摄像头),这些传感器数据的传输和处理也依赖于更高的车内总线带宽。除此以外,还有广义的汽车智能网联的应用,需支持多种系统和设备,同时需具备内、外网络聚合能力。车载网络必须是可扩展的,具有良好的兼容性,因此车载以太网在实现和创新车内应用过程中,标准化是一个重要的驱动因素。通过标准化,可以让 OEM 满足顾客需求,并确保产品品质。各主机厂依据标准来设计,不仅可以缩短产品的上市时间,而且还能保证产品的可用性、生命周期、升级能力以及互操作性。图 5-19 所示为以太网在智能网联汽车上的应用实例。

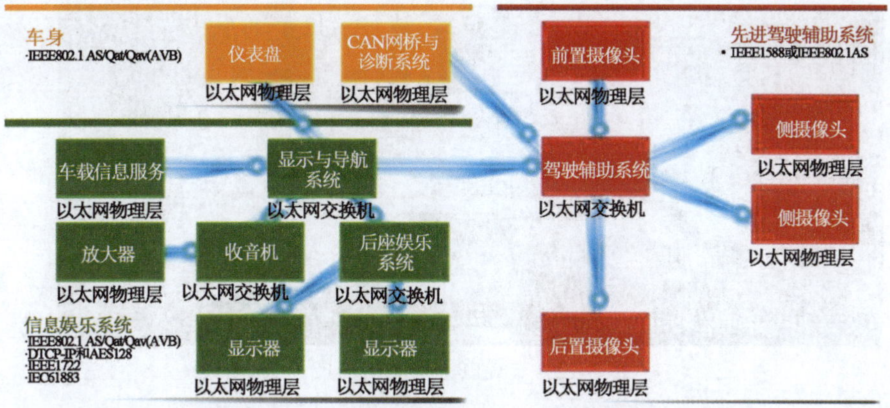

图 5-19　以太网在智能网联汽车上的应用实例

尽管车载以太网被定义为下一代车载网络技术，但其在短期内无法全部取代现有车载网络，其在汽车行业上的应用需要一个循序渐进的技术演进过程。车载以太网在汽车上的应用过程，大致可分为三个阶段：子系统级别阶段、架构级别阶段、域级别阶段。

（1）子系统级别阶段：单独在某个子系统使用以太网，如图 5-20 所示。这一阶段的衍生产品目前已经在整车上实施，如基于 DoIP 标准的 OBD 设备；或已有实例应用，如使用 IP 摄像头的驾驶辅助系统。

（2）架构级别阶段：将几个子系统的功能整合，形成一个拥有功能集合的小系统，如图 5-21 所示，将多媒体、驾驶辅助和诊断界面结合在一起，融合了传感器、全景摄像头及雷达等多种数据。因为可以保证更高的带宽和更低的延迟，在涉及安全方面的应用，摄像头可以使用更高分辨率的未压缩的数据传输，从而避免如压缩失真等导致障碍物检测失败的问题。

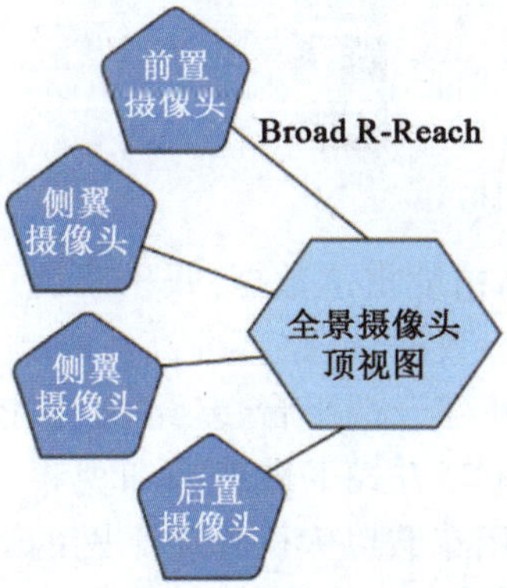

图 5-20　车载以太网子系统级别

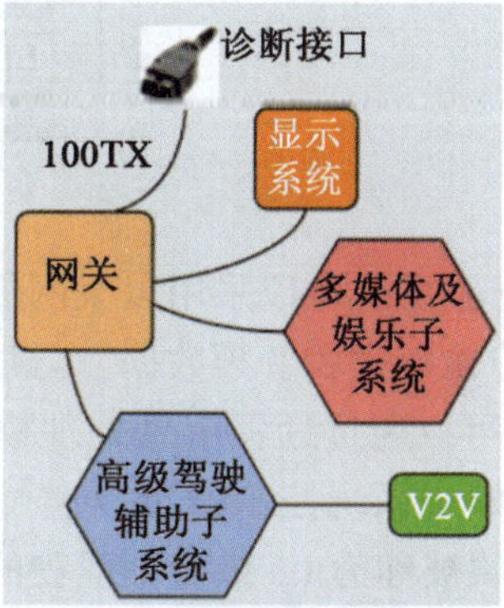

图 5-21　车载以太网架构级别

图 5-22 显示了一种车载以太网应用场景，它将配备一个或多个节点，例如驾驶辅助系统、带高分辨率 IP 摄像头的全景停车场，以及多屏幕交互式高清信息娱乐系统。

图 5-22　车载以太网应用场景

(3)域级别阶段：前两个阶段专注于一个特定的应用领域，第三阶段使用以太网为车载网络骨干，集成动力总成、底盘、车身、多媒体、辅助驾驶，真正形成了一个域级别的汽车网络，如图 5-23 所示。有研究表明，预计到 2025 年，以太网可能替换所有其他的车载网络。

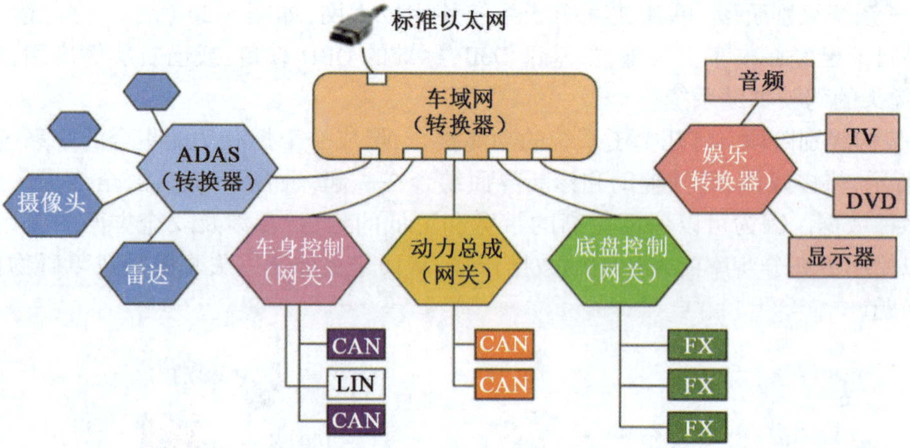

图 5-23　车载以太网域级别架构

辅助驾驶系统可以采用以太网传输高清摄像头和高精度雷达数据，娱乐系统可以使用以太网传输视频和音频数据，车辆相关数据(车辆状态数据、道路环境高清视频数据、雷达数据)可以通过远程信息处理模块或 V2X 传输到外部云端平台、基站、数据控制中心等，车载娱乐系统控制器可以通过 4G/5G/Wi-Fi、蓝牙等方式下载音频和视频。奥迪 A8 是第一款被称为 L3 级自动驾驶的汽车，是第一个使用车载以太网作骨干网的运算架构。未来 L3 级以上的自动驾驶汽车将把域控制器、以太骨干网、Autosar(汽车开放系统架构)和激光雷达作为标配。

★拓展视窗

智慧座舱的发展与演进

从20世纪80年代CAN总线系统用于车内ECU的数据通信,2012年电动车提供全新的交互和控制方式,2014年手机车机互联方案面世,到2019年跨智能设备资源共享实现,纵观智能座舱产业的发展,可以看到多样化体验的快速渗透和广泛应用。汽车正在从简单的交通工具,逐渐向"移动智能空间"转变。而智能座舱则是汽车实现移动智能空间塑造的核心载体。

智慧座舱,简单来说,就是配备了多种智能车载终端,可以与人、路、车进行智能交互的驾驶和乘坐空间。越来越多的屏幕、越来越少的按键、越来越强大的语音控制能力,都是智能座舱的具体表现。

从物理范围来看,智慧座舱包括带给驾驶员和乘客更加安全、舒适、智能的驾乘体验所有模块,包括操控系统、娱乐系统、空调系统、通信系统、座椅系统、交互系统、感知系统等(见图5-24)。操控系统包括方向盘,娱乐系统包括中控台屏幕、后排多媒体,通信系统包括蓝牙、Wi-Fi、NFC(近场通信)等;交互系统包括中控屏、仪表盘、HUD,感知系统包括雷达、摄像头、驾驶员健康监控系统、空气质量传感器等。

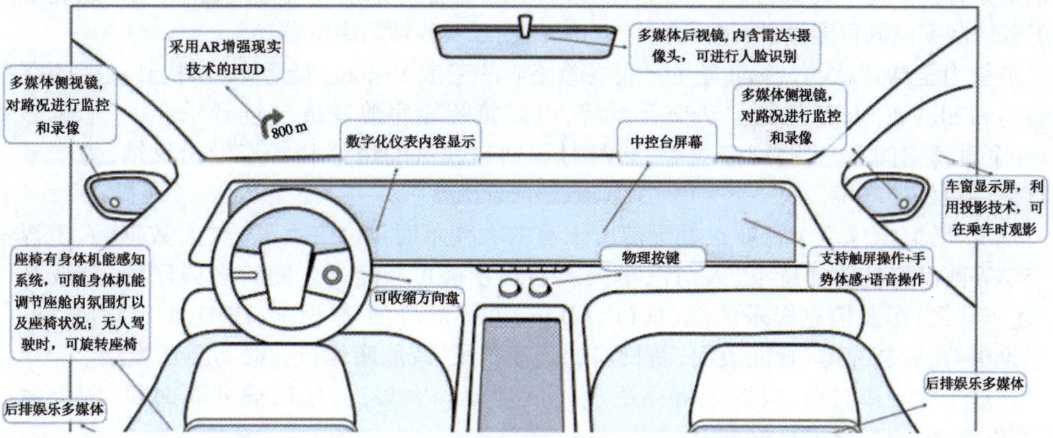

图5-24　智慧座舱的物理范围图

从体验的角度来看,智慧座舱在交互安全的基础上,通过对软硬件提出特定功能要求,使驾驶员能在车机互联、语音交互、驾驶员状态监控、生物识别、车路协同、安全预警、物联网、信息安全等技术上得到优质体验,在舒适化、智慧化、办公化等方向上不断进行提升(见图5-25)。

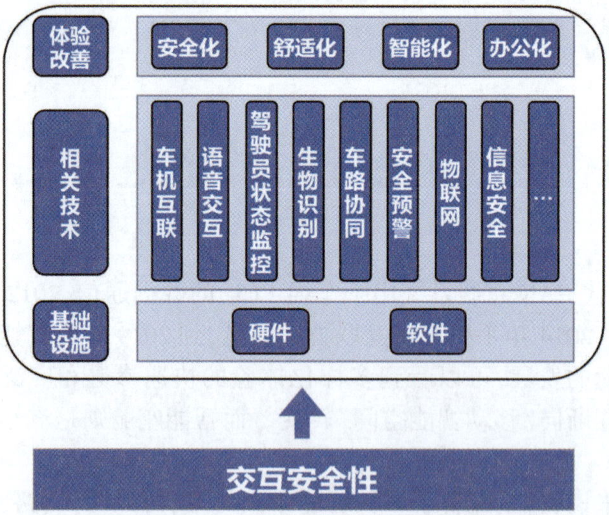

图 5-25　智慧座舱的体验范围图

2019 年 8 月 9 日，HUAWEI HiCar 在华为开发者大会上正式亮相，致力于提供“人-车-家”全场景智慧互联解决方案。该解决方案的核心是“4S”，即“Safety，Smart Connection，Seamless，Resource Sharing”，分别是出行安全、无感连接、服务场景无缝流转、手机车机硬件资源共享互助。具体而言，车与手机、车与穿戴设备、车与智能家居，都可以融合在一起，让我们的生活场景在不同空间中无缝切换。用户可以通过手机远程控制车门、车窗、车灯、空调等，以及提供用车相关服务，包括加油、违章提醒、停车位拍照寻车等，以后在大型停车场再也不会有找不到车的尴尬了。华为智能家居 HiLink 服务的演绎视频中显示，可以通过中控屏幕控制家里的智能设备，包括灯具、窗帘、门锁以及各种家用电器。

被誉为全球首款 5G 主动交互智能概念座舱的荣威 Vision-i 概念车，依托其灵活的空间布局和 SKY VISION 整舱主动交互系统，可以将智能座舱变成一场音乐会、一个电影院、一个直播空间、一个购物空间等；同时对识别驾驶员的情绪和状态做出反馈，为未来出行提供更好的环境。

众所周知，全球汽车行业正处于前所未有的大变革时期。在互联网、大数据、人工智能、5G 等前沿科技的加持下，人与汽车的关系正在被重新定义。随着多屏联动、全液晶仪表、车联网、车载信息娱乐系统（IVI）、ADAS、语音识别、手势识别、HUD、AR、AI、全息、情感氛围灯、智能充电、智能表面、新材料的迅速普及，智能座舱行业必将迅猛发展。

在这个大变革时期，只要把握住历史发展规律和大势，抓住历史变革时机，顺势而为、奋发有为，我们就能更好前进。

★学习小结

本项目首先概述了车载网络技术，在此基础上讲解了 CAN 总线及其应用、车载以太网及其应用。通过学习，学习者要明确车载网络的产生背景、分类及常见的车载网络总线技术，掌握 CAN 总线的结构与工作原理，认知车载以太网及其应用，对车载网络技术及其应用有较全面的认识。

★任务工单

实训工单五　车载网络技术及其应用

任务名称		实训日期	
学生姓名		班级学号	
小组成员		组长姓名	

实训目标：

1. 能够依据接待要求，结合客户的需求，独立完成接待准备工作。
2. 能够结合客户的故障现象，根据维修手册初步判断CAN总线系统是否存在故障。
3. 能够根据故障现象及客户的咨询信息，依据维修手册及操作规范、标准，制订车辆的初步维修方案。
4. 能够根据CAN总线系统检测要求，结合客户车辆配置情况，使用专用设备工具及维修软件完成系统的检测工作。
5. 能够依据检测数据的分析结果，结合CAN总线的工作原理，独立准确地检测实车CAN总线系统。
6. 养成与他人协作的习惯，具备良好的人际交往能力。

一、接受工作任务	成绩：

汽车服务站新接收了一辆待维修车辆，根据车主反映的故障现象，维修技师王强首先对该车的CAN总线系统进行了检测，要求对检测过程及检测结果等情况进行记录。

二、信息收集	成绩：

1. 实训设备名称：____________。
2. 实训场地的要求：____________。
3. 实训所用工具：____________。
4. 实训人员的要求：________人完成，________人辅助，分________组。
5. 实训的安全注意事项是：____
____
____
____
____
____
____
____
____。

三、制订计划	成绩：

1. 请根据操作规范及要求，制订 CAN 总线的检测实训计划。

操作流程		
序号	作业项目	操作要点
计划审核	审核意见： 年　　月　　日　　签字：	

2. 请根据实操作业计划，完成小组成员任务分工。

操作人		记录员	
监护人		展示员	

作业注意事项

①实训开始前应摘掉各类饰品，换上实训服，长头发应挽起固定于脑后。
②整车实训时确保点火开关处于 Lock 位置，操作另有要求的除外。
③就车工作时，应施加驻车制动，除非特定操作要求置于其他挡位。
④举升车辆时应按照规范进行，避免发生意外事故。
⑤工具使用后，应清洁并归还原处。

实训设备/工具/材料

名称	数量	清点	
			□已清点
			□已清点
			□已清点
			□已清点
			□已清点
			□已清点
			□已清点
			□已清点
			□已清点
			□已清点
			□已清点

四、计划实施	成绩：

1. 请完成 CAN 总线系统检测作业前检查及车辆防护，并记录信息。

①作业前车辆清洁。

	作业内容： 作业结果：

②作业前查看各类传感器的主要线束或接口。

	作业内容： 作业结果：
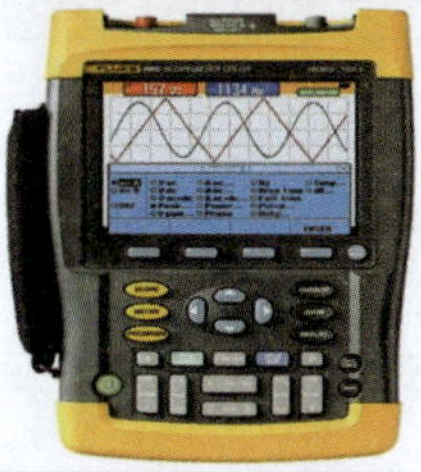	作业内容： 作业结果：

2. 请检查 CAN 总线系统组成部件。

①CAN 总线系统的组成。

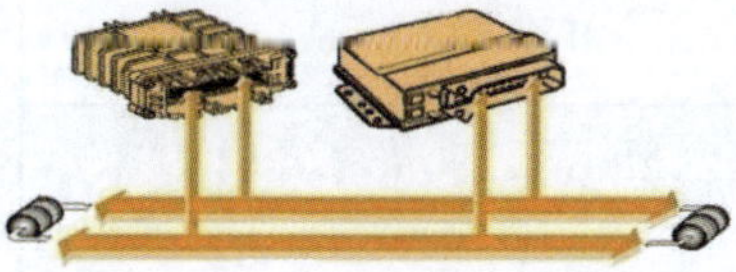	CAN 总线系统的组成	控制器	是否找到：□是　□否
		收发器	是否找到：□是　□否
		终端电阻	是否找到：□是　□否
		数据线	是否找到：□是　□否

②汽车上 CAN 总线系统之间的连接。(画出框图)

3.请检查 CAN 总线系统的工作电压。

控制单元名称及工作电压	
CAN-H 线电压	
CAN-L 线电压	

4.请检查 CAN 总线系统的波形信号。

<table>
<tr><th>理论波形信号</th><th colspan="2">实测波形信号</th></tr>
<tr><td rowspan="2">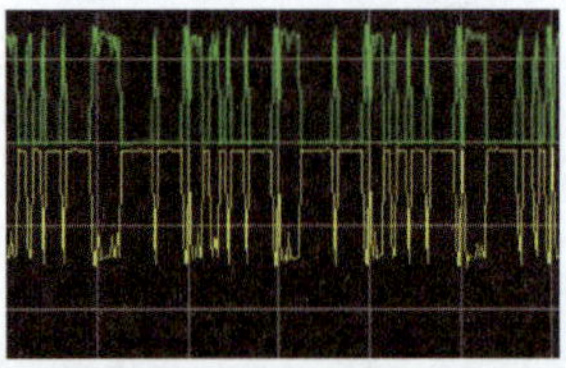</td><td>CAN-H 线波形</td><td>是否正常:□是　□否</td></tr>
<tr><td>CAN-L 线波形</td><td>是否正常:□是　□否</td></tr>
</table>

五、质量检查	成绩:

请实训指导教师检查各组作业结果,并针对实训过程中出现的问题提出改进措施及建议。

序号	评价标准	评价结果
1	准备工作	
2	任务完成情况	
3	操作是否规范,执行步骤的顺序是否正确	
综合评价	☆ ☆ ☆ ☆ ☆	
综合评语 (作业问题及 改进建议)		

六、评价反馈	成绩:

请根据自己在课堂中的实际表现进行自我反思和自我评价。

自我反思:____

____

____

____。

自我评价:____

____

____

____。

实训成绩单			
项目	评分标准	分值	得分
接受工作任务	明确工作任务,理解任务在企业工作中的重要程度	5	
信息收集	掌握 CAN 总线整体结构图与实物图的匹配	5	
	掌握 CAN 总线检测所用的设备及工具	5	
	掌握工作的任务内容	5	
	掌握 CAN 总线的检测方法	5	
制订计划	按照 CAN 总线的操作步骤制订相应的工作计划	10	
	能协同小组人员安排任务分工	5	
	能在实施前准备好所需要的工具器材	5	
计划实施	规范进行场地布置及工具检查	5	
	识别 CAN 总线在实车上的应用	5	
	检查 CAN 总线系统模块组成部件	10	
	检查 CAN 总线系统的工作电压	10	
	检查 CAN 总线系统的波形信号	10	
质量检查	学生任务完成,操作过程规范	5	
评价反馈	学生能对自身表现情况进行客观评价	5	
	学生在任务实施过程中发现自身问题	5	
得分(满分 100)			

★学习评价

一、选择题(不定项选择)

1. 目前,采用车载网络的好处包括(　　)。

A. 可减小线束尺寸,降低成本

B. 减少插接器的数量,同一款车同等配置下,可以大大简化汽车线束

C. 进行设备之间的通信,增加功能

D. 通过信息共享,可以减少传感器信号的重复数量

2. 车载网络按网络拓扑结构进行分类,可分为(　　)。

A. 总线型　　B. 星形　　C. 环形　　D. 树形

3. 车载网络主要有(　　)等总线技术,将动力总成、底盘控制、车身控制、娱乐、ADAS共五个核心域控制器连接在一起。

A. CAN　　B. LIN　　C. MOST　　D. 以太网

4. CAN总线系统的总体构成主要由(　　)组成。

A. 节点　　B. 数据传输线　　C. 终端电阻　　D. 子网络

5. 依据车载以太网在汽车上的应用过程,大致可分为(　　)三个阶段。

A. 子系统级别阶段　　B. 架构级别阶段　　C. 域级别阶段　　D. 革新阶段

二、判断题

1. 目前生产的汽车,车上的控制单元并不多,信息传输量较少,电子控制系统的传感器、电子控制单元和执行器之间的连接线束的数量还不太多,分别布线还可接受。(　　)

2. 美国汽车工程师学会(SAE)的汽车网络委员会按照系统的复杂程度、传输流量、传输速度、传输可靠性、动作响应时间等参量,将汽车数据传输网络划分为A、B、C、D、E五类。(　　)

3. CAN总线具有实时性强、可靠性高、传输速率快、结构简单、互操作性好、总线协议具有完善的错误处理机制、灵活性高和价格低廉等特点,在车载网络上已经得到广泛的应用。(　　)

4. 在CAN总线中,一般只有两个数据传递终端,装在CAN-H和CAN-L之间,每一个终端电阻的电阻值均为60 Ω。(　　)

三、简答题

1. 简述常见的车载网络总线技术。

2. 简述 CAN 总线的数据传递过程。

3. 查阅相关资料,简述车载以太网的未来发展趋势。

项目六

智能网联汽车的无线通信技术

智能网联汽车不是独立的运输个体，而是无数个移动终端。智能网联汽车之间，智能网联汽车与道路基础设施、行人之间都有信息交流，以保证安全行驶，提高通行效率。智能网联汽车与外界是如何进行通信的呢？涉及哪些技术呢？

★学习情境

汽车服务站新接收了一辆待维修车辆，据车主反映，车辆行驶过程中显示与云平台通信失败。技师王某首先委派学徒李某对该车的无线通信系统等相关部件进行检查，要求学徒李某对车辆无线通信系统的损坏、系统部件的信息传输和云平台通信等情况进行记录，分析故障原因，并解决此车故障。

任务一　无线通信的定义与分类

★任务目标

无线通信技术作为智能网联汽车的关键共性技术之一，支撑着车载信息娱乐系统、高级辅助驾驶系统、自动驾驶方案的实现以及云控系统的构建。

素质目标

1. 培养团结合作的精神。
2. 树立精益求精的工作态度。
3. 培养爱国精神，增强民族自信。

知识目标

1. 掌握无线通信的定义。
2. 掌握无线通信的分类。
3. 了解无线通信的技术标准。

能力目标

1. 能阐述无线通信的未来发展趋势。
2. 能应用相关无线通信知识查找对应的技术资料。

★知识准备

一、无线通信的定义

无线通信场景

用于智能网联汽车的无线通信技术有短距离无线通信技术和远距离无线通信技术。图 6-1 所示为利用短距离无线通信技术进行 V2X 之间的通信。

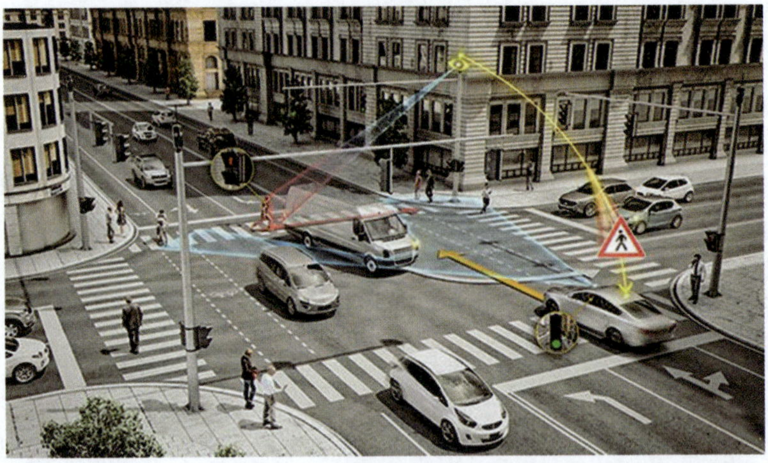

图 6-1　V2X 通信示意图

无线通信就是不用导线、电缆、光纤等有线介质，而是利用电磁波信号在自由空间中传播的特性进行信息交换的一种通信方式，可以传输数据、图像、音频和视频等。无线通信系统一般由发射设备、传输介质和接收设备组成。图 6-2 所示为无线通信系统的组成示意图。发射设备是将原始的信号源转换成适合在给定传输介质上传输的信号，其中包括调制、频率变换、功率放大等。调制器将低频信号加到高频载波信号上，频率变换器进一步将信号变换成发射电波所需要的频率（如短波频率、微波频率等），经功率放大器放大后，再通过天线发射出去进行传输。接收设备是将收到的信号还原成原来的信息送至接收端。接收设备把天线接收下来的射频载波信号，经过放大、频率变换、解调后再将原始信息恢复出来，完成无线通信。

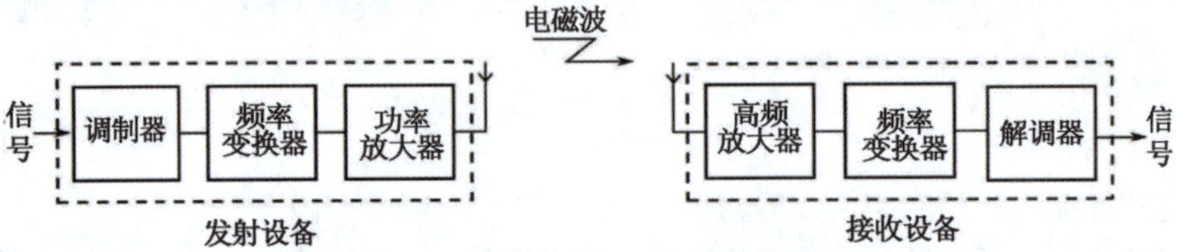

图 6-2　无线通信系统的组成示意图

智能网联汽车的无线通信技术是一种车辆交通环境的无线通信技术，是道路和车辆与系统内对其有影响的其他事物进行信息交互的多种路侧和车载通信技术的统称，旨在加强交通系统的管理，提高车辆行驶安全性和便利性。智能网联汽车的无线通信技术旨在将“人-车-路-云”等交通参与要素有机地联系在一起，不仅可以为交通安全和效率类应用提供通信基础，还可以将车辆与其他车辆、行人、路侧设施等交通元素有机结合，弥补了单车智能的不足，推动了协同式应用服务发展。

智能网联汽车的无线通信技术架构可以按照通信协议的模型分为应用（Application）、消息和设施（Message/Facility）、网络（Networking）、适配（Adaptation）、链路（LLC）和媒体接入（MAC）以及物理层（PHY）。同时，作为支撑部分，还有安全（Security）、设备配置文件（Device Profile）、测试方法（Test Method）、总体架构（Overall Architecture)等几个部分。智能网联汽车的无线通信技术协议架构组织如图 6-3 所示。

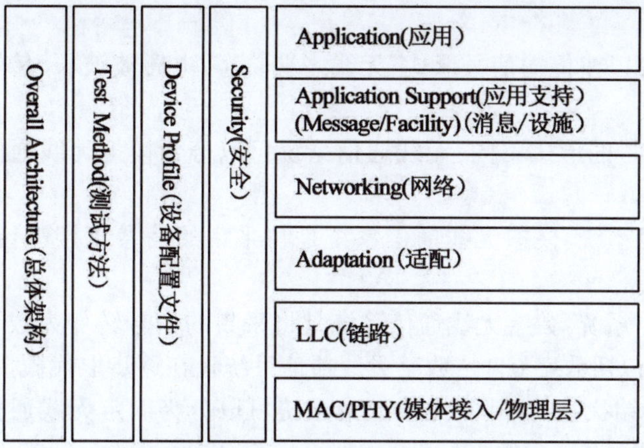

图 6-3　智能网联汽车的无线通信技术协议架构

智能网联汽车的无线通信技术有很多应用场景,3GPP R14 SA1 中定义的应用场景如表 6-1 所示。

表 6-1　智能网联汽车的无线通信技术应用场景

类型	示例	类型	示例
V2V(10)	前碰预警(FCW)	V2I(7)	UE 类型 RSU 参与的 V2X 应用
	控制失效警告		自动泊车
	紧急车辆警告		弯道限速提醒
	V2V 紧急停车预警		基于路侧的道路安全服务
	协作式自适应巡航(CACC)		V2I 紧急停车预警
	由电信运营商控制的 V2X 消息传输		道路安全服务
	预碰撞感知告警		排队提醒
	网络覆盖外 V2X 应用	V2N(4)	V2N 交通流优化
	错误行驶方向提醒		V2N 全景图
	V2V 通信中的隐私		高精度定位
V2P(3)	行人碰撞预警		远程诊断和实时修复通知
	行人穿越马路安全提醒	V2X(3)	漫游时用于 V2X 访问
	弱势群体安全预警(VRU)		交通管理
			V2X 最小 QoS 服务

二、无线通信系统的分类

无线通信系统可以按传输信号形式、无线终端状态、电磁波波长、传输方式和通信距离等进行分类。

(1)根据传输信号的形式不同,无线通信系统可以分为模拟无线通信系统和数字无线通信系统。

①模拟无线通信系统:模拟无线通信系统是将采集的信号直接进行传输,传输的是模拟信号。

②数字无线通信系统:数字无线通信系统是将采集的信号转变为数字信号后再进行传输,传输的信号只包括数字0、1。数字无线通信系统正在逐步取代模拟无线通信系统。

(2)根据无线终端状态的不同,无线通信系统可以分为固定无线通信系统和移动无线通信系统。

①固定无线通信系统:固定无线通信系统的终端设备是固定的,如固定电话通信系统。

②移动无线通信系统:移动无线通信系统的终端设备是移动的,如移动电话通信系统。

移动无线通信技术

(3)根据电磁波的波长不同,无线通信系统可以分为长波无线通信系统、中波无线通信系统、短波无线通信系统、超短波无线通信系统、微波无线通信系统等。

①长波无线通信系统:长波无线通信系统是指利用波长大于1000 m、频率低于300 kHz的电磁波进行的无线电通信,也称低频通信。它可细分为长波(波长为1~10 km、频率为30~300 kHz)、甚长波(波长为10~100 km、频率为3~30 kHz)、特长波(波长为100~1000 km、频率为300~3000 Hz)、超长波(波长为1000~10000 km、频率为30~300 Hz)和极长波(波长为10000~100000 km、频率为3~30 Hz)波段的通信。

②中波无线通信系统:中波无线通信系统是指利用波长为100~1000 m、频率为300~3000 kHz的电磁波进行的无线电通信。

③短波无线通信系统:短波无线通信系统是指利用波长为10~100 m、频率为3~30 MHz的电磁波进行的无线电通信。

④超短波无线通信系统:超短波无线通信系统是指利用波长为1~10 m、频率为30~300 MHz的电磁波进行的无线电通信。

⑤微波无线通信系统:微波无线通信系统是指利用波长小于1 m、频率高于300 MHz的电磁波进行的无线电通信,它可细分为分米波(波长为100~1000 mm、频率为300~3000 MHz)、厘米波(波长为10~100 mm、频率为3~30 GHz)、毫米波(波长为1~10 mm、频率为30~300 GHz)和丝米波(波长为0.1~1 mm、频率为300~3000 GHz)波段的通信。

(4)根据信道路径和传输方式的不同,无线通信系统可以分为红外通信系统、可见光通信系统、微波中继通信系统和卫星通信系统等。

①红外通信系统:红外通信系统是一种利用红外线传输信息的通信方式。

②可见光通信系统:可见光通信系统是指利用可见光波段的光作为信息载体,在空

气中直接传输光信号的通信方式。

③微波中继通信系统：微波中继通信系统是利用微波的视距传输特性，采用中继站接力的方法达成的无线电通信方式。

④卫星通信系统：卫星通信系统实际上也是一种微波通信系统，以卫星作为中继站转发微波信号，在多个地面站之间通信。

(5)根据通信距离，无线通信系统可以分为短距离无线通信系统和远距离无线通信系统。

①短距离无线通信系统：短距离无线通信和远距离无线通信在传输距离上至今并没有严格的定义，一般来说，只要通信收发两端是以无线电方式传输信息，并且传输距离被限定在较短的范围内(一般是几厘米至几百米)，就可以称为短距离无线通信。它具有低成本、低功耗和对等通信三个重要特征。短距离无线通信技术主要有蓝牙技术、ZigBee技术、Wi-Fi 技术、UWB(超宽带)技术、60 GHz 技术、IrDA(红外)技术、RFID(射频识别)技术、NFC(近场通信)技术、VLC(可见光)技术、专用短程通信技术等。

②远距离无线通信系统：当无线通信传输距离超过短距离无线通信的传输距离时，称为远距离无线通信。远距离无线通信技术主要有移动通信技术、微波通信技术和卫星通信技术等。

三、无线通信的技术标准

目前，世界上用于 V2X 通信的主流技术包括 DSRC(Dedicated Short Range Communication，专用短程通信)技术和基于蜂窝移动通信系统的 C-V2X(Cellular Vehicle to Everything)技术。美国、日本、欧洲等发达国家和地区均积极开展了相关的技术研究和测试验证工作。V2X 架构与标准组织的对应关系如图 6-4 所示。V2X 技术主要分为 DSRC 和 C-V2X 两个标准和产业阵营。

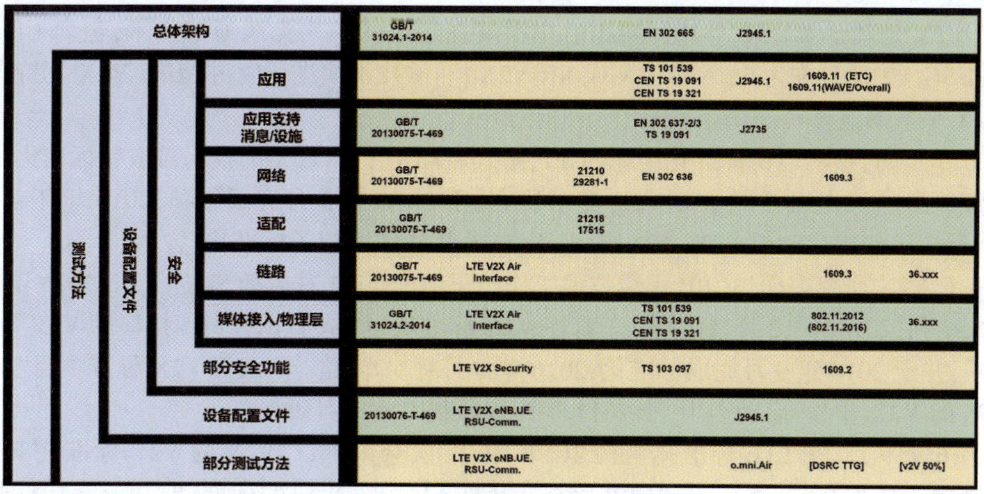

图 6-4　V2X 架构与标准组织对应图

1. DSRC 技术标准

DSRC 以 IEEE 802.11p 为基础,V2V 为其主要的应用方式。DSRC 最大的竞争筹码是启动早,早在 1999 年,美国联邦通信委员会就在 5.9 GHz 区域为 V2X 留出了75 MHz的带宽,美国、欧洲等国家和地区已提出相关标准规格,经过二十多年的发展历史,已形成成熟的产业链,并可以进入商用。

在 DSRC 的标准化方面,国际上已形成以 CEN/TC 278、ASTM/IEEE 和 ISO/TC 204 为核心的 DSRC 标准化体系。其中,ISO/TC 204 国际标准化组织智能运输系统技术委员会主要研究应用层的协议和资源管理,制订中长距离通信标准。欧洲 CEN/TC 278 DSRC 标准的主要特点是采用 5.8 GHz 的被动式微波通信,中等通信速率(500 kbit/s上行,250 kbit/s 下行),调制方式为 ASK(幅移键控)和 BPSK(二进制相移键控)。美国的 ASTM 和 IEEE 标准,频率均为 5.9 GHz。在 ASTM 标准的基础上,发展出了 IEEE 802.11p 协议组,包括 1609~1609.4 标准。IEEE 802.11p 标准在车载环境下可达到 3~27 Mbit/s 的传输速率,大大改善了高速移动环境下的传输效果。鉴于国际 DSRC 标准发展趋势,1998 年 5 月,我国 ISO/TC 204 技术委员会向交通部无线电管理委员会提出将 5.8 GHz 频段分配给智能交通运输系统的短程通信(包括 ETC 收费系统)。

DSRC 技术基于三套标准:第一是 IEEE 1609,标题为“车载环境无线接入标准系列(WAVE)”,定义了网络的架构和流程。第二套是 SAE J2735 和 SAE J2945,定义了消息包中携带的信息。该数据将包括来自汽车上的传感器的信息,例如位置、行进方向、速度和刹车信息。第三套是 IEEE 802.11p,定义了与汽车相关的“专用短程通信”(DSRC)的物理标准。DSRC 顶层协议栈是基于 IEEE 1609 标准开发的,V2V 信息交互使用轻量 WSMP(WAVE Short Message Protocol),V2I 和 V2N 信息交互使用 Wi-Fi 的 TCP/IP 协议。DSRC 底层、物理层和无线链路控制是基于 IEEE 802.11p 标准设计的。使用 IEEE 802.11 系列标准的初心是利用 Wi-Fi 的生态系统,但是 Wi-Fi 最初设计时用于固定通信设备,后来制定 IEEE 802.11p 支持移动通信设备。

2. C-V2X 技术标准

C-V2X 是基于 4G/5G 等蜂窝网通信技术演进形成的车用无线通信技术,包含 LTE-V2X 和 5G-V2X(又称为 5G NR-V2X 或 NR-V2X)。从技术演进角度讲, LTE-V2X 支持向 5G-V2X 平滑演进。

2015 年初,移动通信标准化组织 3GPP 正式启动基于 C-V2X 的技术需求和标准化研究,3GPP 需求工作组开展了 C-V2X 需求研究,于 2016 年 3 月完成结项;2016 年年初,3GPP 架构工作组启动 C-V2X 架构研究,于 2016 年年底完成了标准化。

在 C-V2X 研究方面,3GPP 无线技术工作组于 2015 年 7 月启动 SI 立项,于 2016 年 6 月完成结项;2015 年 12 月,针对车-车直连 V2X 标准项目“基于 LTE PC5 接口的 V2V”启动立项,并于 2016 年 9 月完成标准化;2016 年 6 月针对车-路/车-人等 V2X 标准项目“基于 LTE 的 V2X 业务”启动立项,于 2017 年 3 月顺利完成项目研究。

2016 年 9 月,在 LTE 标准化机构 3GPP 第 73 次会议上,C-V2X 的 V2V 标准在 Release14 中正式冻结。这标志着 3GPP 完成了 LTE -V 第一阶段的标准,即基于终端直通(D2D)模式的车-车通信(V2V)标准化,通过深入研究引入了更优化的物理层解调参考信号、资源调度、干扰协调等技术。

另外,2017 年 4 月在法国巴黎举行的 ISO/TC 204 第 49 次全会上,中国提出的 C-V2X 标准立项申请获得通过,确定 C-V2X 成为 ISO/ITS 系统的候选技术。2017 年 9 月,完成了第二阶段 C-V2X 标准发布,在 TR22.885 中定义了 V2V、V2I、V2P、V2N 等 27 类场景,面向辅助驾驶和交通安全。支持 LTE-V2X 增强(LTE-eV2X) 的 3GPP R15 版本标准于 2018 年 6 月正式完成。标准 TS22.886 中已经定义了 25 个用例共计 5 大类增强的 V2X 业务需求,包括基本需求、车辆编队行驶、半/全自动驾驶、传感器信息交互和远程驾驶。

支持 5G-V2X 的 3GPP R16+版本标准于 2018 年 6 月启动研究,将与 LTE-V2X/LTE-eV2X 形成互补关系。5G-eV2X 当前仅完成需求规范,定义了 25 个用例,包括自动排队驾驶、半/全自动驾驶、支持扩展传感、远程驾驶和通用需求。目前,3GPP 5G NR(New Radio,新空口)积极支持 V2X 的标准化工作,自从 2018 年 6 月在 RAN#80 全会上启动了 NR-V2X 技术研究后,3GPP 工作组针对 NR-V2X 的研究内容展开了丰富的讨论,在 2019 年 2 月份 RAN1#96 会议中结束了 NR-V2X 研究项目(SI)部分的讨论,NR-V2X 从 RAN1#96b 次会议开始正式进入工作项目(WI)讨论,各种技术要点也将尘埃落定。预期 NR-V2X 产品最早有可能于 2022 年在上市车型中面世。

我国也在推进 C-V2X 标准化工作,例如工信部联合国标委发布了《国家车联网产业标准体系建设指南》,其中信息通信分册为 V2X 通信标准建设提供了体系参考;中国通信标准化协会(CCSA)为主承担 V2X 通信行业标准制定。2019 年 10 月 22~24 日在上海举办的 2019 中国汽车工程学会年会暨展览会(2019 SAECCE),由 IMT-2020(5G)推进组、C-V2X 工作组、中国智能网联汽车产业创新联盟、中国汽车工程学会、上海国际汽车城共同举办的 C-V2X“四跨”互联互通应用示范活动,首次实现国内“跨芯片模组、跨终端、跨整车、跨安全平台”C-V2X 应用展示。此次活动聚集了 26 家整车厂商、28 家终端设备和协议栈厂商、10 个芯片模组、6 个安全解决方案、2 个 CA(证书授权)平台,共接待参与 C-V2X“四跨”测试体验的年会嘉宾、行业技术专家和媒体近 2000 人次。“四跨”活动有效展示了我国 C-V2X 标准协议栈的成熟度,为 C-V2X 的大规模商业化应用奠定了基础。

任务二　DSRC 技术及其应用

★任务目标

美国汽车工程师协会从汽车工业的需求出发,制定了关于 V2V 应用的标准,并将其称为 DSRC。美国、日本、欧洲等发达国家和地区均积极开展了相关的技术研究和测试验证工作。

素质目标

1. 培养团结合作的精神。
2. 树立精益求精的工作态度。
3. 培养爱国精神,增强民族自信。

知识目标

1. 明确 DSRC 技术的定义。
2. 掌握 DSRC 技术的组成。
3. 了解 DSRC 技术的应用。

能力目标

1.能描述 DSRC 技术的特点。
2.能阐述 DSRC 技术的应用场景。

★知识准备

一、DSRC 技术的定义

DSRC(Dedicated Short Range Communications,专用短程通信)技术是一种高效的短距离无线通信技术,具有传输速率高、延迟短等特点,支持点对点、点对多点的通信。相对于传统的广域移动通信系统而言,它可以实现在特定小区域内对高速运动下移动目标的识别和双向通信,例如车辆与车辆(V2V)、车辆与基础设施(V2I)的双向通信,实时可靠地传输数据、图像、音频和视频信息，将车辆和道路有机连接。

DSRC 技术基于 IEEE 802.11p 标准，目前已经非常成熟，是当前 V2X 的主流技术之一。从全球来看，DSRC 是智能交通系统（ITS）研究中的一个重要课题，被广泛地应用在不停车收费、出入控制、车队管理、信息服务等领域，我们熟知的 ETC 系统便是基于该技术研发的。

二、DSRC 技术的组成

DSRC 体系架构主要由车载单元（On-Board Unit，OBU）、路侧单元（Road-Side Unit，RSU）以及 DSRC 协议三部分组成，如图 6-5 所示。

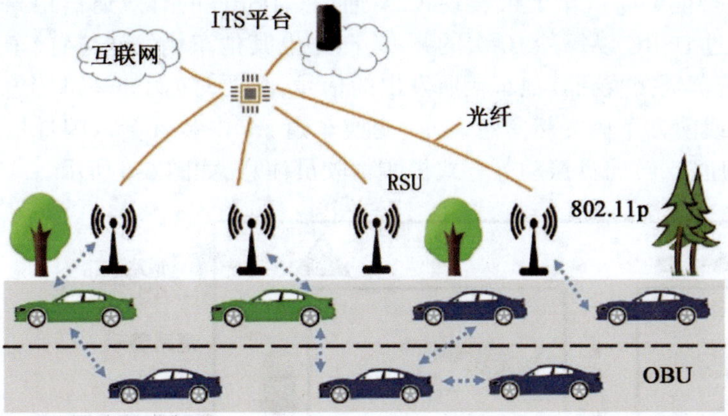

图 6-5　DSRC 体系架构

车载单元是安装或放置于车辆上的嵌入式处理单元，在整体结构中相当于移动终端。车载单元采用电子标签技术，电子标签内存储车主、车型和车辆物理参数等固定信息，根据业务的需要，还可存储其他信息，如 ETC 应用还可存储支付账户、余额交易记录和出入口编号等信息。

路侧单元是安装在道路的指定地点（如车道旁边、车道上方等）固定的通信设备。它保持着与不同车载单元的实时高效的通信，实现信息的交互，其有效的覆盖区域为 3～30 m。路侧单元的主要参数包括频率、发射功率和通信接口等。路侧单元通过有线光纤（Fiber）的方式连入互联网。V2V/V2I 的信息交换通过车载单元和路侧单元之间的通信实现，Telematics 业务通过 802.11p+RSU 回程的方式实现。可以看到，DSRC 架构中需要部署大量的路侧单元才能较好地满足业务需要，建设成本较高。

DSRC 的通信协议参照开放系统互联参考模型（OSI）通信协议的第一、二、七层架构，包括物理层、数据链路层和应用层。

物理层：提供帧传输控制服务和信道的激活/失效服务、收发定时及同步功能，并指示物理层状态。规定了 DSRC 通信系统的机械、电气、功能和过程的参数，以激活、保持和释放通信系统之间的物理连接。DSRC 物理层采用的是正交频分复用（Orthogonal Frequency Division Multiplexing，OFDM）技术。这是由于 OFDM 技术具有光谱效率高、抑制多径衰落和接收机设计简单等优点。

数据链路层:负责信息的可靠传输,提供差错和流量控制,使之对上层提供无差错的链路。它规定了通信帧的结构和封装形式,提供实现相应功能的程序和程序单元。数据链路层的主要模块是媒介访问控制子层(Medium Access Control,MAC)。在信号流的处理上,MAC 层负责传输的可靠性和实现相应的控制操作。

应用层:提供特定的应用服务,诸如实现通信初始化、释放程序、广播服务支持和远程应用相关操作等。另外,应用层还提供了支持同时多请求的功能。

三、DSRC 技术的应用

DSRC 技术在智能网联汽车上可实现 V2X 通信。DSRC 的有效通信距离为数百米,车辆通过 DSRC 以每秒 10 次的频率,向路上其他车辆发送位置、车速、方向等信息;若车辆接收到其他车辆所发出的信号,必要时(例如马路转角有其他车辆驶出,或前方车辆突然紧急刹车、变换车道)车内装置会以闪烁信号、语音提醒或是座椅、转向盘振动等方式提醒驾驶员注意,如图 6-6 所示。

DSRC与LTE-V

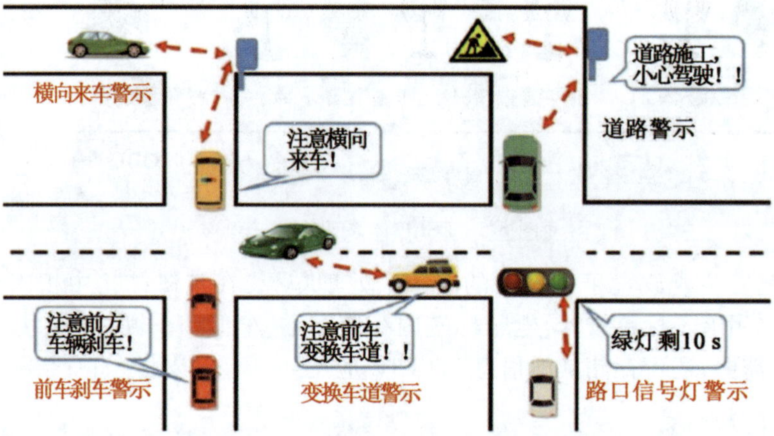

图 6-6　DSRC 技术用于 V2X 通信

目前,DSRC 的关键应用有车路通信和车车通信。

车路通信中的 DSRC 应用主要面向非安全性应用,以 ETC 系统为代表。车辆经过特定的 ETC 车道,通过 OBU 与 RSU 的通信,在不停车和收费人员不采取任何操作的情况下,能自动完成收费过程。除此之外,还可以用于电子地图的下载和交通调度等。RSU 接入后备网络后,与当地的交通信息网或互联网相连,通过 OBU 与 RSU 的通信获得电子地图和路况信息等,从而可以选择最优路线、缓解交通拥堵等。

基于车车通信的 DSRC 应用主要用于车辆的公共安全方面。将 DSRC 技术应用于交通安全领域,能够提高交通的安全系数。其作用是减少交通事故,降低直接和非直接的经济损失,以及减少地面交通网络的拥堵。当前面的车辆检测到障碍物或车祸等情况时,它将向后发送碰撞警告信息,提醒后面的车辆注意潜在的危险。

任务三　LTE-V 技术及其应用

借助通信、大数据等技术，实现智能交通是运输产业的终极梦想。基于蜂窝技术的C-V2X技术的第一阶段是LTE-V2X技术。

★任务目标

素质目标

1. 培养团结合作的精神。
2. 树立精益求精的工作态度。
3. 培养爱国精神，增强民族自信。

知识目标

1. 明确 LTE-V 技术的定义。
2. 掌握 LTE-V 技术的组成。
3. 了解 LTE-V 技术的应用。

能力目标

1.能描述 LTE-V 技术的特点。
2.能对比 LTE-V 技术与 DSRC 技术的优缺点。

★知识准备

一、LTE-V 技术的定义

LTE-V(Long Term Evolution-Vehicle)是我国具有自主知识产权的 V2X 技术，是基于TD-LTE(Time Division-Long Term Evolution，分时长期演进)的 ITS 解决方案，属于 LTE 后续演进技术的重要应用分支。LTE-V 按照全球统一规定的体系架构及其通信协议和数据交互标准，在车辆与车辆（V2V）、车辆与基础设施（V2I）、车辆与行人（V2P）之间组网，构建数据共享交互桥梁，助力实现智能化的动态信息服务、车辆安全驾驶、交通管控等，如图 6-7 所示。

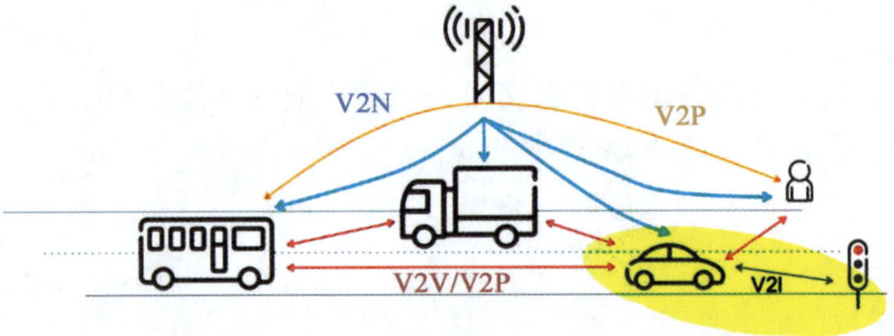

图 6-7　LTE-V 技术

二、LTE-V 技术的组成

LTE-V 系统由用户终端、路侧单元（RSU）和基站三部分组成，如图 6-8 所示。LTE-V 针对车辆应用定义了两种通信方式，即蜂窝链路式（LTE-V-Cell）和短程直通链路式（LTE-V-Direct）。其中，LTE-V-Cell 通过 Uu 接口承载传统的车联网 Telematics 业务，操作于传统的移动宽带授权频段；LTE-V-Direct 通过 PC5 接口实现 V2V、V2I 直接通信，实现车辆安全行驶。在 LTE-V-Direct 通信模式下，车辆之间的信息交互基于广播方式，可采用终端直通模式，也可经由 RSU 来进行交互，大大减少了 RSU 的数量。

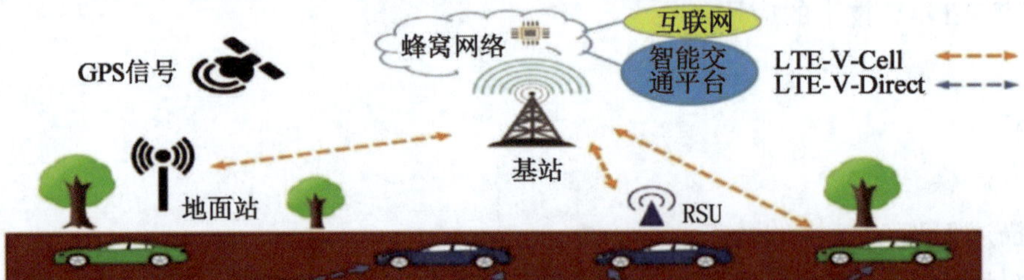

图 6-8　LTE-V 系统的组成

3GPP R14 标准中为 C-V2X 定义了两种通信接口，分别为 Uu 蜂窝通信接口和 PC5 直接通信接口，通过将两类接口结合，彼此相互支撑，共同用于 V2X 业务传输，形成有效的冗余来保障通信可靠性，对于车辆安全行驶和智能交通系统的发展都至关重要。基于 PC5 通信模式采用专用 5.9 GHz 频段实现 V2V 直接通信，具有较低时延，并可以支持较高的移动速度。基于 Uu 通信模式的 V2X 通信不仅支持传统的点对点单播通信方式，还引入了多媒体广播多播技术（Multimedia Broadcast Multicast Service，MBMS），采用蜂窝网络频段，以更高效快速地传播周边信息，如前方路况、紧急交通事故等，并且支持 Uu 接口上有效的信息共享、半静态调度增强以支持低时延等。基于 PC5 和 Uu 接口的 C-V2X 通信架构如图 6-9 所示。

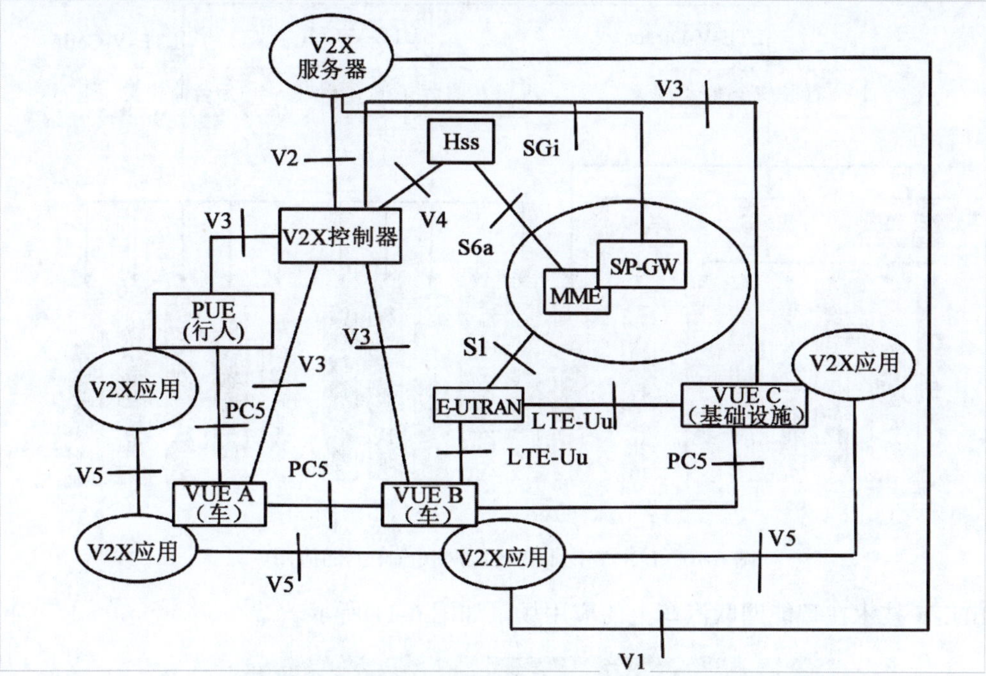

图 6-9　基于 PC5 和 Uu 接口的 C-V2X 通信架构

图中：

V1：V2X 应用服务器与 V2X 应用之间的接口。

V2：运营商网络的 V2X 控制功能单元与 V2X 应用之间的接口。

V3：运营商网络的 V2X 控制功能单元与支持 V2X 业务的终端间的接口。

V4：运营商网络的 V2X 控制功能单元与 HSS 间的接口。

V5：V2X 应用间的接口。

PC5：用户之间进行直接通信的接口。

Uu：用户与 E-UTRAN 间的接口。

S6a：小区选择过程或 HSS 信息变化时，MME 更新 V2X 订阅的接口。

三、LTE-V 技术的应用

LTE-V技术应用

LTE-V 技术能够满足智能交通多样化的应用需求，结合蜂窝和直通技术，全面支持智能网联汽车的行驶安全、信息娱乐、后台监控等多种业务，如图 6-10 所示。

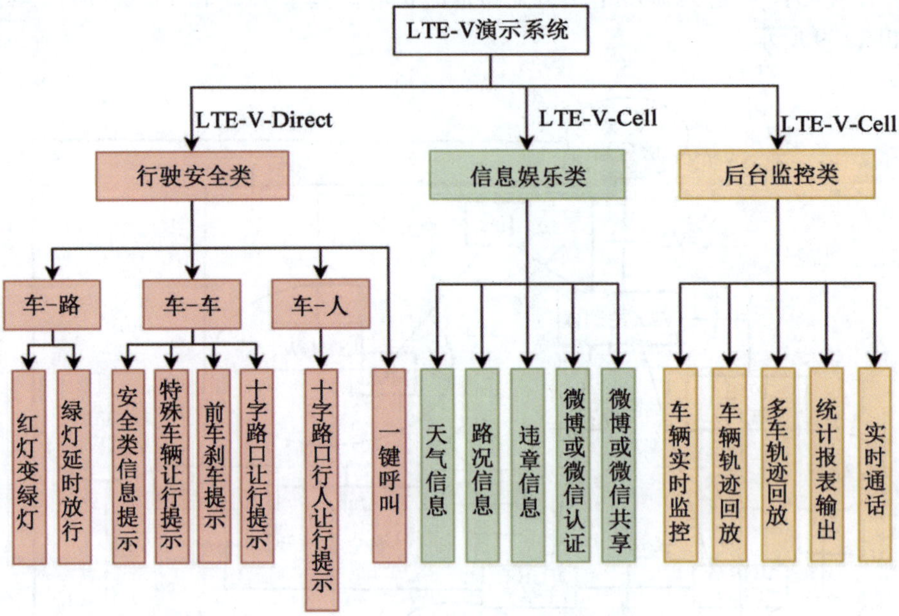

图 6-10　LET-V 技术在智能网联汽车上的应用

LTE-V 技术在智能网联汽车上的应用场景如图 6-11 所示。

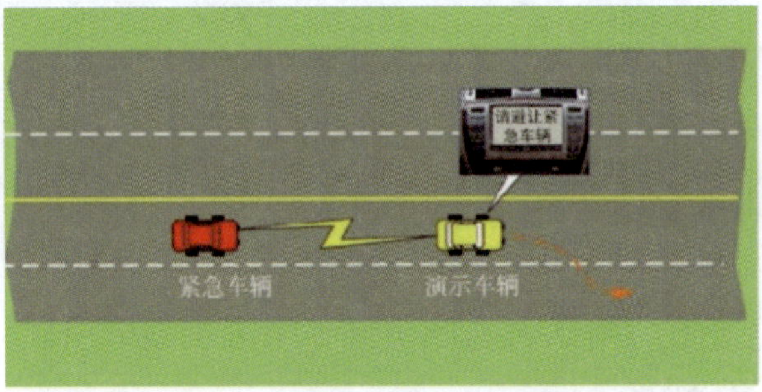

（a）基于车–车通信的紧急车辆接近警示

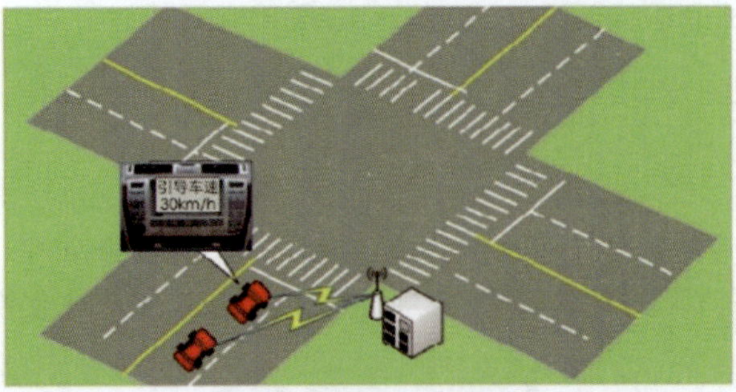

（b）基于交叉口交通信息的车辆安全通行

（c）基于车路协同的车辆引导控制

图 6-11　LTE-V 技术在智能网联汽车上的应用场景

四、LTE-V 技术与 DSRC 技术的差别

LTE-V 是基于 LTE 的智能网联汽车协议，由 3GPP 主导制定规范，主要参与厂商包括华为、大唐电信、LG 等；DSRC 主要基于 IEEE 802.11p 和 IEEE 1609 系列标准制定，是一种专门用于 V2V 和 V2I 之间的通信标准，主要由美国、日本主导。

蜂窝车联网系列技术与 DSRC 技术对比如表 6-2 所示。LTE-V 技术与 DSRC 技术优劣势比较如表 6-3 所示。相比基于 802.11p 的 DSRC，由华为、高通、大唐等提出的 LTE-V 优势明显：①可复用蜂窝网络，部署成本低；②覆盖广，网络运营盈利模式清晰；③全球通用标准，单一 LTE 晶片组，大幅降低了模块、芯片成本；④5G 持续演进。虽然目前没有国家政策明确我国的 V2X 将选择哪种技术，但业界普遍认为 LTE-V 将成为国内 V2X 通信标准。

表 6-2　蜂窝车联网系列技术与 DSRC 技术对比

特性	DSRC	LTE	LTE-V	5G
可获得性	无限制	有网络覆盖	无限制	有网络覆盖
覆盖	小（典型值 100 m）	大（宏小区覆盖）	V2V/V2I 取决于功率和工作频段	大（低频覆盖）
吞吐量	小：千字节	百兆级	小：千字节	用户体验速率：1 Gbit/s
时延	<50 ms	单播：<100 ms 多播：>100 ms	<100 ms 极端情况：<20 ms	eMBB：4 ms URLLC：1 ms
连接密度	<100	10 万/cell	V2V 与 DSRC 相当	不小于 LTE
可靠性	工作在非授权频谱，有干扰	高	Mode3：与 LTE 相同 Mode4：与 DSRC 类似	极高：99.999%

续表

特性	DSRC	LTE	LTE-V	5G
适合的业务类型	安全、交通效率	交通效率、信息娱乐	安全、交通效率	安全、交通效率、信息娱乐等
标准成熟度	标准已经发布	标准已经发布	2017 年 3 月发布 V2X 第一版	2018 年 6 月发布 5G 标准第一版

表 6-3 LTE-V 与 DSRC 技术优劣势比较

特点	LTE-V 技术	DSRC 技术
优势	(1)采用蜂窝技术,可管控 (2)充分利用基础设施,V2I 实施有优势 (3)移动性好,安全性高 (4)可平滑演进至 5G (5)电信产业(系统、芯片和运营商)支持	(1)成熟度高,NXP 等芯片商和大量汽车厂商已经接近 (2)可提高商用产品 (3)美国交通部大力推进,可能在美国强制安装 (4)V2V 应用场景较为成熟
劣势	(1)尚未成熟 (2)跨部门协调难度大	(1)CSMA/CA 机制存在隐藏节点、数据竞争碰撞问题 (2)5.9 GHz 频段穿透性、传输距离受限,且由于干扰原因,在我国商用可能受阻 (3)后续演进路线不明 (4)V2I 场景技术实施难度大

任务四 ZigBee 与 Wi-Fi 技术及其应用

在实现物联网的短距无线通信技术里面,ZigBee 技术和 Wi-Fi 技术是目前应用广泛的两种短距无线通信技术。可以说,我们的生活已经离不开 ZigBee 技术和 Wi-Fi 技术。

★任务目标

素质目标

1. 培养团结合作的精神。

2. 树立精益求精的工作态度。

3. 培养爱国精神，增强民族自信。

知识目标

1. 明确 ZigBee 与 Wi-Fi 技术的定义。
2. 掌握 ZigBee 与 Wi-Fi 技术的组成。
3. 了解 ZigBee 与 Wi-Fi 技术的应用。

能力目标

1.能描述 ZigBee 与 Wi-Fi 技术的特点

2.能阐述 ZigBee 与 Wi-Fi 技术的未来发展趋势。

★知识准备

一、ZigBee 与 Wi-Fi 技术的定义

ZigBee技术

1. ZigBee 技术的定义

ZigBee 技术是一种短距离双向无线通信技术，主要用于距离短、功耗低且传输速率不高的各种电子设备之间进行数据传输以及典型的有周期性数据、间歇性数据和低反应时间数据传输的应用。ZigBee 是以 IEEE 802. 15. 4 标准为基础发展起来的。2000 年 12 月，成立工作小组起草 IEEE 802. 15. 4 标准。为了促进 ZigBee 技术的发展，2001 年 8 月，成立 ZigBee 联盟来研发和推广 ZigBee 无线通信技术，目前该联盟已经有 400 多家成员。

ZigBee 可工作在 2. 4 GHz（全球流行）、868 MHz（欧洲流行）和 915 MHz（美国流行）3 个频段上，分别具有最高 250 kbit/s、20 kbit/s 和 40 kbit/s 的传输速率；不同频段可使用的信道分别为 16 个、1 个和 10 个；它的传输距离一般在 10~100 m 的范围内。除了安全灵活，网络容量多达 65000 个设备以外，ZigBee 最大的优势在于成本低和使用功耗低，在低功耗待机模式下，两节普通 5 号电池可使用 6~24 个月；此外其延时极短，典型搜索设备时延为 30 ms，安全性高。ZigBee 提供了数据完整性检查和鉴权功能，采用 AES-128 加密算法，各个应用可灵活确定其安全属性。

2. Wi-Fi 技术的定义

Wi-Fi 是以 IEEE 802. 11 标准为基础发展起来的短距离无线通信技术，是由接入点（Access Point，AP）和无线网卡组成的无线局域网络。随着技术的发展以及 IEEE 802. 11a、IEEE 802. 11g、IEEE 802. 11n 等标准的出现，现在 IEEE 802. 11 这个标准已统称为 Wi-Fi 技术。目前，国内平均每天 Wi-Fi 联网请求用户数超过 1 亿，Wi-Fi 已经成为人

们生活中必不可少的工具。

IEEE 802.11 有各种不同的版本，版本不同，所对应的 Wi-Fi 特性也有差别。例如，802.11g 工作在 2.4 GHz 频段，所支持的最大传输速率为 54 Mbit/s；802.11n 工作在 2.4 GHz 或 5.0 GHz 频段，最大传输速率为 600 Mbit/s。

Wi-Fi 技术作为高速有线接入技术的补充，具有可移动性、价格低廉的优点，还被广泛应用于有线接入需要无线延伸的领域。Wi-Fi 技术也是蜂窝移动通信的补充。蜂窝移动通信可以提供广覆盖、高移动性和中低等数据传输速率，它可以利用 Wi-Fi 高速数据传输的特点弥补自己数据传输速率受限的不足；Wi-Fi 不仅可以利用蜂窝移动通信网络完善鉴权和计费机制，而且可结合蜂窝移动通信网络广覆盖的特点进行多接入切换功能，这样就可实现 Wi-Fi 与蜂窝移动通信的融合。

二、ZigBee 与 Wi-Fi 技术的组成

1. ZigBee 技术的组成

ZigBee 协议从下到上分别为物理层（PHY）、媒体访问控制层（MAC）、传输层（TL）、网络层（NWK）、应用层（APL）等。其中物理层和媒体访问控制层遵循 IEEE 802.15.4 标准的规定。ZigBee 的物理层采用直接序列展频（Direct Sequence Spread Spectrum, DSSS）技术，媒体存取控制层沿用无线局域网（Wireless Local Area Network, WLAN）中 802.11 系列标准的 CSMA/CA 方式，以提高系统兼容性，从而适用于近距离无线连接。

ZigBee 支持三种网络拓扑结构，即星形网、对等网和混合网，如图 6-12 所示。

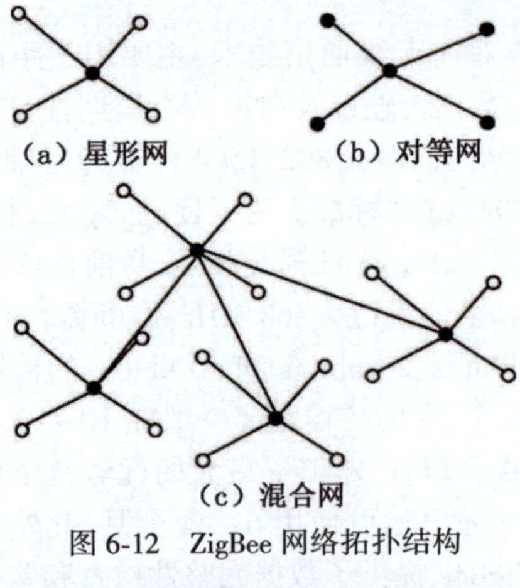
(a) 星形网　(b) 对等网

(c) 混合网

图 6-12　ZigBee 网络拓扑结构

在 ZigBee 网络中存在三种逻辑设备类型——协调器、路由器和终端设备。ZigBee 网络由一个协调器以及多个路由器和多个终端设备组成，如图 6-13 所示。

(1) 协调器：协调器的主要功能是负责整个网络的初始配置和启动。协调器首先需要选择一个信道和一个网络 ID（也称 PAN ID），然后再开始启动整个网络。协调器也可以协助网络中安全层和应用层的工作。一旦这些都完成后，它的角色就转化成一个路由器。

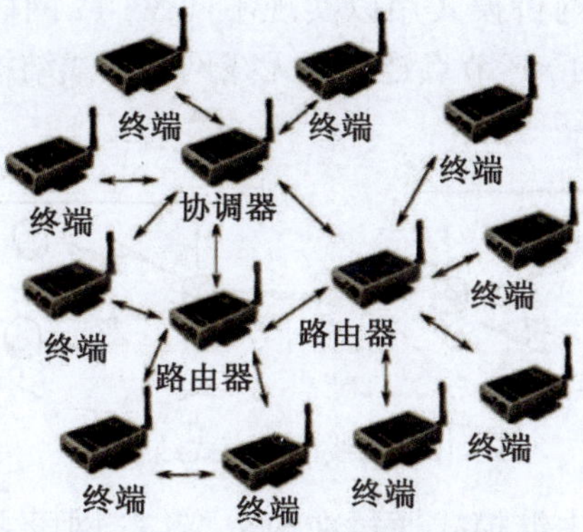

图 6-13 ZigBee 网络示意图

(2)路由器:路由器的功能主要是允许终端设备以节点的身份加入网络,实现多跳路由和协助终端设备的通信。

(3)终端设备:终端设备没有特定的维持网络结构的责任,它可以睡眠或者唤醒,因此它可以是一个电池供电设备。通常,终端设备对存储空间的需要比较小。

2. Wi-Fi 技术的组成

IEEE 802.11 体系由很多部分组成,这些组成部分通过相互作用来提供无线局域网服务,并向上层支持站点的移动性。这些基本的组成部分有站点(ST)、基本服务单元(BSS)、分布式系统(DS)、接入点(AP)、扩展服务单元(ESS)等。

站点是网络最基础的组成单位,可以是 PC 或 PDA 等手持通信设备;基本服务单元是 802.11 标准规定的无线局域网的最小组成单元;分布式系统用于连接不同的 BSS;接入点是 BSS 里面的基站,其作用和网桥相似;扩展服务单元由分布式系统和基本服务单元组合而成。

IEEE 802.11 标准定义的基本操作模式有基础设施(Infrastructure)模式、无线网桥模式、无线中继模式和自组织网络模式等。

(1)基础设施模式:基础设施模式是基于分布式系统的一种无线操作模式,其中 DS 可以是有线局域网或者接入点之间无线通信。该模式由一个或多个 AP 以及与之通信的一系列 ST 组成。基础设施模式结构如图 6-14 所示。这种模式使无线网络可以接入到 DS 中,为 ST 提供访问文件服务器和互联网等的连接。每个 AP 节点和附属于它的 ST 节点共同组成一个 BSS。在每个 BSS 范围内的所有通信都使用相同的无线频率。

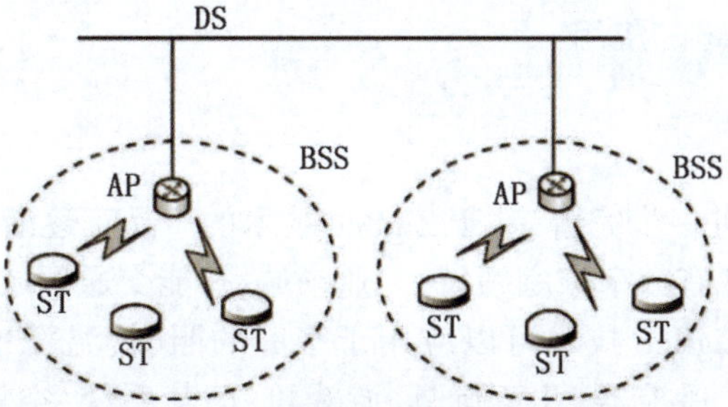

图 6-14 基础设施模式结构

(2)无线网桥模式:无线网桥模式用以实现不同 Wi-Fi 网段之间的互相通信。实现方式是将两个 Wi-Fi 网段中的 AP 节点连接。无线网桥模式结构如图 6-15 所示。

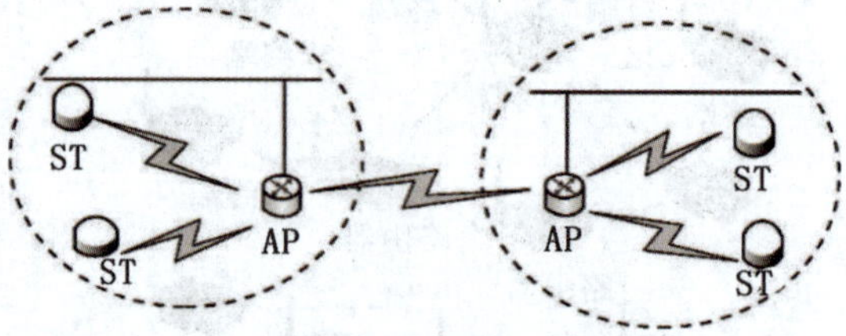

图 6-15　无线网桥模式结构

(3)无线中继模式:无线中继模式通过在两个 Wi-Fi 网段之间加入一个无线中继器实现,这种模式可以延伸系统的覆盖范围。无线中继模式结构如图 6-16 所示。

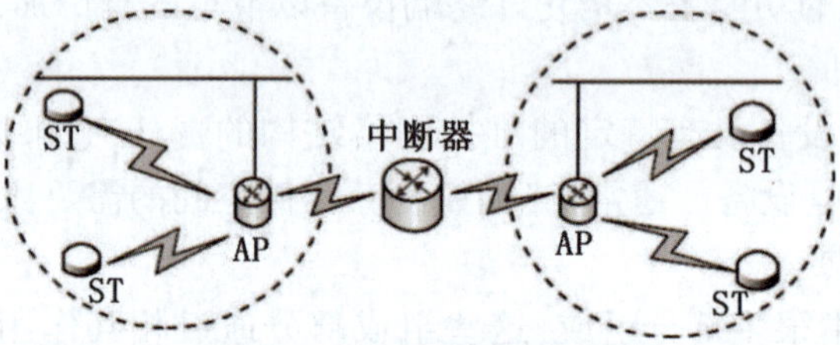

图 6-16　无线中继模式结构

(4)自组织网络模式:自组织网络模式由一组客户端节点组成独立的 BSS,模式结构如图 6-17 所示。该模式不需要任何的原有基础设施的支持就可以实现 BSS 覆盖范围内的各个站点之间的通信。

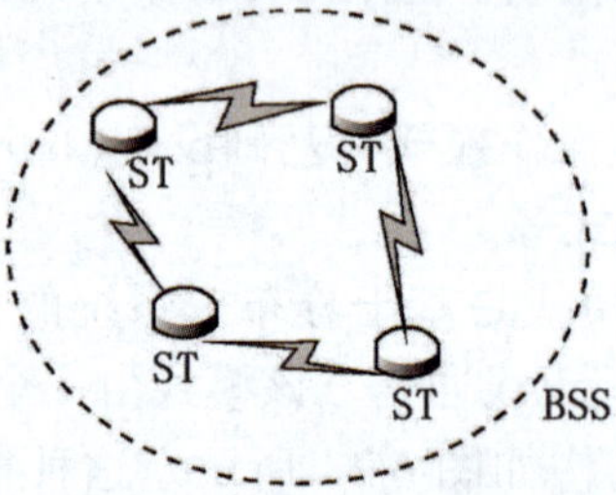

图 6-17　自组织网络模式结构

三、ZigBee 与 Wi-Fi 技术的应用

1. ZigBee 技术的应用

随着 ZigBee 技术的进一步完善,基于 ZigBee 技术的产品正逐渐被开发。采用 ZigBee 技术的无线网络应用领域有数字家庭领域、工业领域、智能交通领域等。

(1)数字家庭领域:ZigBee 技术可以应用于家庭的照明、温度、安全控制等。ZigBee 模块可安装于电视、灯具、遥控器、儿童玩具、游戏机、门禁系统、空调系统和其他家电产品等,例如在灯具中装置 ZigBee 模块,人们要开灯时,就不需要走到墙壁开关处,直接通过遥控便可开灯。当打开电视机时,灯光会自动减弱;当电话铃响起时或拿起话机准备打电话时,电视机会自动静音。通过 ZigBee 终端设备可以收集家庭各种信息,传送到中央控制设备,或是通过遥控达到远程控制的目的,实现家居生活自动化、网络化与智能化。

(2)工业领域:通过 ZigBee 网络自动收集各种信息,并将信息回馈到系统进行数据处理与分析,以便掌握工厂整体信息。例如火警的感测和报警、照明系统的感测、生产机台的流程控制等,都可由 ZigBee 网络提供相关信息,以达到工业与环境控制的目的。基于 ZigBee 技术的自动抄表系统,无须手动读取电表、天然气表及水表。

(3)智能交通领域:如果沿着街道、高速公路及其他地方分布式地装有大量 ZigBee 终端设备,人们就不再担心会迷路。安装在汽车里的器件将告诉你,你当前所处位置,正向何处去。GPS 也能提供类似服务,但是这种新的分布式系统能够提供更精确、更具体的信息。即使在 GPS 覆盖不到的地方,仍能继续使用此系统。通过 ZigBee 无线网络系统能够得到比 GPS 多很多的信息,如限速、道路是单行线还是双行线、前面每条道路的交通情况或事故信息等。基于 ZigBee 技术的系统还可以开发出许多其他功能,如在不同街道根据交通流量动态调节红绿灯、追踪超速的汽车或被盗的汽车等。

ZigBee 技术可以被用于汽车传感网络,如已经发展得很成熟的胎压监测系统。胎压监测系统由轮胎压力传感器、微控制单元、射频收发器和主机接收器组成。安装在轮胎里的传感器采集轮胎内部温度和压力信息,并将其转换为电信号,通过相应数据处理后,由射频收发器将信号帧发送给位于驾驶舱内的主机接收器,驾驶员即可了解各个轮胎内部的温度、压力情况。当轮胎内部的压力、温度超出相应阈值时,主机接收器就会通过相应报警装置提醒驾驶员采取相应的措施,使得胎压保持在正常的运行状态,从而保证车辆行驶的安全性。同其他无线技术相比,ZigBee 技术耗能更少、成本更低、传输信号稳定可靠,非常适合用于胎压监测系统,而且由于 ZigBee 设备的地址是全球唯一的,所以能使监控报警端快速识别出工作异常的轮胎,而不会在车辆与车辆之间造成信号干扰。

ZigBee 技术可以用于智能网联汽车。根据智能网联汽车的需要与人们的需求,可以在车内加入多种传感器,如酒精探测器、加速度传感器等,用来采集用户所需信息,再用基于 ZigBee 协议的无线模块作为节点,进行数据的处理,并向后台及周围车辆进行数据传输。

2. Wi-Fi 技术的应用

由于 Wi-Fi 的频段在世界范围内是无须任何电信运营执照的,因此,无线局域网提供了一个世界范围内可以使用的、费用极其低廉且数据带宽极高的无线空中接口。用户可以在 Wi-Fi 覆盖区域内快速浏览网页、随时随地接听或拨打电话、收发电子邮件、下载音乐、传递数码照片等。Wi-Fi 在掌上设备的应用越来越广泛,如智能手机。Wi-Fi 手机与早前应用于手机上的蓝牙技术不同,Wi-Fi 具有更大的覆盖范围和更高的传输速率。如今 Wi-Fi 的覆盖范围在国内越来越广泛,宾馆、商场、飞机场、车站以及咖啡厅等都有 Wi-Fi 接口。厂商在人员较密集的地方设置“热点”,并通过高速线路将因特网接入这些场所。由于“热点”所发射出的电波可以达到距接入点半径数十米至数百米的地方,用户只要将支持 Wi-Fi 的笔记本电脑、PDA、智能手机等拿到该区域内,即可高速接入因特网。

Wi-Fi 技术凭借其低成本、低功耗、灵活、可靠等优势在物联网产业中发挥着重要作用。Wi-Fi 技术在物联网中广泛应用于电力监控、油田监测、环境监测、气象监测、水利监测、热网监测、电表监测、机房监控、供水监控等。

采用 Wi-Fi 互联技术的车载影音系统，可以直接与手机相连，实现手机与车载影音系统的同步互联操作，除了具备传统的视频播放、车载导航功能之外，还可以实现同屏传送、收发邮件、网络登录、网络下载等移动互联功能。基于 Wi-Fi 互联技术的车载影音系统具有以下功能：①Wi-Fi 双屏互动功能，可将手机屏幕显示内容传送到车载影音屏幕上；②支持导航功能；③Wi-Fi 上网、蓝牙通信；④支持耳机模式和外部功放模式；⑤支持标清视频播放。

汽车制造商可以把汽车变成带有 Wi-Fi 功能的系统，连接车载仪表设备与各种通信设备，让整辆车就好比一个可以移动的 Wi-Fi 热点。在 802.11ac 标准的基础上集成 5G Wi-Fi 技术，将能够让驾驶员与乘客通过畅通的 5 GHz 信道把移动设备中的内容同步并传输到车辆的信息娱乐系统以及后座显示屏上。

对于智能网联汽车，驾驶员可以使用移动设备远程查看其车辆位置、轮胎气压、油量与里程等，同样也可以在同一移动设备上接收关于车辆性能与诊断的预警信息。此外，车载 Wi-Fi 技术还可以搭建移动热点，在不依赖蜂窝设备且移动的状态下实现与网络的连接。Wi-Fi 同样有望在 V2X 通信和实现无人驾驶的过程中发挥关键作用。在支持千兆及以上速率的相关标准不断发展的情况下，Wi-Fi 的优势更加明显。

任务五　5G-V2X 技术及其应用

基于蜂窝技术的 C-V2X 技术的第二阶段是 5G-V2X 技术。通过 5G 与车联网的融合，会将车辆的单体智能与交通、人、车辆实现有效的连接，从而减少交通事故，缓解交通拥堵，提高出行体验。

★任务目标

素质目标

1. 培养团结合作的精神。
2. 树立精益求精的工作态度。
3. 培养爱国精神，增强民族自信。

知识目标

1. 明确 5G-V2X 技术的定义。
2. 掌握 5G-V2X 技术的组成。
3. 了解 5G-V2X 技术的应用。

能力目标

1.能描述 5G-V2X 技术的特点。
2.能阐述 5G-V2X 技术的未来发展趋势。

★知识准备

V2X

一、5G-V2X 技术的定义

5G(Fifth Generation Communication System,第五代移动通信)是对现有无线接入技术(包括 3G、4G 和 Wi-Fi)的技术演进,以及一些新增的补充性无线接入技术集成后解决方案的总称。根据国际电信联盟(ITU)对 5G 的定义,5G 网络是能提供20 Gbit/s速率,时延 1 ms,每平方千米 100 万连接,网络稳定性 99.999%的下一代蜂窝无线通信网络。5G 具有低时延、高可靠、大容量的特点,可为 C-V2X 通信提供强大支撑。与传统 4G 仅强调峰值速率的情况有所不同,5G 有着更高的性能要求,在峰值速率、时延、用户体验速率、同时支持的连接数等方面都提出了明确的技术指标,强调在不同的通信场景下为用户提供个性化服务,并且需要多样化的技术来解决这些问题。移动通信技术发展历程如图 6-18 所示。

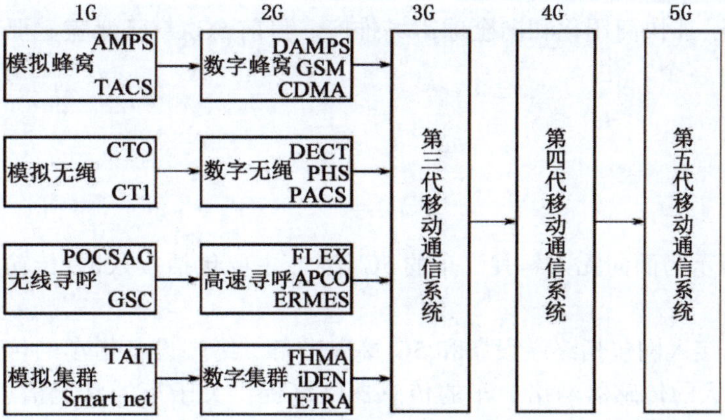

图 6-18　移动通信技术发展历程

5G 网络将融合多类现有或未来的无线接入传输技术和功能网络,包括传统蜂窝网络、大规模多天线网络、认知无线网络、无线局域网、无线传感器网络、小型基站、可见光通信和设备直连通信等，并通过统一的核心网络进行管控，以提供超高速率和超低时延的用户体验及多场景的一致无缝服务。5G 将是一个万物互联的时代，其愿景如图 6-19 所示。

图 6-19　5G 的愿景

以 5G 为代表的新一代信息通信技术为 V2X 提供了超低时延、超高可靠性、超大宽带的无线通信保障。借助于人、车、路、云的全方位连接和信息交互处理，5G 时代下车联网不仅可以方便用户在出行过程中体验到娱乐导航、共享出行等个性服务，更重要的是将为用户行驶安全、出行效率以及未来的高度自动驾驶服务提供支持。华为、奥迪、宝马、戴姆勒、沃达丰、爱立信、英特尔、诺基亚与高通于 2016 年 9 月 28 日宣布结成了 5G 汽车联盟(5GAA)。各公司将在车联网通信解决方案的开发、测试、促进销售方面展开合作，并支持标准化，加快商用化和向全球市场推广。目前 5GAA 已涵盖主要车企、运营商与设备商成员 40 多个。

二、5G-V2X 技术的组成

如图 6-20 所示为面向无人驾驶汽车的 5G 架构，主要包括接入网、传输网、核心网和应用层。

(1)接入网：接入网包括终端设备和 5G 接入设备。终端设备指车的传感器网络、路的传感器网络和人的传感器网络。车的传感器网络提供关于车的状况信息和车外环境状况，可以用来增强安全和作为安全驾驶的信息；路的传感器网络用于感知和传递路的状况信息；人的传感器网络用来感知交通行人周围环境的状况。接入设备主要负责对终端设备感知信息的无线发送和接收、空口无线资源管理、接入网侧移动性管理和空口通信的安全等。

(2)传输网:传输网为车与车(V2V)、车与路(V2I)、车与网(V2N)、车与人(V2P)等的信息传输提供传输通道,在功能和性能上保障实时性、可服务性。

(3)核心网:核心网是提供自动驾驶业务的网络,包括移动管理实体(MME)、归属用户服务器(HSS)和网关(X-GW)以及V2X(代表V2V和V2P等)控制功能。

(4)应用层:自动驾驶云平台支持自动驾驶应用服务与大数据处理,用于分析计算路况、大规模车辆路径规划、智能交通调度等,实现对车辆数据的存储分发、维护、信息融合和中央决策、下发决策结果,负责应用服务器功能,单播与多播模式的选择以及业务分发功能。

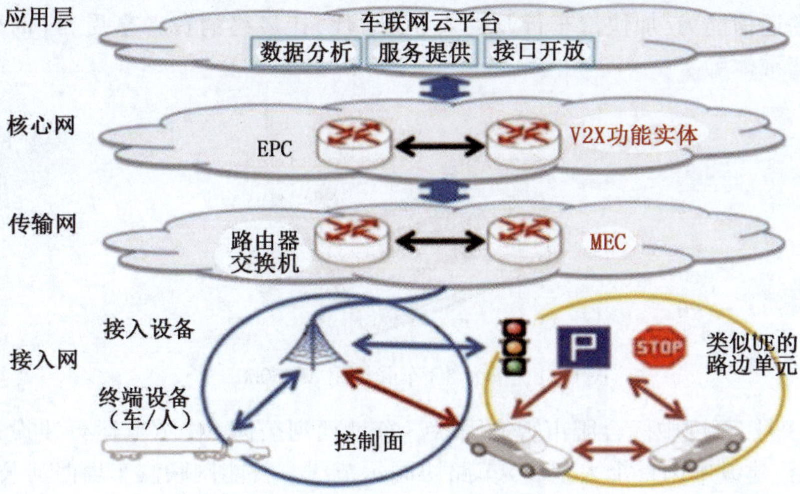

图 6-20　面向无人驾驶汽车的5G架构

三、5G-V2X技术的应用

5G技术不仅带来更快的传输速率和更高的网络带宽,也将带来超高可靠性和低延迟,并实现大规模机器间的相互通信。无人驾驶汽车的大量应用将彻底改变城市交通管理的方式,城市将通过智能交通系统来实现最高效率的车流调度,最大限度地利用交通潜力。这就需要建立庞大的网络连接,而4G网络无法满足无人驾驶对海量数据的传输需求,5G网络有望解决这个问题。5G能够实现延迟低于1 ms,峰值传输速率高达10 Gbit/s。超低延迟和大数据文件的高速传输让5G能够实时地获取与周围环境的信息,支持V2X的应用,例如汽车可使用基于云端的人工智能和数据,并且与路上其他汽车和包括路灯在内的交通基础设施进行通信。因此,5G技术将在无人驾驶汽车领域释放强大的潜力,必将推动无人驾驶汽车技术的快速发展。

虽然5G的大规模商用还需要时间,很多智慧城市的应用和场景还需要时间才能落地;但汽车行业却早已认识到以5G为基础的协作式的智慧交通对行车安全带来的巨大价值,已经开始利用5G-V2X技术进行相关的探索。

2017年2月,在世界移动通信大会召开之前,华为和德国航天中心(DLR)在慕尼黑共同测试了 5G 自动驾驶，结果显示，5G-V2X 技术的超低时延、超高可靠性连接可以避免车辆之间发生碰撞。

2017 年 6 月，中国移动、上海汽车和华为共同首次展示了 5G 远控驾驶。上汽集团的智能概念车 iGS 搭载了华为 5G 解决方案。在 5G 超低时延（小于 10 ms）的支持下，转向、加速和制动等实时控制信号得到了保障。

在 2019 年世界新能源汽车大会上，华为 5G-V2X 车载通信技术成功当选全球新能源汽车八大创新技术之一。基于该技术，华为研发出全球首款 5G 车载模组 MH5000（见图 6-21）。该模组不仅让车载终端具备高速率、低延时的 5G 移动通信能力，还可以同时具备车路协同的通信能力，加快汽车行业进入 5G 时代，让最终消费者享受 5G 时代的高速连接服务和驾乘体验。

5G

图 6-21　华为 5G 车载模组 MH5000

2020 年 3 月，百度中标合肥市智能网联汽车塘西河公园 5G 示范运行线设计采购施工一体化项目，建设中国首个大型 5G 车路协同示范线。智能网联汽车塘西河公园 5G 示范运行线位于合肥市包河区滨湖新区（见图 6-22），主要包含 5G 多场景应用、路测感知设备、云控中心、路边交通设施升级改造、展示厅等。项目建成后，将首期投入江淮、安凯、大众等厂家的测试车辆进行车路协同测试。该项目将进一步聚集科技、汽车行业的相关顶级企业落地，形成良好的智能网联汽车发展生态链，有效促进地区经济发展。

图 6-22　智能网联汽车塘西河公园 5G 示范运行线

2020 年 4 月，在发布全球首款 5G 车载模块一周年之际，华为宣布携手一汽集团（一汽红旗、一汽奔腾、一汽解放）、长安汽车、东风集团（东风乘用车、东风小康）、上汽集团

(上汽乘用车、上汽通用五菱)、广汽集团(广汽新能源)、北汽集团(北汽新能源)、比亚迪、长城汽车、奇瑞控股、江淮汽车、宇通(客车)、赛力斯、南京依维柯、T3 出行等首批 18 家车企(排名不分先后),共同建设 5G 汽车生态圈,启动 5G 技术在汽车产业的应用创新,加速 5G 技术在汽车行业的应用,助力车企打造消费者感知的 5G 汽车。据预测,到 2025 年,5G 连接的汽车将达到 5030 万辆。

5G 有可能成为统一的连接技术,满足未来共享汽车、远程操作、自动和协作驾驶等连接要求。5G-V2X 阶段是指基于 5G NR 的技术研究阶段,从 3GPP R16 版本开始,用于支持 V2X 的高级业务场景,于 2018 年 6 月启动研究,将与 LTE-V2X/LTE-eV2X 形成互补关系。5G-V2X 与 LTE-V2X 在业务能力上体现了差异化,在 5G-V2X 支持更先进业务能力的同时,也结合 LTE 能力,考虑对 LTE-V2X 增强。目前 5G-V2X 正处于业务场景和需求确定阶段。3GPP 的需求组(SA1)已经基本完成 5G-V2X 的业务场景及需求的讨论,并在技术报告 TR 22.886 中将 25 个 5G-V2X 业务场景分成了四组,具体包括:

①车辆编队(Vehicles Platooning):车辆编队使车辆动态形成编队一起行驶。编队中的所有车辆从编队头车获取信息来管理这个编队,这些管理信息使车辆能够以比正常行驶更接近(编队车辆之间间隔仅 2~5 m)、更协调的方式同向行驶。

②传感器扩展(Extended Sensors):扩展传感器可以使车辆之间、车和路边单元之间、车和行人之间以及车和 V2X 服务器之间交互本地传感器信息和实时视频图像信息等,车辆可以获得额外的环境感知能力,更全面地了解周边环境。

③先进驾驶(Advanced Driving):先进驾驶用于支持半自动或全自动驾驶。每个车辆把通过自身传感器获得的感知数据以及自身的驾驶意图分享给周围车辆,从而支持多个车辆之间同步和协调其行驶轨迹。

④远程驾驶(Remote Driving):远程驾驶使远程司机或车联网应用服务器遥控车辆的行驶,适用于乘客不能自己驾车或远程车辆处于危险环境中等特殊场景。高可靠性和低延迟通信是远程驾驶的主要要求。

★拓展视窗

美国放弃本国企业支持的技术标准,转而支持中国车联网 C-V2X 标准

是的,你没有看错。这是美国少有地放弃本国企业支持的技术标准,转而支持由中国企业领导的技术标准。这项技术就是 C-V2X(蜂窝车联网)技术。

2020 年 11 月 18 日,美国联邦通信委员会(FCC)正式决定放弃美国主导的 DSRC 技术,并且将原本留给 DSRC 的 5.895~5.925 GHz 频段划分给 C-V2X 使用。这一消息对研究 DSRC 技术长达 20 年的美国从业者来说,是一个沉重的打击。

时任美国联邦通信委员会主席阿基特·帕伊(Ajit Pai)在宣布这一消息时,毫不掩饰其对 DSRC 的失望与讽刺。他在发言中提到:"基于 DSRC 的服务发展得如此之慢,根本没有有效地提升车辆的安全。举例来说,全美国一共只运行了 57 个 DSRC 项目,包括 6000 多个 DSRC 路侧单元和 15000 多辆搭载了 DSRC 车载设备的车辆。相比之下,全美有 2.74 亿辆注册车辆,在 FCC 划分这段频段给 DSRC 20 年后,仍然有 99.9943%的注册车辆没有搭载 DSRC。"

简单点来说,就是 DSRC 技术发展了 20 年,结果毫无进展,至今装车数量不到十万分之五,美国政府很失望。

在上一个汽车工业时代,欧、美、日掌握了全球最先进的汽车制造技术和工艺。但是,到了智能电气化时代,中国抓住了机会,正在实现弯道超车!目前中国在智能汽车领域的研发投入全球第一,美国只排到第八名,难怪拜登在 2021 年 5 月参观福特工厂时,一再呼吁美国企业快点行动。

事实上,在智能汽车领域,中国已经走在世界前列,中国人现在一定要有自信!美国之所以放弃自己研发的 V2X 技术(DSRC 车联网标准),归根结底,就是因为"技术落后"!美国自己也意识到,如果他们死守一个落后的技术标准,最终将会更加落后。不可否认的是,中国 C-V2X 技术标准已经成为事实上的全球车联网标准。

根据 5GAA 白皮书里发布的测试报告,经过在实验室和外场的实验对比,C-V2X 在很多方面的性能,都要优于 DSRC。你可以把中国主导的 C-V2X 技术简单理解成我们手机的 5G 通信,把 DSRC 简单理解成家里用的 Wi-Fi。

DSRC 技术的特点是:信号覆盖范围小,通常只有几十米,高速移动状态下信号的可靠性差、时延抖动大。所以 DSRC 技术多用在静态或者低速使用场景,比如我们现在普遍在用的高速公路 ETC 收费、停车场自动缴费等等,用的都是 DSRC 技术。

而 C-V2X 技术的特点是:通信距离远、移动性好、非视距下性能更好、可靠性更高、网络带宽大、数据拥塞控制得更好,相比 DSRC,在系统容量、覆盖范围、网络稳定性等方面有明显优势。

如今,中国 C-V2X 技术标准已经成为事实上的全球车联网标准,必将再次引领一场自动驾驶与智慧道路相关的技术大变革!

回首过去,我们必须牢记,落后就要挨打,发展才能自强。审视现在,我们必须牢记,道路决定命运,找到一条正确的道路多么不容易,我们必须坚定不移地走下去。展望未来,我们必须牢记,要把蓝图变为现实,还有很长的路要走,需要我们付出长期艰苦的努力。

★学习小结

本项目主要讲解无线通信的定义与分类,以及 DSRC、LTE-V、ZigBee、Wi-Fi 和 5G-V2X 技术和相关应用。通过学习,学习者应明确无线通信、DSRC、LTE-V、ZigBee、Wi-Fi 和 5G-V2X 技术的定义,掌握无线通信、DSRC、LTE-V、ZigBee、Wi-Fi 和 5G-V2X 技术的组成,了解相关应用场景及相关技术标准,对智能网联汽车的无线通信技术及其应用有较全面的认识。

★任务工单

实训工单六　智能网联汽车的无线通信技术

任务名称		实训日期	
学生姓名		班级学号	
小组成员		组长姓名	

实训目标：

1. 能够依据接待要求，结合客户的需求，独立完成接待准备工作。
2. 能够结合客户的故障现象，根据维修手册初步判断无线通信系统是否存在故障。
3. 能够根据故障现象及客户的咨询信息，依据维修手册及操作规范标准，制订车辆的初步维修方案。
4. 能够根据无线通信系统检测要求，结合客户车辆配置情况，使用专用设备工具及维修软件完成系统的检测工作。
5. 能够依据检测数据的分析结果，结合无线通信系统的工作原理，独立准确地检测无线通信系统。
6. 养成与他人协作的习惯，具备良好的人际交往能力。

一、接受工作任务	成绩：

汽车服务站新接收了一辆待维修车辆，据车主反映，车辆行驶过程中显示与云平台通信失败，技师王某首先委派学徒工李某对该车的无线通信系统等相关部件进行检查，要求李某对车辆无线通信系统的损坏、系统部件的信息传输和云平台通信等情况进行记录，分析故障原因，并解决此车故障。

二、信息收集	成绩：

1. 实训设备名称：________________________________。
2. 实训场地的要求：________________________________。
3. 实训所用工具：________________________________。
4. 实训人员的要求：______人完成，______人辅助，分______组。
5. 实训的安全注意事项是：________________________________
____
____
____
____
____
____
____
____。

三、制订计划		成绩：
1.请根据智能网联汽车无线通信系统检测规范及要求，制订智能网联汽车无线通信系统的认知实训计划。		
操作流程		
序号	作业项目	操作要点
计划审核	审核意见： 年　月　日　签字：	

2.请根据维修作业计划，完成小组成员任务分工。

操作人		记录员	
监护人		展示员	

作业注意事项

①实训开始前应摘掉各类饰品，换上实训服，长头发应挽起固定于脑后。
②整车实训时应确保点火开关处于 Lock 位置，操作另有要求的除外。
③就车工作时，应施加驻车制动，除非特定操作要求置于其他挡位。
④举升车辆时应按照规范进行，避免发生意外事故。
⑤工具使用后，应清洁并归还原处。

检测设备/工具/材料

序号	名称	数量	清点
			□已清点
			□已清点
			□已清点
			□已清点
			□已清点
			□已清点
			□已清点
			□已清点
			□已清点

四、计划实施	成绩：
1. 请完成智能网联汽车维修作业前检查及车辆防护，并记录信息。	
	作业内容： 作业结果：
2. 请登录智能网联汽车监控云平台，并对报文进行编译。 ①登录智能网联汽车监控云平台系统。	
	作业内容： 作业结果：
②对报文进行编译。	
	作业内容： 作业结果：
3. 请对智能网联汽车云平台进行相关操作。 ①请对信号灯参数进行设置。	
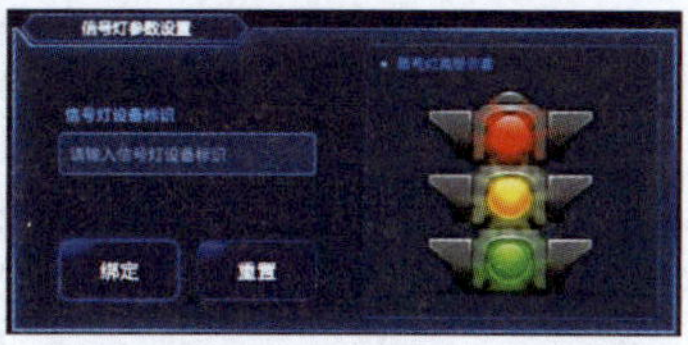	作业内容： 作业结果：

<table>
<tr><td colspan="2">②请对车辆运行参数进行设置,并开启控制切换到云平台模式。</td></tr>
<tr><td>
</td><td>作业内容:

作业结果:</td></tr>
<tr><td colspan="2">③请启动运行,对车辆进行测试。</td></tr>
<tr><td>
</td><td>作业内容:

作业结果:</td></tr>
<tr><td colspan="2">④连接信号灯,并监控信号灯状态。</td></tr>
<tr><td>
</td><td>作业内容:

作业结果:</td></tr>
<tr><td colspan="2">⑤监控车辆状态,紧急情况时进行急停。</td></tr>
<tr><td>
</td><td>作业内容:

作业结果:</td></tr>
<tr><td colspan="2">4. 请读取智能网联汽车云平台上的展示信息。</td></tr>
<tr><td>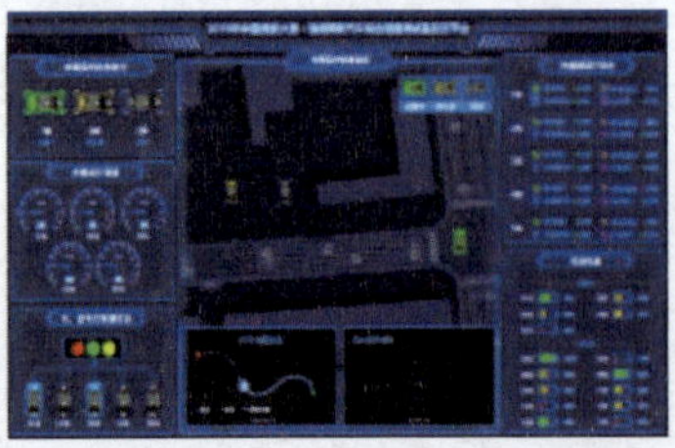</td><td>作业内容:

作业结果:</td></tr>
</table>

5. 请对智能网联汽车进行综合道路测试,以验证无线通信系统的有效性。

作业内容:

作业结果:

五、质量检查	成绩:

请实训指导教师检查各组作业结果,并针对实训过程中出现的问题提出改进措施及建议。

序号	评价标准	评价结果
1	维修作业前检查及车辆防护	
2	无线通信系统与云平台的连接	
3	无线通信系统的功能测试	
综合评价	☆ ☆ ☆ ☆ ☆	
综合评语（作业问题及改进建议）		

六、评价反馈	成绩:

请根据自己在课堂中的实际表现进行自我反思和自我评价。

自我反思:____

____

____

____

____

____。

自我评价:____

____

____

____

____

____

____。

实训成绩单			
项目	评分标准	分值	得分
接受工作任务	明确工作任务,理解任务在企业工作中的重要程度	5	
信息收集	掌握无线通信系统总成结构部件及其连接关系	5	
	掌握无线通信系统总成部件装配位置	5	
	掌握无线通信系统的功能及模式	5	
	掌握无线通信系统的连接与布置形式	5	
制订计划	按照无线通信系统及云平台检查流程,制订合适的行动计划	10	
	能协同小组人员安排任务分工	5	
	能在实施前准备好所需要的工具器材	5	
计划实施	规范进行场地布置及工具检查	5	
	登录智能网联汽车监控云平台,并对报文进行编译	5	
	对智能网联汽车云平台进行相关操作	10	
	读取智能网联汽车云平台上的展示信息	10	
	对智能网联汽车进行综合道路测试	10	
质量检查	学生任务完成,操作过程规范	5	
评价反馈	学生能对自身表现情况进行客观评价	5	
	学生在任务实施过程中发现自身问题	5	
得分(满分100)			

★学习评价

一、选择题(不定项选择)

1. 无线通信技术是智能网联汽车实现的基础,它直接决定了信息交互的实时性和有效性。用于智能网联汽车的无线通信技术有(　　)。

A. 短距离无线通信技术

B. 远距离无线通信技术

C. 中短距离无线通信技术

D. 中远距离无线通信技术

2. DSRC 技术是一种高效的短距离无线通信技术,DSRC 体系架构主要由(　　)组成。

A. 车载单元(On-Board Unit,OBU)

B. 路侧单元(Road-Side Unit,RSU)

C. DSRC 协议

D. 数据云平台

3. LTE-V 是我国具有自主知识产权的 V2X 技术, LTE-V 针对车辆应用定义了两种通信方式,即(　　)。

A. 蜂窝链路式

B. 短程直通链路式

C. 中程交互链路式

D. 远程间接链路式

4. 相比基于 IEEE 802.11p 的 DSRC, LTE-V 的优势体现在(　　)。

A. 可复用蜂窝网络,部署成本低

B. 覆盖广,网络运营盈利模式清晰

C. 全球通用标准,单一 LTE 晶片组,大幅降低了模块、芯片成本

D. 5G 持续演进

5. 5G 是对现有无线接入技术(包括 3G、4G 和 Wi-Fi)的技术演进,以及一些新增的补充性无线接入技术集成后解决方案的总称。面向无人驾驶汽车的 5G 架构,主要包括(　　)。

A. 接入网　　B. 传输网　　C. 核心网　　D. 应用层

二、判断题

1. 无线通信就是不用导线、电缆、光纤等有线介质,而利用电磁波信号在自由空间中传播的特性进行信息交换的一种通信方式,可以传输数据、图像、音频和视频等。(　　)

2. 根据传输信号的形式不同,无线通信系统可以分为模拟无线通信系统和数字无线通信系统。(　　)

3. 目前,世界上用于 V2X 通信的主流技术包括 DSRC(Dedicated Short Range Communication,专用短程通信)技术和基于蜂窝移动通信系统的 C-V2X(Cellular Vehicle to Eve-

rything)技术。(　　)

三、简答题

1. 简述常见的无线通信技术。

2. 查阅相关资料,简述无线通信技术的未来发展趋势。

3. 查阅相关资料,简述各种无线通信技术的优缺点。

项目七

车联网的信息安全

当前,车联网中的信息安全问题是人们广泛关注的焦点,也是整个车联网技术中的难点。车联网技术中的安全性和可靠性将决定车联网的推广普及程度,是车联网走向大规模应用的前提和基础。车联网的信息安全是什么呢?涉及哪些技术呢?

★学习情境

汽车服务站新接收了一辆待维修车辆,根据车主反映的故障现象,维修技师王某首先对该车的车联网安全平台进行了检测,要求对检测过程及检测结果等情况进行记录,分析故障原因,并解决此车故障。

任务一　车联网的安全现状及预防

车联网信息安全已成为现在智能网联汽车最重要和棘手的课题。随着自动驾驶技术和车联网技术的迅速发展,人们逐渐意识到网络安全在智能网联领域的重要性。然而,智能网联领域网络安全人才的匮乏,也是现今中国乃至全球汽车行业所面临的一大问题。

★任务目标

素质目标

1. 培养团结合作的精神。
2. 树立精益求精的工作态度。
3. 培养爱国精神,增强民族自信。

知识目标

1. 了解车联网信息安全的现状。
2. 了解车联网信息安全的防护政策。

能力目标

1.能阐述车联网信息安全的特点。
2.能根据具体情境对车联网信息安全进行风险分析。

★知识准备

一、车联网信息安全的现状

车联网是在现有的网络基础上扩展了感知网络和应用平台,它是物联网的应用延伸,而应用延伸的末端是感知层的系统和设备。因此,车联网除了面临物理、网络、系统、应用和管理等层面的安全风险,还面临感知层面的安全风险。

车联网属于物联网概念在交通系统中的典型应用。它以车内联网、车际联网、车载移动互联为基础,通过各种已有和新兴的通信协议标准进行数据和信息交换,实现智能服务和智能控制。随着车联网范围的扩大,安全攻击的来源也将相应增多。车联网的安全事故以及被攻击的问题,已经发生过多起。例如,2010 年美国德克萨斯州的一名汽车销售店的雇员因不满被解雇采用报复手段,登入公司汽车管理账户,恶意操纵之前销售出去的 100 多辆汽车,使得这些车辆的某些功能失效。2013 年夏季的 DEFCON(黑客大会)上,美国研究人员对福特公司和丰田公司的汽车进行了破解演示,他们用电脑控制汽车转向盘、制动等,并在 2014 年 4 月和 8 月分别在亚洲网络安全研讨会(SyScan)和黑帽(BlackHat)安全会议上公布了他们新的研究成果。2014 年 7 月,视觉威胁(Visual Threat)团队演示了第一款对汽车进行攻击的手机安卓应用。假设此类移动应用通过传统手机病毒的传播方式进行传播,那么潜在攻击者不需要对汽车技术有多深的理解,就可以对汽车进行攻击,这将使得攻击技术门槛变得很低。2015 年 1 月,宝马公司被爆出其车载系统互联驾驶(Connected-Drive)存在安全漏洞,黑客可以利用这一漏洞远程攻击安装这种车载系统的 200 万辆汽车。2015 年 2 月 9 日,美国国防高级研究计划局(DARPA)发现美国通用安吉星(OnStart)系统(美国最有名、最老牌的汽车智能服务系统之一)存在漏洞,导致黑客可以利用它来远程操控汽车。2016 年,来自挪威安全公司的专家在入侵用户手机的情况下,获取特斯拉账户用户名和密码,通过登录特斯拉车联网服务平台可以随时对车辆进行定位、追踪,并解锁、启动车辆,最终导致车辆被盗,造成用户的财产损失。

目前,车联网存在的安全风险主要有:①大量车辆存在被远程控制油门、制动、转向等动力功能,空调、开门等辅助功能风险,还存在语音窃听风险。②车联网存在“一控多”风险,即通过侵入一辆联网车辆可进一步以平台为跳板控制其他所有连入平台的车辆,风险巨大。③当前车联网安全整体防护水平低下,云端存在大量传统安全漏洞,管端明文传输十分普遍,车端安全漏洞无所不在。

二、车联网信息安全的风险分析

车联网相较传统网络,其感知节点大都部署在无人监控的环境,具有能力脆弱、资源受限等特点,传统网络安全措施不足以为其提供可靠的安全保障,从而使得车联网的安全问题具有特殊性。在解决车联网安全问题时,必须根据车联网本身的特点,设计相关的安全机制,同时也要按照国家等级保护标准进行安全等级设计。

1. 感知层安全风险

车联网前端各类信源基本上通过无线通信传输信息,通常车联网信源层安全风险有以下特点:信源本身的访问缺陷,无线链路比较脆弱,网络拓扑动态变化,通信方式多种多样,节点计算能力、存储能力和能源有限,现场干扰大、环境差,机器无法感知安全隐患,信息量较小,缺乏后期节点布置的先验知识,布置区域的物理安全无法保证,节点安全、整个网络的安全与应用密切相关。因此,车联网前端感知网无法使用传统的安全机制,必须采用轻量级的解决方案。感知网的安全需求注重感知信息(一般是小量信息)的稳定可靠性、真实性和机密性。

2. 基站系统安全风险

(1)地震、水灾和火灾等环境事故造成整个系统的毁灭。

(2)电源故障造成设备断电,导致操作系统引导失败或数据库信息丢失。

(3)设备被盗、被毁造成数据丢失或信息泄露。

(4)电磁辐射造成数据信息被窃取或被偷阅。

3. 网络链路层安全风险

入侵者不仅可能到内部网上进行攻击、窃取或其他破坏,而且有可能会在传输线路上安装窃听装置,窃取网上传输的重要数据,再通过一些技术读出数据信息,从而造成泄密或者做一些篡改来破坏数据的完整性。以上种种不安全因素都对网络构成了严重的安全威胁。网络链路安全风险包括:

(1)拒绝服务攻击、欺骗攻击会造成服务器服务的中断,影响业务的正常运行。

(2)通过网络抓包技术,获得系统用户名和口令等关键信息或其他机密数据,进而假冒内部合法身份进行非法登录,窃取内部网重要信息。

(3)通过扫描软件获取其他用户系统或服务器的各种信息,并利用这些信息对整个网络或其他系统进行破坏。

(4)病毒,尤其是蠕虫病毒爆发,将使整个网络处于瘫痪状态。

4. 系统层安全风险

一方面,操作系统的代码庞大,在不同程度上都存在一些安全漏洞。一些广泛应用的操作系统(如 Linux、Windows 和移动终端 Android 系统)的安全漏洞更是广为流传。另一方面,系统管理员或使用人员对复杂的操作系统及其安全机制了解不够,这可能导致配置不当,从而也会造成安全隐患。操作系统自身的脆弱性将直接影响业务应用系统的安全。

5. 应用层安全风险

由于车联网应用系统复杂多样,某一种特定的安全技术不能完全解决应用系统的所有安全问题。一些通用的应用程序(如 Web Server 程序、FTP 服务程序、Email 服务程序、浏览器和 Office 办公软件等)自身的安全漏洞和由配置不当造成的安全漏洞会导致整个网络的安全性下降。

6. 管理层安全风险

(1)内部管理人员或员工把内部网络结构、管理员用户名和口令、系统的一些重要信息传播给外人,带来信息泄露风险。

(2)机房重地允许任何人进出,来去自由,存有恶意的入侵者便有机会得到入侵的条件。

(3)熟悉服务器、小程序、脚本和系统弱点的员工,利用网络故意进行破坏,如传出至关重要的信息、错误地进入数据库、删除数据等,这些都将给网络造成极大的安全风险。

(4)非法人员进入重要部门或机房,非法获得资料或对设备进行破坏。

(5)员工有意、无意地把硬盘中重要信息目录共享,使其长期暴露在网络邻居上,从而可能被外部人员轻易偷取或被内部其他员工窃取并传播出去造成泄密。

7. 系统运营效率问题

系统建设涉及网络、主机、移动终端、基础设施、安全、应用和业务等层面,每个层面又包括许多信息基础设施。这样庞大的信息基础设施,仅仅靠技术人员手工方式管理是不可行的,而众多的技术与设备的应用又在相当程度上加重了系统与管理人员的负担,效果和效率是服务管理的主要目标。运维的主要目的是保证手段的应用能够达到预期的良好效果,提高效率。因此,如何保证运维工作的有效性(有效果和有效率)是摆在管理人员面前的主要难题。由于系统基础设施复杂,业务和数据集中方式对系统的可用性要求非常高,而研究显示,在系统运维方面有60%甚至更多的事故都与人类的活动相关,包括例行的维护、关键系统的重新配置、维护任务和人为失误等。因此,维护人员的活动需要靠配套管理机制来规范和指导,最大限度地发挥维护人员运维管理工作中的能动性、主动性和准确性。

三、车联网信息安全的防护政策

为了防止车联网系统受到黑客攻击侵害,影响国家安全,美国在智能交通建设初期就依据 1996 年 7 月 15 日克林顿总统发布的关于关键基础设施保护的 130 号指令,将智能交通系统(ITS)列入包括电力系统、银行和金融系统在内的,通信系统和交通系统的关键基础设施之一,要求其具备相应的安全保护能力。

此后针对 ITS,美国于 1999 年发布了 ITS 的公平信息和隐私原则(Fair Information and Privacy Principles),对 ITS 产业保护个人隐私的重要性提供了概要性原则。美国交通部在 2011 年 11 月发布的一项报告中,要求建立相应的法律、法规,例如出台政策要求系统中不存储可辨识个人身份的信息,不存储和记录汽车的行车位置,只传递应用所需的基础安全消息等。

2014 年 10 月,美国国家标准与技术研究院制定了《车联网网络攻击防护安全框架》。

欧盟要求车联网应用应实施相应的安全措施和数据保护措施,并颁布了相关法规,主要包括:

(1)欧盟 95/46/EC 数据保护指令和各成员国的实施细则以及欧盟 2002/58/EC 的数据保护规定:要求必须且只有经过用户同意才能够对数据进行处理,电子通信系统需要对数据进行保护并对网络进行安全防护。

(2)欧盟 ITS 实施计划(ITS Action Plan)和 2010/40/EU 指令明确了 ITS 应用系统必须使用最小化的数据,限制数据的使用,并对用户数据进行匿名化和集成化处理,以保证车联网的安全。

在澳大利亚,政府于 2011 年成立了交通与设施常务委员会以负责智能交通的推广与实施,其中安全防护和隐私保护一直是智能交通实施中的核心问题。部分机构将位置信息等敏感数据挪为他用,导致了汽车使用者隐私信息的泄露。澳大利亚政府将在智能交通项目设计阶段和安全测试阶段考虑数据保护和防止滥用问题。

任务二　车联网安全体系

为了保证车联网系统能够长期、安全、稳定、可靠、高效地运行，系统需要依据不同的保护对象和安全需求建立分层的安全防护体系。

★任务目标

素质目标

1. 培养团结合作的精神。
2. 树立精益求精的工作态度。
3. 培养爱国精神，增强民族自信。

知识目标

1. 掌握车联网安全体系。
2. 掌握车联网安全系统的整体架构。
3. 描述车联网的安全措施。

能力目标

1.能根据具体情境阐述车联网的安全体系。
2.能根据具体情境阐述车联网的安全措施。

★知识准备

一、车联网安全体系认知

根据车联网信息安全的风险分析，整个车联网的安全防护需要在我国相关法律、法规及政策的支持下，先分别设计各层的安全防护措施，然后再建立统一的安全管理平台，提升网络安全水平、可控制性和可管理性，使各种安全产品相互支撑、协同工作，应用效能得到充分的发挥。

车联网感知层的信息量种类繁多，通信方式也是多渠道的，所以要确保车联网海量感知信息的可靠获取，必须要有安全保障措施。基本的做法是建立可信支撑平台，对各类信息进行有效的分类处理，同一类的信息可实行统一安全通行协议，通过加密和签名等技术以保障安全，不同信息之间按照设备终端编号进行设备认证，同时对车辆的标识信息进行唯一性保障，防止克隆和重复使用。

车联网网络层设备如基站等网络设备，需要对设备的物理端口、服务端口、硬件运行状态和系统性能等进行实时监控，出现问题及时上报和处理，保障系统的稳定性和可靠性。为了实现车联网前端采集的车辆电子信息的安全传输，保障采集数据的完整性和一致性，需要以车联网数据中心为中心，建立 IPSec（互联网协议安全）隧道加密技术体系，对车联网采集的数据进行加密传输，防止车联网数据被非法篡改和截获。对以无线方式传递信息的情况，应使用无线加密隧道上传无线基础信息数据。

车联网应用层通过部署防火墙和入侵检测系统可以有效防止和检测各种网络攻击，且需要在运营数据中心业务应用区和存储备份区交换机上部署安全审计系统，对所有访问内部业务的用户访问行为进行监控和审计；另外，需要在运营数据中心业务应用区和存储备份区交换机上部署一套漏洞扫描系统，定期检测服务器的操作系统、数据库系统配置，识别安全隐患，评测安全风险，提供改进措施，最大限度地消除安全隐患；为了防止主机系统遭受来自外部或内部病毒、恶意代码、木马等的攻击，建议在运营数据中心网络部署防病毒系统，同时在管理终端盒服务器上安装防病毒客户程序；另外，在运营数据中心网络管理区部署统一安全管理平台也十分必要，这样可以在一个统一的界面中对网络中产生的大量日志信息和报警信息进行统一汇总、分析和审计，监视网络中所有安全设备的运行状态，只有这样才能实现总体调控、集中监控、统一管理、智能审计和多种安全功能模块之间的互动，从而形成智能化、网络化、节约型的网络安全管理局面。

二、车联网安全系统的整体架构

车联网安全系统的整体架构如表 7-1 所示，系统可分为四层：感知信源层、基站集群层、网络传输层和应用服务层。

每个层面保护对象不同，安全需求也不同，依据不同保护对象的安全需求，建立分层的防护体系。防护体系由感知信源层安全、基站集群层安全、网络传输层安全和应用服务层安全组成，为实现应用服务层细化安全防护，应用服务安全又分为服务环境安全、服务接入安全和服务平台安全。另外，在感知信源层和基站集群层之间还需要充分考虑信息交互安全需求。同时考虑车联网运营安全性，把运营安全管理独立出来进行重点考虑。

表 7-1　车联网安全系统的整体架构

<table>
<tr><th>服务层</th><th>保护对象</th><th>安全需求</th><th colspan="2">安全服务层</th><th>安全措施</th></tr>
<tr><td rowspan="3">应用服务层</td><td rowspan="3">商务服务
运营服务
信息服务
个人服务</td><td rowspan="3">服务可用性
信息保密性
信息完整性</td><td rowspan="3">应用服务安全</td><td>服务环境安全</td><td>物理层安全
网络层安全
系统层安全</td></tr>
<tr><td>服务接入安全</td><td>SSL VPN
PKI/CA</td></tr>
<tr><td>服务平台安全</td><td>认证、授权、审计、代码审核、Web 防护、安全运维和管理</td></tr>
<tr><td>网络传输层</td><td>无线网络信息
IP 网络信息</td><td>信息完整性
信息保密性</td><td colspan="2">网络传输安全</td><td>IP 通道加密
无线通道加密</td></tr>
<tr><td>基站集群层</td><td>固定基站
移动基站
便携基站</td><td>基站可用性</td><td colspan="2">基站集群安全</td><td>系统安全监控
设备安全监控
病毒安全监控
边界安全监控</td></tr>
<tr><td rowspan="2">感知信源层</td><td>交互信息</td><td>保密性和完整性</td><td colspan="2">信源交互安全</td><td>认证、加密、签名</td></tr>
<tr><td>标签、识读器
摄像头、传感器、传感器网络等</td><td>信源信息保密性</td><td colspan="2">感知信源安全</td><td>智能卡加密和签名</td></tr>
</table>

各防护层的作用如下:

(1)感知信源层安全:实现车辆电子标识、视频信息、路网环境和车辆等各种资源的安全保护。

(2)基站集群层安全:实现采集基站、监控基站、移动基站和便携终端等的安全保护。

(3)网络传输层安全:实现各终端与数据中心的双向数据传输安全。

(4)应用服务层安全:

①服务环境安全:实现车联网(物理环境、网络系统、主机系统等)服务支撑基础环境安全保护。

②服务接入安全:实现行业用户、公网用户接入安全保护。

③服务平台安全:实现车联网业务平台安全保护。

(5)运营安全管理:从管理角度,利用技术和管理相结合的安全手段,保障整个车联网数据中心业务安全运营。

按照上述安全系统整体架构,安全防护架构如图 7-1 所示。

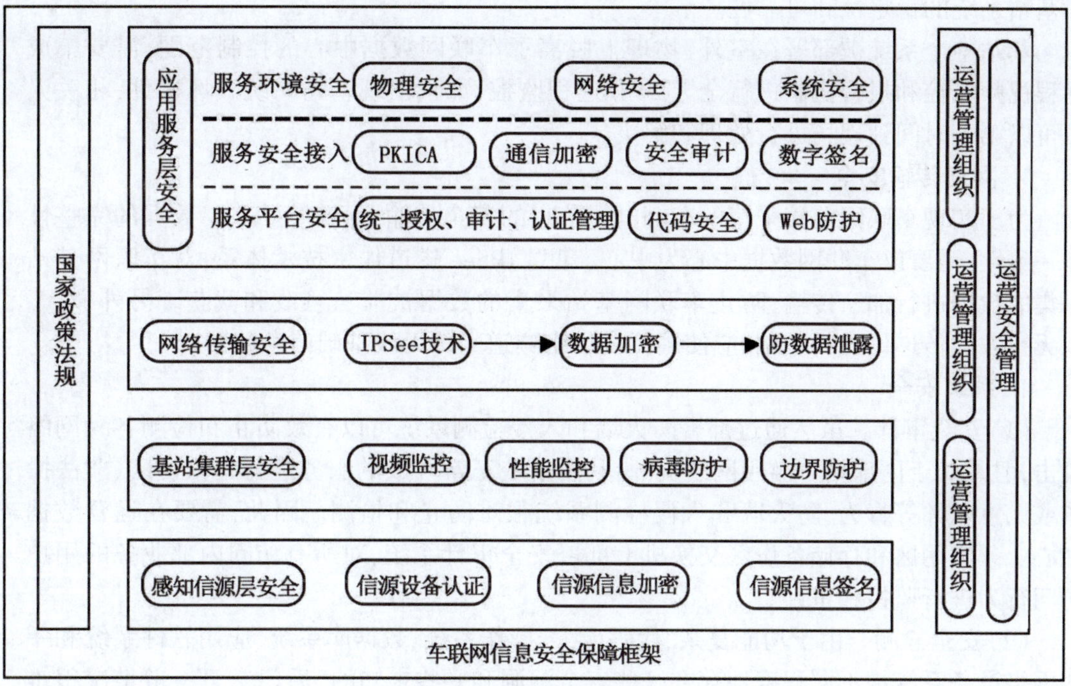

图 7-1 安全防护架构图

三、车联网安全措施

为了保证车联网系统能够长期、安全、稳定、可靠、高效地运行,系统需要具有安全保障措施,主要从以下方面考虑。

1. 信源层安全

车联网感知信源层的信息量种类繁多,通信方式也是多渠道的,所以要确保车联网海量感知信息的可靠获取,必须要有安全保障措施。基本的做法是建立可信支撑平台,对各类信息进行有效的分类处理,同一类的信息可实行统一安全通信协议、加密和签名等技术进行安全保障,不同信息之间按照设备终端编号进行设备认证,同时对车辆的标识信息进行唯一性保障,防止克隆和重复使用等。通过可信支撑平台的作用确保车联网内部数据不外露,并保证网内各用户通过安全权限和认证体系进行通信。车联网可信支撑平台包括车联网可信接入平台和车联网管理平台两部分,二者均部署在车联网数据中心。车联网可信接入平台实现车联网信源认证、签名验证和完整性验证。车联网管理平台负责对信源进行管理,如标识卡认证、密钥、算法初始化和用户信息输入。

2. 基站集群安全

基站运行系统安全需要对所有采集计算机布设防病毒软件和防火墙,对操作系统设置登录用户权限管理。

基站设施实现了车联网信息的前端收集和转发,采用设备监控措施对基站系统性能、物理端口、服务端口和硬件运行状态等进行实时监控,出现问题及时上报和处理,保障基站系统的稳定性和可靠性。

基站整个系统被部署在室外，物理上脱离了车联网数据中心的控制范围，需要集成远程视频监控和报警机制进行全天 24 h 远程监控，如果出现基站系统破坏事件，相关人员可以第一时间到现场进行处理和解决。

3. 网络传输安全

为了实现车联网前端采集的车辆电子信息的安全传输，保障基站采集数据的完整性和一致性，需要以车联网数据中心为中心，建立 IPSec 隧道加密技术体系，对车联网基站采集的数据进行加密传输，防止车联网基站采集的数据被非法篡改和截获。另外，对于以无线方式传递信息的基站，应使用无线加密隧道上传无线基础信息数据。

4. 系统安全

(1)安全审计。虽然通过部署防火墙和入侵检测系统可以有效防止和检测各种网络攻击，但是对于内部用户滥用网络资源，利用系统正常开放的服务进行越权访问、非法操作或无意破坏等行为，防火墙和入侵检测系统很难防止和检测。因此，需要在运营数据中心业务应用区和存储备份区交换机上部署安全审计系统，对所有访问内部业务的用户访问行为进行监控和审计。

(2)安全检测。由于功能复杂、代码庞大，操作系统、数据库系统、应用软件系统和一些网络设备系统均不同程度地存在一些安全漏洞和一些未知的“后门”，且一般情况很难发现，因此对主要服务器进行安全评估是非常重要的。采用安全评估手段对网络和系统安全漏洞进行扫描检测，提前发现安全漏洞，并加以修补，可以使安全风险降到最小。

需要在运营数据中心业务应用区和存储备份区交换机上部署一套漏洞扫描系统，定期检测服务器的操作系统、数据库系统配置，识别安全隐患，评测安全风险，提供改进措施，帮助安全管理员控制可能发生的安全事件，最大限度地消除安全隐患。同时，应采用终端管理补丁分发功能和人工加固方式实施安全加固。

(3)安全加固。操作系统、数据库系统、应用系统和网络设备系统均不同程度地存在一些安全漏洞，这也是黑客攻击得手的关键因素。因此，应对运营数据中心网络系统、安全系统、操作系统、数据库系统和应用系统提供安全配置、补丁安装等服务，提高系统自身的安全防护能力。

对系统自身安全漏洞进行修补，应采用终端管理补丁功能，实现智能化的安全漏洞修补，系统自身安全配置优化和设置需要采用人工加固方式进行安全加固。

(4)病毒防护。为了防止主机系统遭受来自外部或内部病毒、恶意代码、木马等的攻击，建议在运营数据中心网络部署防病毒系统，在运营数据中心网络管理区部署防病毒管理中心，同时在管理终端和服务器上安装防病毒客户程序，并由防病毒管理中心实现统一策略制定、分发和监控。

5. 应用安全

(1)应用防火墙。普通防火墙能够实现网络层安全防护，而应用防火墙能在 OSI 模型第七层阻断已知和未知的攻击，它通过执行细粒度的安全策略来保证运营数据中心、Web 应用系统及其数据免遭各种攻击。为了对运营数据中心对外公开的应用服务进行深层次安全保护，建议在外网防火墙防护基础上再部署一层应用防火墙，以实现业务应用层安全防护,避免系统遭受来自互联网的各种应用攻击。另外,为了防止应用防火墙出现单点故障,可部署两套应用防火墙实现双机热备份。

(2) SSL VPN(基于安全套接高层协议的虚拟专用网)。综合车联网的情况,按不同的安全域划分,涉及的对象有行业专用网、运营数据中心网络、行业用户和公网用户四类。运营数据中心需要为行业用户和公网用户提供服务业务,为了防止和避免行业用户和公网用户访问的信息在互联网上被非法地修改、截获和破坏,建议在安全接入区的交换机上部署一套 SSL VPN 系统,行业用户和公网用户与 SSL VPN 设备之间的通信采用了 SSL 加密的手段,保证了这些敏感的数据在不可信任的互联网上的安全传输。

(3)CA(证书机构)认证。由于互联网的广泛性和开放性,信息系统在发展的同时也出现了众多信息安全隐患。近年来,随着信息系统的深入建设,用户账号被盗用、重要信息被越权访问、非法信息被发布、重要数据被篡改等安全事件时有发生,并呈上升趋势。

(4)用户安全管理。保护车联网应用系统主要是控制用户对资源的操作,确定用户的可信性是第一步。在车联网应用系统中,用户的身份和授权应该统一定义,以实现完整的、一体的用户强认证和授权,每个用户只能使用那些完成必要任务所需的功能,只允许访问经过确认的业务应用服务和设备。这样,通过严格的用户认证和授权验证措施,增强了对用户的管理控制。同时,可通过采用应用接口集成方式,把具有认证、授权、审计和单点登录功能的系统和物联网应用系统进行接口集成,实现车联网应用系统用户集中认证、授权和审计。

(5)软件代码审核。代码安全漏洞往往是黑客入侵的重要途径,如果车联网系统在软件设计上存在代码安全漏洞,黑客也能够突破安全防护手段,利用代码安全漏洞进入车联网系统。因此,在车联网系统软件设计上要进行软件代码安全性审核,在车联网系统上线之前和之后应采用专业模拟渗透机制对系统软件进行实践性的安全检测。

(6)门户系统安全。门户网站服务系统是运营服务系统的重要实现形式,所有的商用服务都可以通过门户网站的形式实现,如信息服务子系统、清分结算和呼叫中心子系统。除了这些子系统以外,门户网站服务系统还提供新闻、公告、通知、留言和投诉的窗口,以及便民服务、资料下载、宣传等功能。门户网站服务系统应该得到高强度的保护,并为其划分独立的安全区,在安全区部署 Web 防护。

6. 安全管理

随着非法访问、恶意攻击等安全威胁不断出现,防火墙、VPN、IDS、防病毒、身份认证、数据加密和安全审计等安全防护和管理系统在网络中得到了广泛应用。虽然这些安全产品能够在特定方面发挥一定的作用,但是这些产品大部分功能分散,形成了相互没有关联的、隔离的"安全孤岛"。各种安全产品彼此之间没有有效的统一管理调度机制,不能互相支撑、协同工作,从而使安全产品的应用效能无法得到充分的发挥。

从网络安全管理员的角度来说,最直接的需求就是在一个统一的界面中监视网络中各种安全设备的运行状态,对产生的大量日志信息和报警信息进行统一汇总、分析和审计。同时,在一个界面完成安全产品的升级、攻击事件报警和响应等功能。

但是,现今网络中的设备、操作系统和应用系统数量众多、构成复杂、异构性和差异性非常大,而且各自都具有自己的管理控制平台,网络管理员需要学习、了解不同平台的使用与管理方法,并应用这些管理控制平台去管理网络中的对象(设备、系统和用户等),工作难度非常大。

因此,建议在运营数据中心网络的管理区部署一种新型的整体网络安全管理解决方案——统一安全管理平台,来总体配置、调控整个网络多层面、分布式的安全系统,实现对各种网络安全资源的集中监控、统一策略管理、智能审计和多种安全功能模块之间的互动,从而有效简化网络安全管理工作,提升网络的安全水平、可控制性和可管理性,降低用户的整体安全管理开销。

7. 安全运维

安全运维要求在网络运维过程中做好技术设施安全评估、技术设施安全加固、安全漏洞补丁和安全事件应急响应等运维保障工作,及时发现并修复信息系统中存在的安全隐患,降低安全隐患被非法利用的可能性,并在安全隐患被利用后及时加以响应。

任务三　车联网安全平台

安全始终是车联网技术乃至物联网技术首要关注因素。如果车联网平台中存在安全隐患,出现漏洞,黑客利用该漏洞并通过和车载系统连接的智能设备入侵用户的汽车,就会给车主和厂商带来麻烦。因此,车联网安全平台应运而生。

★任务目标

素质目标

1. 培养团结合作的精神。
2. 树立精益求精的工作态度。
3. 培养爱国精神,增强民族自信。

知识目标

1. 明确车联网安全平台的作用。
2. 掌握车联网安全平台的组成。

能力目标

1.能阐述车联网安全平台的意义。
2.能根据具体情境阐述车联网安全平台的应用。

★知识准备

一、车联网安全平台认知

车联网安全平台基于“云”“管”“端”三层架构，内容丰富，涉及面广，如图 7-2 所示。从防护对象来看，车联网的网络安全应重点关注智能网联汽车安全、移动智能终端安全、车联网服务平台安全、通信安全。同时，数据安全和隐私保护贯穿于车联网的各个环节，也是车联网网络安全的重要内容。车辆网安全平台的作用就是：使用一切手段保障车联网网络畅通无阻的运行，保证其尽可能少的被攻击。

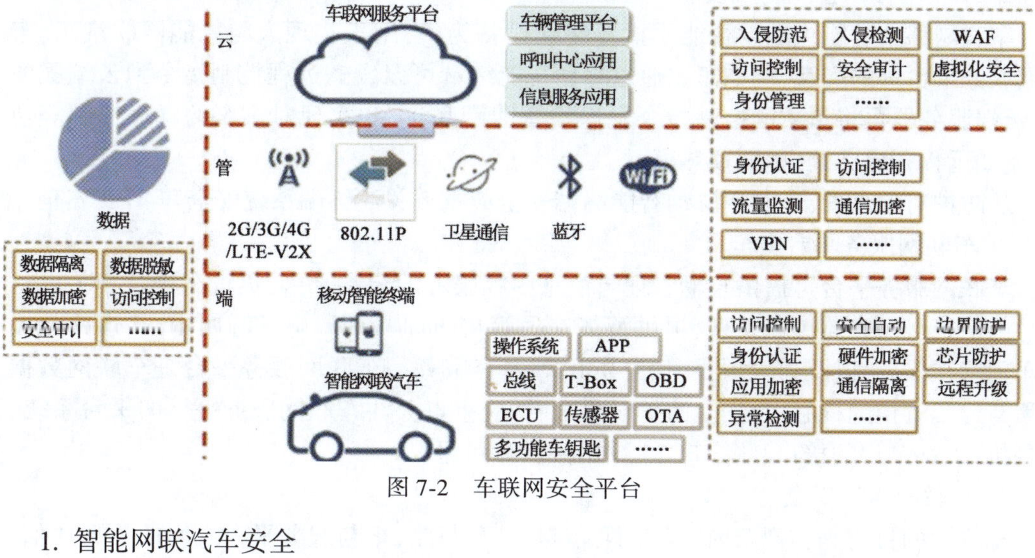

图 7-2　车联网安全平台

1. 智能网联汽车安全

车联网安全平台视角下的智能网联汽车如图 7-3 所示，主要涉及车内总线、ECU、OBD 接口、T-Box 以及 IVI 等的安全风险。车内网络一般是基于总线的通信，包括总线、LIN 总线等；ECU 相当于汽车各个系统的大脑，控制着如发动机、变速箱、车灯等部件的运行，通过与车内总线相连，各 ECU 之间进行信息传递；OBD 接口是外接设备与车内总线进行通信的入口，通过 OBD 接口，可以通过统一诊断服务（Unified Diagnostic Services，UDS）向 ECU 发送读写指令；作为车内与外界进行信息交换的网关，实现汽车与车联网服务云平台之间的通信；车载综合信息系统可以提供实时路况、导航、信息娱乐、故障检测和辅助驾驶等功能，为乘客带来新的驾乘体验。

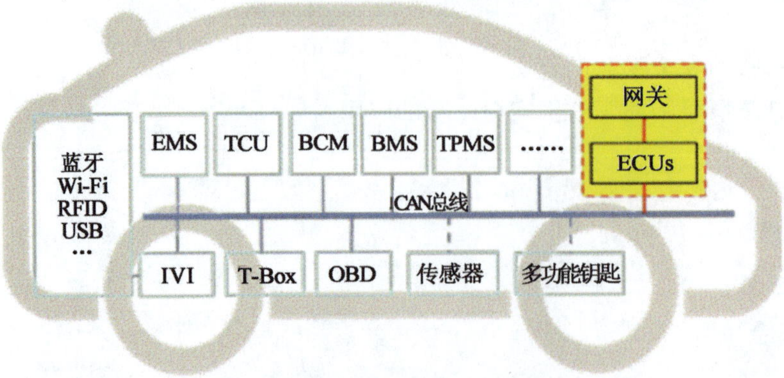

图 7-3　车联网安全平台视角下的智能网联汽车

智能网联汽车安全从防护对象来看,包括芯片安全、外围接口安全、传感器安全、车钥匙安全、车载操作系统安全、车载中间件安全和车载应用软件安全。其中,芯片安全涉及电子控制单元、车载操作系统等的芯片安全;外围接口安全包括车载通信模块、车载诊断系统接口等的安全;传感器安全包括摄像头和雷达等的传感器安全。

2. 车联网移动智能终端安全

车联网移动智能终端以智能手机等终端设备为主,用于实现人与智能网联汽车、车联网服务平台等的交互,例如车主通过移动智能终端可以发送远程控制指令到云端服务器,云端服务器再将车主的控制指令发送给智能网联汽车,实现对汽车的远程控制等功能,例如远程开启空调、车辆预热等。

从防护对象来看,车联网移动智能终端安全应重点关注终端系统安全和 APP 安全。

3. 车联网服务平台安全

车联网服务平台是提供车辆管理与信息内容服务的云端平台,负责车辆及相关设备信息的汇聚、计算、监控和管理,提供智能交通管控、远程诊断、电子呼叫中心、道路救援等车辆管理服务,以及天气预报、信息资讯等内容服务。车联网服务平台是车联网数据汇聚与远程管控的核心,从安全防护对象来看,应重点关注车联网服务平台的平台系统、控制接口、Web 访问接口、账户口令、数据保护等问题。

4. 车联网通信安全

车联网的目的是实现车内、车与车、车与人、车与路、车与服务平台之间的信息通信。其主要涉及车内网络、车际网络和车载移动互联网络。其中,车内网络包括 CAN 总线、LIN 总线等总线通信,以及 Wi-Fi、RFID、蓝牙、红外线等无线通信方式。车际网络实现智能网联汽车之间、智能网联汽车与路基设施的通信,目前,直连模式的车际网络主要涉及 LTE-V2X 和 IEEE 802. 11p 这两种通信方式。车载移动互联网络包括 2G/3G/4G/5G、卫星通信等无线通信方式。

从安全防护对象角度来看,车联网通信安全应重点关注车内网络、车际网络和车载移动互联网络等的安全。

5. 数据安全和隐私保护

从安全防护对象来看，车联网数据安全涵盖了数据采集、数据传输、开发利用、数据存储、数据备份与恢复、数据删除等环节，包括但不仅限于用户信息、用户关注内容、汽车基本控制功能运行数据、汽车固有信息、汽车状态信息、软件信息和功能设置信息等的安全。用户隐私信息包括车主信息（如姓名、身份证、电话）、车辆静态信息（如车牌号、车辆识别码）、车辆动态信息（如位置信息、行驶轨迹），以及用户使用习惯等。

国家信息安全漏洞共享平台（China National Vulnerability Database，CNVD）是由国家互联网应急中心（CNCERT）联合国内重要信息系统单位、基础电信运营商、网络安全厂商、软件厂商和互联网企业建立的信息安全漏洞信息共享知识库。其主页如图 7-4 所示。

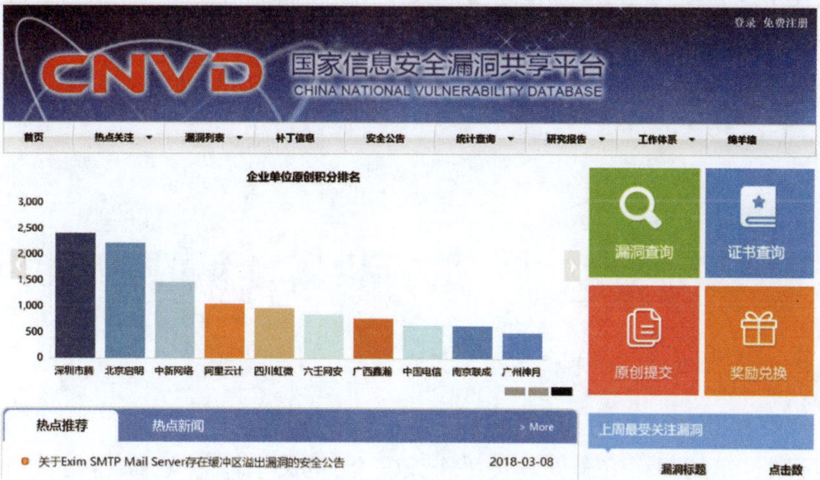

图 7-4　国家信息安全漏洞共享平台主页

二、车联网安全平台的应用

对于传统的汽车，“上锁”是驾驶员在安全性方面唯一需要注意的。但是，随着汽车工业向着车联网方向发展，以及最近的黑客攻击事件，联网汽车的安全性问题成为业界关注的重点。英特尔，作为一家处理器制造商，为此创建了汽车安全审查委员会，设计安全标准，建立车联网安全平台，在整个汽车工业的“从设计到上路”的阶段，进行最佳的安全实践。委员会没有任何官方权力，但是由“顶尖的安全人才”组成。英特尔称将对汽车进行安全测试审查。结果基本上分为符合安全或者容易受到黑客攻击。

英特尔的技术已经在宝马系列、英菲尼迪的 Q50，以及 2015 现代 Genesis 之中应用。但是作为芯片厂商，它在投资创造更先进的技术，甚至包括无人驾驶汽车。英特尔明确地预见到无人驾驶汽车的未来，在新的白皮书中，提及将在 2050 年消除汽车安全事故。

英特尔概括了 15 种下一代汽车中“最具被黑客攻击可能性”的组件，包括制动和转向发动机控制单元（ECU）、遥控钥匙以及车载诊断单元。这些组件，大部分已经在最近的黑客攻击中被利用，例如无线钥匙被攻击，以及吉普车黑客通过无线网络访问汽车的车载娱乐系统。

安全性是一个重要问题，而隐私也同样很重要。汽车可以搜集驾驶员的大量数据，例如当前位置、麦克风记录、电话记录以及导航历史信息。为了这个目的，英特尔称将来的汽车安全应该依靠防火墙，提供持续的威胁分析，并且使用空中接口更新。英特尔呼吁应对各种有组织犯罪的威胁引起重视，称如果汽车成为“较弱的目标”，它们将被持续地攻击。

通过英特尔的策略，我们看到，车联网安全作为一个行业性的问题，涉及方方面面，需要行业企业共同努力应对，并且需要创建标准，来规范汽车生产设计流程中的安全性检查，特别是一些重点区域。以上这些，都是应对车联网安全问题的宝贵经验，也值得汽车电子企业去参考借鉴。未来，随着汽车联网功能的加强，安全性解决方案势必成为汽车电子行业一个新的关注点。

★拓展视窗

360汽车安全大脑：护航未来20年智能网联汽车产业发展

“智能网联汽车的网络安全问题关乎个人安全，更关乎智慧交通、智慧城市等社会公共安全。”2021年5月，在第五届世界智能大会高峰会上，360集团创始人、董事长周鸿祎发表演讲时表示，需要有“术业专攻”的网络安全公司深入造车一线，量身打造出车联网安全大脑。

随着《中华人民共和国国民经济和社会发展第十四个五年规划和2035年远景目标纲要》把加快数字化发展，协同推进数字产业化和产业数字化转型确定为国家战略，以5G、人工智能为代表的新一代信息技术加速向制造业融合渗透，持续推动制造业向数字化方向跃迁升级。

“智能网联车是中国先进制造业转型升级和互联网转型升级的重要机会，它既是制造业的数字化升级，也是数字产业向新型制造业的拓展。”周鸿祎表示，汽车智能化、网联化的升级本质上是“软件重新定义汽车”，由相互独立的“黑盒子”控制模块走向高度一体化的分布式处理“电脑”集，意味着一切皆可编程、万物互联、数据驱动业务。

当数字化对汽车架构造成颠覆性变革时，汽车的网络安全和物理安全变得密不可分，网络安全问题可以直接造成物理安全后果，带来的安全威胁呈指数扩张。周鸿祎指出，智能网联汽车的安全挑战主要有五个方面：

一是汽车代码数量增加使安全缺陷增加。当智能网联汽车的发展重点不再是马力，而是算力时，每辆汽车都是移动的计算中心，直接导致代码成倍增加，漏洞无可避免。

二是汽车万物互联增大了攻击面，云端成为当前最大的安全隐患，汽车遭远程控制的威胁突出。比如360集团曾帮助发现并修复了一家世界顶级汽车制造公司的安全漏洞,利用这个漏洞可以对全球几百万辆汽车进行远程控制,实现对汽车启停和方向操纵。

三是车企成为安全薄弱环节,数字化意味着企业生产网络、办公网络以及面向客户、供应商的相关网络都相互连接的。车企一旦被攻击,意味着整个车联网运营体系的瘫痪。

四是数据采集带来的泄露、勒索、滥用风险突出,不久前国外油管(YouTube)公司遭勒索软件攻击造成多国陷入紧急状况的事件再次证实:对大数据业务的破坏能造成系统的崩溃停摆。

五是传统安全检测分析手段不再适用,因此,急需建立新的安全防护系统。

无疑,汽车作为新一代数字化平台和生活空间,承载着数字时代人类出行、生活、学习、工作的方方面面,也是智能交通和智慧城市的重要内容。面对随之而来的新威胁、大挑战,周鸿祎的核心解决思路是与车企合作造车,将安全防护体系纳入车辆生产、销售和服务全生命周期体系中,使其变成像汽车安全带一样的标配。

具体而言,基于过去十余年的实战经验以及230亿元安全研发投入,360公司打造了一套以安全大脑为核心的数字安全能力体系,可以为不同行业、领域提供安全事件决策、响应、行动支撑,实现整体协同防御,抵御数字安全威胁。通过这套体系,可对车企赋能建立汽车安全大脑,构建从车载端到云端的端到端防御体系。

在这套体系之上,周鸿祎提出了“科技平权”的概念,即360集团联合车企造车不仅要实现性能、空间、人车交互的平权,也要实现安全的平权,让消费者都能享受到高水平的安全保护。

面对未来20年内汽车工业与能源行业以及数字化产业和互联网基因的集体重组,中国智能汽车产业的发展将迎来颠覆式创新的转型升级阶段。在此时代机遇下,中国企业将会扮演好数字经济的守护者,持续护航飞速发展的中国智能制造和智能网联汽车产业。

安全无小事。我们应该强化安全意识,积极开展安全保障工作。我们有信心,也有决心,让安全有序的智能网联汽车产业成为中华民族伟大复兴的强大助力。

★学习小结

本项目首先介绍了车联网的安全现状,进行了车辆网信息安全的风险分析,在此基础上讲解了车联网安全体系和车联网安全平台。通过学习,学习者应明确车联网信息安全的重要性,掌握车联网安全系统的整体架构和安全措施,掌握车联网安全平台的组成,了解相关应用场景及相关技术标准,对车联网的信息安全及应用有较全面的认识。

★任务工单

实训工单七　车联网的信息安全

任务名称		实训日期	
学生姓名		班级学号	
小组成员		组长姓名	

实训目标：

1. 能够依据接待要求，结合客户的需求，独立完成接待准备工作。
2. 能够结合客户车辆的故障现象，根据维修手册初步判断车联网安全平台是否存在故障。
3. 能够根据故障现象及客户的咨询信息，依据维修手册及操作规范、标准，制订车辆的初步维修方案。
4. 能够根据车联网安全平台的检测要求，结合客户车辆的配置情况，使用专用设备工具及维修软件完成系统的检测工作。
5. 养成与他人协作的习惯，具备良好的人际交往能力。

一、接受工作任务	**成绩：**

汽车服务站新接收了一辆待维修车辆，根据车主反映的故障现象，维修技师王某首先对该车的车联网安全平台进行了检测，要求对检测过程及检测结果等情况进行记录，分析故障原因，并解决此车故障。

二、信息收集	**成绩：**

1. 实训设备名称：________________________________。
2. 实训场地的要求：________________________________。
3. 实训所用工具：________________。
4. 实训人员的要求：______人完成，______人辅助，分______组。
5. 实训的安全注意事项是：____
____
____
____
____
____
____
____
____。

三、制订计划		成绩：
1.请根据操作规范及要求，制订车联网安全平台的检测实训计划。		
操作流程		
序号	作业项目	操作要点
计划审核	审核意见： 年　月　日　签字：	

2.请根据实操作业计划，完成小组成员任务分工。			
操作人		记录员	
监护人		展示员	
作业注意事项			
①实训开始前应摘掉各类饰品，换上实训服，长头发应挽起固定于脑后。 ②整车实训时应确保点火开关处于 Lock 位置，操作另有要求的除外。 ③就车工作时，应施加驻车制动，除非特定操作要求置于其他挡位。 ④举升车辆时应按照规范进行，避免发生意外事故。 ⑤工具使用后，应清洁并归还原处。			
实训设备/工具/材料			
序号	名称	数量	清点
			□已清点
			□已清点
			□已清点
			□已清点
			□已清点
			□已清点
			□已清点
			□已清点

<table>
<tr><th colspan="2">四、计划实施</th><th colspan="3">成绩：</th></tr>
<tr><td colspan="5">1. 请完成车联网安全平台检测作业前的检查及车辆防护，并记录信息。
①作业前的车辆清洁。</td></tr>
<tr><td></td><td colspan="4">作业内容：

作业结果：</td></tr>
<tr><td colspan="5">②作业前的安全检查。</td></tr>
<tr><td></td><td colspan="4">作业内容：

作业结果：</td></tr>
<tr><td colspan="5">③作业前工具的准备与检查。</td></tr>
<tr><td></td><td colspan="4">作业内容：

作业结果：</td></tr>
<tr><td colspan="5">2. 请检查车联网安全平台的组成。
①车联网安全平台的组成。</td></tr>
<tr><td colspan="2" rowspan="3">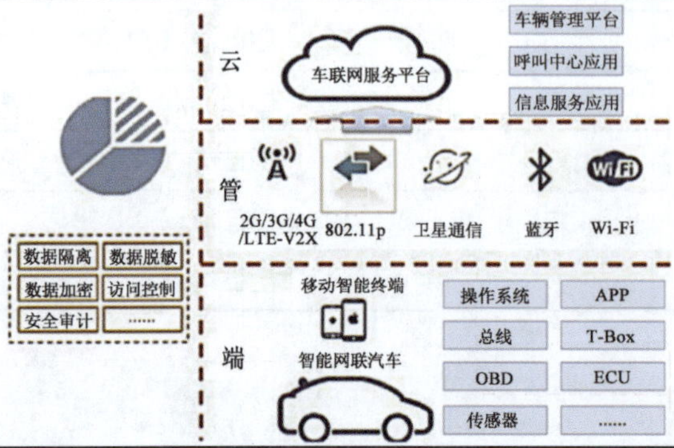
</td><td rowspan="3">车联网
安全平台
的组成</td><td>云</td><td>是否找到：□是　□否</td></tr>
<tr><td>管</td><td>是否找到：□是　□否</td></tr>
<tr><td>端</td><td>是否找到：□是　□否</td></tr>
</table>

②车联网安全平台之间的连接。(画出框图)	
3. 请检查终端安全体系。	
访问控制	是否正常:□是　□否
身份认证	是否正常:□是　□否
硬件加密	是否正常:□是　□否
异常检测	是否正常:□是　□否
远程升级	是否正常:□是　□否
……	是否正常:□是　□否
4. 请检查管端安全体系。	
身份认证	是否正常:□是　□否
流量监测	是否正常:□是　□否
通信加密	是否正常:□是　□否
VPN	是否正常:□是　□否
……	是否正常:□是　□否
5. 请检查云端安全体系。	
入侵防范	是否正常:□是　□否
入侵检测	是否正常:□是　□否
身份管理	是否正常:□是　□否
虚拟化安全	是否正常:□是　□否
……	是否正常:□是　□否

五、质量检查		成绩：
1. 请实训指导教师检查各组作业结果，并针对实训过程中出现的问题提出改进措施及建议。		
序号	评价标准	评价结果
1	准备工作	
2	任务完成情况	
3	操作是否规范，执行步骤的顺序是否正确	
综合评价	☆ ☆ ☆ ☆ ☆	
综合评语（作业问题及改进建议）		

六、评价反馈	成绩：
请根据自己在课堂中的实际表现进行自我反思和自我评价。	

自我反思：____

____。

自我评价：____

____。

实训成绩单			
项目	评分标准	分值	得分
接受工作任务	明确工作任务,理解任务在企业工作中的重要程度	5	
信息收集	掌握整体结构图与实物图的匹配	5	
	掌握所用的设备及工具	5	
	掌握工作的任务内容	5	
	掌握检测方法	5	
制订计划	按照操作步骤制订相应的工作计划	10	
	能协同小组人员安排任务分工	5	
	能在实施前准备好所需要的工具器材	5	
计划实施	规范进行场地布置及工具检查	5	
	识别车联网安全平台在实车上的应用	5	
	检查车联网安全平台的模块组成	10	
	检查车联网安全平台的安全体系	10	
质量检查	学生任务完成,操作过程规范	5	
评价反馈	学生能对自身表现情况进行客观评价	5	
	学生在任务实施过程中发现自身问题	5	
得分(满分100)			

★学习评价

一、选择题(不定项选择)

1. 目前,车联网存在的安全风险主要有(　　)。

A. 大量车辆存在被远程控制油门、制动、转向等动力功能,空调、开门等辅助功能风险

B. 车联网存在"一控多"风险,即通过侵入一辆联网车辆可进一步以平台为跳板控制其他所有连入平台的车辆

C. 云端存在大量传统安全漏洞,管端明文传输十分普遍

D. 车辆存在语音窃听风险

2. 依据车联网安全系统的整体架构,系统可分为(　　)。

A. 感知信源层　　B. 基站集群层　　C. 网络传输层　　D. 应用服务层

3. 为了保证车联网系统能够长期、安全、稳定、可靠、高效地运行,系统需要具有安全保障措施,主要从(　　)等方面考虑。

A. 信源层安全　　B. 基站集群安全　　C. 网络传输安全　　D. 系统安全

4. 车联网安全平台基于"端""管""云"三层架构。从防护对象来看,车联网的网络安全应重点关注(　　),同时数据安全和隐私保护贯穿于车联网的各个环节,也是车联网网络安全的重要内容。

A. 智能网联汽车安全

B. 移动智能终端安全

C. 车联网服务平台安全

D. 通信安全

二、判断题

1. 在解决车联网安全问题时,必须根据车联网本身的特点,设计相关的安全机制,同时也要按照国家等级保护标准进行安全等级设计。(　　)

2. 根据车联网的风险分析,整个车联网的安全防护需要在我国相关法律、法规及政策的支持下,无须分别设计各层的安全防护措施,可直接建立统一的安全管理平台,提升网络安全水平、可控制性和可管理性。(　　)

3. 车联网安全平台的作用就是:使用一切手段保障车联网畅通无阻地运行,保证其尽可能少地被攻击。(　　)

4. 车联网安全作为一个行业性的问题,涉及方方面面,需要行业企业共同努力应对,并且需要创建标准,来规范汽车生产设计流程中的安全性检查,特别是一些重点区域。(　　)

三、简答题

1. 简述车联网安全平台。

2. 查阅相关资料，简述车联网信息安全问题的应对之策。

3. 查阅相关资料，简述车联网信息安全的未来发展趋势。

项目八

基于 OBD 的车载智能终端

当前汽车市场由“增量时代”进入“存量时代”，汽车产业链的重要性开始向后市场转移，车联网服务也逐渐向后市场应用行业渗透。OBD 车联网的兴起给互联网创业者带来了一个全新的切入点。目前，汽车 OBD 主要在个人车辆、保险公司、物流公司、车厂等有车队管理、维修车辆需求的企业大量应用，主要提供汽车实时定位、GPS 行车轨迹追寻、故障实时报警、驾驶行为分析等多种功能。

★学习情境

汽车服务站新接收了一辆待维修车辆，根据车主反映的故障现象，维修技师王某首先对该车的 OBD 系统进行了检测，要求对检测过程及检测结果等情况进行记录，分析故障原因，并解决此车故障。

任务一 OBD 车载智能终端认知

OBD 车载智能终端是车联网技术中的重要一环,目前可以通过移动终端实现车辆定位、碰撞提醒、故障检测、事故救援、驾驶行为提醒等一系列实用功能,为车主提供智能、安全、节能、高效的综合服务。

★任务目标

OBD定义

素质目标

1. 培养团结合作的精神。
2. 树立精益求精的工作态度。
3. 培养爱国精神,增强民族自信。

知识目标

1. 明确 OBD 车载智能终端的定义。
2. 掌握 OBD 车载智能终端的功能。

能力目标

1.能分析 OBD 车载智能终端的特点。
2.能查阅相关资料并阐述 OBD 车载智能终端的发展趋势。

★知识准备

一、OBD 车载智能终端的定义

OBD 是具备对车辆进行故障诊断、异常监控、车况数据上传、油耗分析、里程统计等功能的一款车载设备。OBD 能让车主更简单、更便捷地了解车况信息,有着很大的潜在市场需求。

OBD 车载智能终端,最初仅仅是为了辅助维修人员进行车辆诊断。其 OBD 接口通常在汽车转向盘下方比较隐蔽的位置,供汽车修理厂维修人员检测车辆故障时使用。维修人员通过标准的诊断仪器以故障码的形式读取相关信息,根据故障码的提示,能迅速、准确地确定故障的性质和部位。

随着互联网技术对传统汽车行业的渗透,车载智能终端逐渐从服务专业人员向服务车主转变。移动互联网的快速发展和 UBI(Usage-based insurance,基于使用量而定保费)车险的出现,促使 OBD 产品登上车联网这一舞台。近几年,国内外互联网巨头纷纷涉足车联网领域。苹果公司推出了 CarPlay 服务,谷歌推出了 OAA(Open Automotive Alliance,开放汽车联盟)。

目前市场上,OBD 有三种产品形态:第一种是基于车联网的 OBD 终端,这种终端目前都是内置 2G/3G/LTE 的无线通信模块;第二种是通过蓝牙的方式与手机 APP 连接,从而实现对车辆的故障诊断等功能;第三种是基于串行通信的 OBD 终端,这种终端主要作为一个传感器或外设与车载导航终端、后视镜导航终端、HUD 等产品连接,实现车辆的故障诊断、油耗分析等功能。

另外,国内汽车厂商也推出了类似于 OBD 的相关产品,称作 T-Box。和 OBD 所不同的是,T-Box 实现了与 CAN 总线的高度集成,用户可对车辆进行远程控制,如远程启动车辆、远程打开空调等。

二、OBD 车载智能终端的功能

OBD车载智能终端的功能

随着技术的发展,OBD 车载智能终端的功能越来越多样化。目前市场上主流的 OBD 车载智能终端可以提供汽车实时状态监测、行车信息记录、远程控制、电子围栏、碰撞提醒等基础功能。

1. 实时状态监测功能

根据 OBD 接口提供的数据,车载智能终端能够实现车辆状态的实时监测。终端读取汽车故障信息后,对故障码进行分类分级警告提示,确保汽车处于安全行驶状态;终端还可以读取冷却液温度、电池电压、剩余油量、发动机转速等信息,当以上数据值超过限定阈值时,显示设备弹出警告提示。可见,OBD 的实时监测应用功能主要包括故障诊断系统、油量统计系统、胎压监测系统、安全预警系统、加速度测试系统、绿色行车报告功能、维护系统、车辆防盗系统、增值系统等。

2. 行车信息记录功能

OBD 车载智能终端能够实现全方位的行车信息记录。终端读取车速数据,并结合 RTC(实时时钟)模块,计算出汽车平均速度、瞬时速度、最高速度、油耗、行驶时间、行驶里程等行车信息;通过配置加速度传感器(G-sensor)和陀螺仪,终端可以分析计算急加速、急减速、急转弯等驾驶数据;通过使用 GPS 硬件模块,终端可以记录行驶轨迹。具体监控功能如下:

(1)远程监控和控制。通过硬件内置的 2G/3G/4G/5G 移动通信模块,车载智能终端可以远程监控汽车门、窗、灯等的状态。当需要远程对汽车进行操作时,例如热车、升窗、关灯等，车主可通过手机等显示设备给车载智能硬件发送指令，硬件通过 OBD 接口与 ECU 通信、完成指令操作。

(2)电子围栏。车载智能终端可以实现车辆防盗警告。通过硬件内置的 GPS 和 2G/3G/4G/5G 移动通信模块，终端可以实时定位车辆位置。当车辆位置超出自定义的电子围栏范围时，显示设备弹出警告提示。

(3)碰撞提醒。车载智能终端还可以识别碰撞并及时提醒用户。在车辆未启动状态下，通过加速度传感器和陀螺仪，终端可以识别车辆碰撞情况。当识别到车辆遭受碰撞时，终端通过 2G/3G/4G/5G 移动通信模块将事件实时传输给用户。由于车辆处于开放环境，检测精度易受到天气和周围环境的影响。当识别算法灵敏度过高时，可能产生误判；当识别算法灵敏度较低时，可能无法识别到真实的碰撞。

3. 可发展的扩展方向

目前的 OBD 车载智能终端还处于起步阶段。随着硬件技术逐步成熟，从用户角度出发，结合市场实际需求，OBD 车载智能终端具有很大的探索空间。其主要可发展的扩展方向如图 8-1 所示。

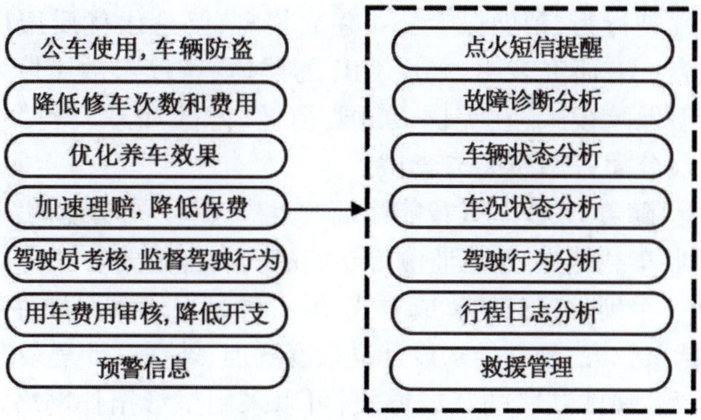

图 8-1　OBD 车载智能终端的扩展方向

(1)汽车后服务。汽车后服务市场是一个红海，目前主要依靠线下实体店面，用户体验较差，而互联网对汽车后服务市场的渗透和改造已是大势所趋。结合互联网应用，车载智能终端系统可以提供汽车维护提醒、线上预约和维护知识解读等服务。汽车常规维护一般是基于行驶里程的维护。终端通过 OBD 接口读取总里程数据，根据不同品牌、车系、车型、年款的汽车维护里程，及时进行维护提示。由于汽车 4S 店或维修店技师和停车位有限，线上预约服务可以有效节省用户时间，同时也便于商户资源管理。由于汽车 4S 店的权威性和垄断性，大多数人对于具体维护项目并不了解，只能被动接受 4S 店的维护套餐。通过构建维护知识体系，车载智能终端可以让用户更了解维护内容和意义，同时也可以对商家提供的维护项目做出合理判断。

(2)数据分析。OBD 接口获取到的各种行车信息，可以被终端上传到云端，云端可以利用统计分析、数据挖掘等大数据知识，从数据维度、车型维度、时间维度、地域维度等多角度深入分析，比较用户驾驶行为，发现驾驶行为共性和个性，辅助用户建立良好的驾驶行为习惯，甚至对潜在的一些故障风险给出预警。

(3)外置传感器。由于不同车型原有传感器配置不同，可通过外置传感器获取汽车其他有价值的数据。例如,在中低端车型中,可能原厂并未配置胎压传感器,终端可以通过外置胎压传感器,实时监测胎压状态,及时发现胎压异常情况。随着新型传感器种类的增加,越来越多的传感器将有可能应用到车载环境中。

三、OBD 车载智能终端的发展趋势

目前市场上,车载智能终端服务显示设备多为智能手机。手机的局限性在于,当用户在行驶中需要将目光从道路聚焦到手机屏幕上时,这种行为存在不小的安全隐患。所以作为服务显示设备,手机并不是最好的选择。理想的服务显示设备,应该实现显示屏幕与真实道路的无缝契合。乐观的是,相关技术正在蓬勃发展,例如基于红外相机的非接触手势控制以及语音识别技术,可以实现无须低头搜索按钮或触摸屏幕。非接触手势控制技术和语音技术的应用,是未来车载智能终端的发展趋势。

OBD 的商业模式 UBI 是一种基于用量保险的新型商业模式。UBI 应用于车险领域,其理论基础是驾驶行为表现较安全的驾驶员应获得保费优惠。基于 OBD 的车载智能终端能够准确获取用户驾驶行为,帮助保险公司建立模型,筛选出优质用户,这些优质用户会获得较大的保费优惠。有研究表明,采用 UBI 的群体,碰撞事故下降 50%~75%。UBI 作为大数据时代的新型保险模式,在美国、英国、荷兰、德国和意大利都有广泛的相关保险产品。我国已有保险公司开始研究与尝试。

在硬件集成方式上,随着 OBD 车载智能终端的发展,对不同功能的需求越来越多。其中,车辆定位、远程控制、车载热点、胎压监测等功能的实现都需要硬件的支持。硬件集成有两种方式:一种是基于一个硬件架构的集成方式,另一种是采用多个硬件互联的集成方式。前者将导致硬件体积越来越大,硬件结构设计复杂度增加、外观设计复杂,不利于硬件插拔,硬件功能扩展受限。而多硬件互联的集成方式,可以采用星形拓扑网络连接,即多个硬件设备连接到一个中央设备。基于星形拓扑结构的硬件集成方式,极大地简化了硬件结构设计的复杂度,增强了硬件功能的延展性,是未来硬件集成方式发展的主流方向。

互联网对传统行业的渗透、结合和颠覆已是不可逆转的潮流,电商、打车、医疗等领域都已印证了这一点。车联网被普遍认为是互联网与传统行业结合的下一个红海。而 OBD 车载智能终端因其独特的产品属性,已成为国内外互联网巨头进入车联网领域、占领汽车后服务市场的切入口和争夺点。随着技术的发展,终端功能越来越多样化,包括实时状态监测、行车信息记录、远程控制、电子围栏、碰撞提醒等基础功能。同时,借助大数据知识和云服务,车载智能终端在汽车后服务、数据分析、外置传感器等方面也将有广阔的功能扩展空间。应用非接触手势控制和语音识别等高新技术,将是车载智能终端交互方式的优化趋势。星形拓扑结构的硬件集成方式极大地提升了硬件功能的延展性。结合新型 OBD 的车载智能终端将实现用户、保险公司、服务提供商的三方共赢。

随着汽车 OBD 功能的深入应用,大量拥有后台的运营商、软件开发商及汽车电子生产商纷纷把目光投向了 OBD 应用领域,想通过 OBD 得到里程、油耗、汽车故障等信息,并通过 OBD 开发出更强大的新功能产品,利用新功能去提升增值服务,从而提高产品附加值,掌握终端客户群。从目前 OBD 的发展态势来看,很多公司利用 OBD 功能在车联网领

域立项，这就意味着一个新行业的兴起，预计在未来，OBD 车载智能终端将会作为车载产品标准配置项，必将为我国的车联网落地做出突出的贡献。

任务二 OBD 的接入方式和监测数据

基于 OBD 的车载智能终端，可以方便地与车辆进行连接，除了能对车辆进行故障检测，分析驾驶员用车习惯，还能实现精确定位、实时监控、防盗追踪、年检提醒、车辆保养、低电报警等多种功能，是车主的“智能安全管家”。

★任务目标

素质目标

1. 培养团结合作的精神。
2. 树立精益求精的工作态度。
3. 培养爱国精神，增强民族自信。

知识目标

1. 掌握 OBD 的接入方式。
2. 掌握 OBD 的监测数据。

能力目标

1.能根据具体场景阐述 OBD 的功能。
2.能阐述 OBD 功能的发展趋势。

★知识准备

一、OBD 的接入方式

基于 OBD 的车载智能终端主要有三种网络接入方式，即蓝牙接入、2G/3G/4G/5G 移动通信接入和 Wi-Fi 接入。目前市面上大部分终端可以支持一种或多种接入方式。

1. 蓝牙接入

蓝牙

蓝牙技术是一种应用于便携设备和装置之间的短程无线通信技术。2010 年,蓝牙特别兴趣小组(SIG)发布 4.0 核心规范,主要包括蓝牙低功耗技术(BLE),又称智能蓝牙技术。蓝牙 4.0 协议突破了功耗技术瓶颈,使一粒纽扣电池可以持续工作数年之久,极大地提高蓝牙技术在物联网中应用价值的同时,扩展了其使用范围。

蓝牙 4.0 协议在开放空间下支持射程范围可达 150 m,输出功率约为 10 mW,最大电流为 15 mA,延迟 3 ms。协议允许正在进行广播的设备连接到正在扫描的设备上,从而避免重复扫描,优化了连接建立机制,极大地缩短了连接建立时间。协议采用星形拓扑结构实现一对多点的连接,使得设备在建立连接和断开连接之间切换灵活,支持连接设备数量大于 20 亿个。调制模式(Modulation)采用 2.4 GHz 的 GFSK(高斯频移键控)模式,减少了数据收发复杂性。协议采用 24 位 CRC(循环冗余校验码)自适应调频技术,确保在受干扰时具有更大的稳定性。安全性方面使用 CCM(连续传导模式)的 AES-128(128 位密钥的高级加密标准)完全加密。在深度休眠状态下,协议支持主机长时间处于超低负载循环状态,同时通过增大数据发送间隔时间,以及采用先进的嗅探性次额定(Sniff-Subrating)功能连接模式,使得休眠电流(Sleep-current)可降低至 1 μA。

基于 OBD 的车载智能终端要求设备兼具智能性和低功耗。终端智能性的表现之一就是能够在第一时间完成设备唤醒并建立连接。低功耗主要要求设备在待机或休眠状态下,功耗尽可能减小,不会大量损耗汽车蓄电池电量。蓝牙 4.0 协议极低的运行和待机功耗,以及优化的休眠机制,同时满足了车载智能终端智能性和低功耗的需求。

2. 2G/3G/4G/5G 移动通信接入

随着移动通信技术的快速发展,国内移动通信的现状是 2G/3G/4G/5G 并存。2G 网络广泛采用时分多址(TDMA)技术。国内主流的 GSM 标准支持移动语音业务,其传输速率为 9.6 kbit/s;GPRS 标准支持移动数据业务,传输速率为 56~114 kbit/s。3G 网络广泛采用码分多址(CDMA)技术,国内三大运营商中国移动、中国联通、中国电信分别采用 TD-SCDMA、WCDMA、CDMA2000 技术。3G 标准的理想数据传输速率是 2 Mbit/s,在用户高速移动时可达 144 kbit/s,在低速移动时达到384 kbit/s。4G 网络采用正交频分复用(OFDM)、智能天线、软件无线电等先进技术,其数据传输速率提高到 100 Mbit/s,能够满足移动用户高质量的影像服务。5G 网络具有传输速率高、时延低、更高的频谱效率和低功耗等特点,峰值速率能够达到 10 Gbit/s,可以达到 0.1~1 Gbit/s 的用户体验速率;端到端时延可达到毫秒级水平,业务时延小于 5 ms,可实现 450 km/h 高速环境下的通信。

目前,基于 OBD 的车载智能终端需要传输的数据量较小,其业务主要为基础数据业务,使用 2G 移动通信模块即可实现数据的实时传输。随着 OBD 功能逐步向多元化发展,未来车载智能终端需要更多地支持影像等多媒体数据业务,可通过配置 3G/4G/5G 移动通信模块实现大流量、高带宽数据传输。移动通信模块同时也是实现控制汽车、防盗报警等功能的重要组成部分。

3. Wi-Fi 接入

Wi-Fi 是一种基于 IEEE 802.11 标准创建的,目前使用最为广泛的无线网络传输技术,传输速率可达 54 Mbit/s。车载 Wi-Fi 通过 3G/4G 无线上网卡将信号转化为 Wi-Fi 无线信号,以供多个接入点共享。基于 OBD 的车载智能终端可以通过专用车载 Wi-Fi 设备接入网络,实现信息传输。同时,车载智能终端也可自身集成 Wi-Fi 模块,实现与手机等车内设备互联。

二、OBD 的监测数据

OBD 最初通过 ECU 监测与排放有关的部件实现对车辆进行监测。当汽车出现故障时,故障指示灯(MIL)会在汽车仪表板闪烁,以提示驾驶员。美国汽车工程师协会(SAE)率先推动车载诊断的标准化,命名为 OBD-Ⅰ。引入 OBD 的最初目的是鼓励汽车制造商设计更可靠、更环保的排放控制系统。然而随着时间的推移和科技的进步,OBD 能够提供更多的诊断和传感器数据,以帮助汽车技师识别车辆问题来源,OBD-Ⅰ逐步发展为 OBD-Ⅱ。OBD-Ⅱ是 OBD-Ⅰ标准的提高版和强制版。在北美,1996 年以后销售的所有汽车都支持 OBD-Ⅱ。在我国,2006 年以后销售的汽车都要求支持 OBD-Ⅱ。

OBD 提供统一的 16PIN(16 位个人识别码)外部接口,具备数据传输功能。车载智能终端从 OBD 接口可以读取到以下几类数据:仪表板数据、故障码数据、安全相关数据和 ECU 数据。由于车厂的保护,部分数据为私有协议数据,即不同车厂对其制定不同的协议标准。

仪表板数据包括里程、速度、转速、冷却液温度、剩余油量等,其中部分数据是私有协议数据。仪表板数据是汽车最基础的信息,易于用户理解。OBD 的车载智能终端可以安全地读取仪表板数据。

OBD-Ⅱ故障码由不同数量的字符组成,包括数字和字母,其中一部分故障诊断代码是通用的,另一部分由汽车制造商特别制定。当汽车 ECU 监测到故障时,故障码被存储在 ECU 存储器中。车载智能终端通过 OBD 接口与 ECU 进行通信,获取 ECU 监测的故障码,从而进行解读。故障码的标准解释一般专业性很强,用户难以理解。OBD 的车载智能终端可提供更为人性化的故障解读,例如说明故障出现原因,以及提示用户应该如何处理等。OBD 故障码有 3000 条左右,终端需对其进行归类分级,只对等级高的故障进行警告提示,以减少用户在使用中频繁触发一般故障的困扰。与安全相关的数据包括 ABS 和气囊信息等。车载智能终端一般不可读取此类数据,尤其在汽车行驶中,否则可能导致部分汽车仪表板故障灯误闪,甚至造成更为严重的后果。ECU 数据指 ECU 通信的全部数据,也包括所有私有协议数据。在汽车行驶时,车载智能终端读取此类数据存在一定的风险。

任务三　OBD 车联网系统的组成及工作过程

OBD 采用“软件+硬件”的方式运行。软件为 APP 应用，安装于手机、平板等移动终端；硬件为兼容汽车 OBD 端口的智能终端设备，用于读取汽车行车数据与车主驾驶行为，内嵌上网卡，自带上网功能。工作流程简单来说就是，硬件设备在读取汽车数据后，将数据传送至云端服务器，服务器执行解码工作，最后将解码后的状态传送到 APP 呈现给用户。

★任务目标

素质目标

1. 培养团结合作的精神。
2. 树立精益求精的工作态度。
3. 培养爱国精神，增强民族自信。

知识目标

1. 掌握 OBD 车联网系统的组成。
2. 掌握 OBD 车联网系统的工作过程。

能力目标

1.能根据具体场景阐述 OBD 车联网系统的组成。
2.能根据具体场景阐述 OBD 车联网系统的工作过程。

★知识准备

一、OBD 车联网系统的组成

基于 OBD 模式的车联网系统，主要由 OBD 车载智能终端、云平台、显示终端等模块组成，其网络结构如图 8-2 所示。OBD 车载智能终端主要负责通过 OBD 接口与汽车

ECU 建立通信,接收外置传感器信号,并将读取到的汽车和传感器数据通过无线网络传输给智能手机等显示终端和云端,同时接受来自显示终端和云端的控制指令。云端主要负责接受来自车载智能终端和显示终端数据,对数据进行处理(积累、分析等工作),并提供数据服务(推荐、预警等)给用户。显示终端主要负责将车载智能终端数据显示给用户,并把汽车数据和用户行为数据传输给云端分析;另外,接收用户输入的控制指令,并把控制指令和相关数据请求发送给车载智能终端。

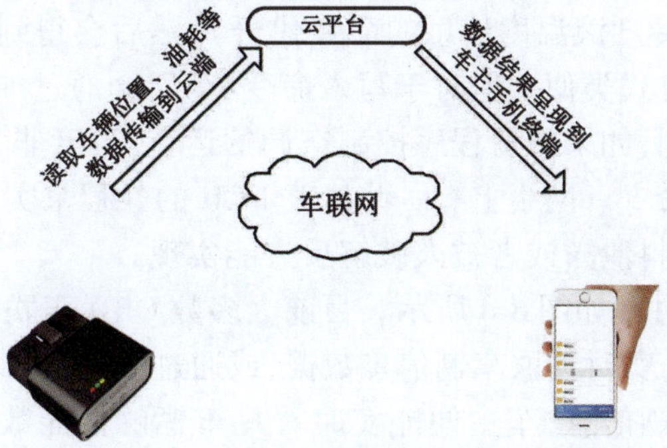

图 8-2　基于 OBD 的车载智能终端网络结构图

在逻辑上,OBD 车联网系统则是一个典型物联网的系统结构,由数据采集、数据分析、结果展现等组成,如图 8-3 所示。OBD 车联网系统具有稳定性、及时性和智能性等特点。稳定性主要体现在车载设备的工作能力上,不会引起车辆故障,不会大量耗费车辆的电池电量,在各种气温、各种颠簸、各种辐射环境中都能正常采集数据,在移动网络失常时有补偿策略等。及时性体现在各类型用户获得信息时没有延迟,比如驾驶员开车时家人能立即知晓、车辆熄火后驾驶员就可以得到本次行程的详细分析结果、4S 店通过数据分析后尽快提示车主等。智能性主要体现在数据的分析结果上,面对不同用户是可读的、准确的,比如提供给车主的不应该是一堆专业词汇,而是通过对多个故障码的联合分析,能告知车主故障程度及建议的解决方案(暂不影响使用、尽快修理、车辆不宜行驶等)。

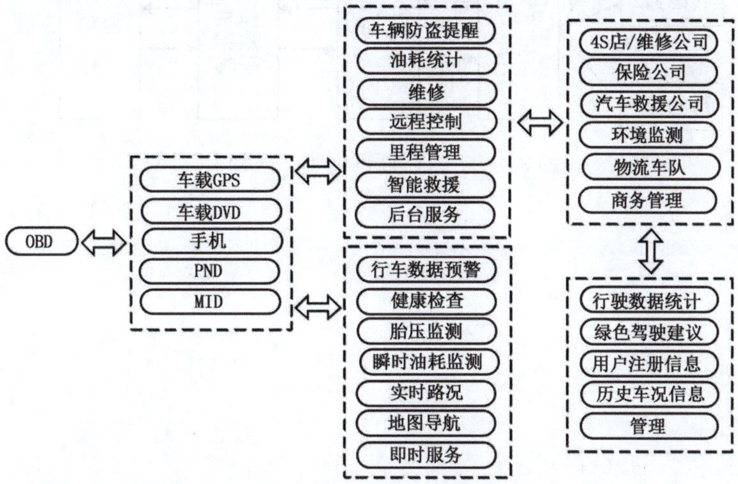

图 8-3　OBD 车联网系统

二、OBD 车联网的工作过程

现在市场上的在售车辆，都会强制安装 OBD-Ⅱ的接口(国家标准)。外部设备可通过该接口，按照 OBD-Ⅱ协议中所约定的数据报文格式对车辆的信息进行访问读取以及写入。比如车主现在想读取当前发动机的冷却液温度值，则会通过外设向该接口发送一个命令，如“0015”(请求冷却液温度信息的命令代号)，然后会得到一个冷却液温度的返回值。其他属性的读取方式类似。但对于写入命令，车厂会通过加密、隐瞒接口、权限验证等方式进行严格的限制，如果想写程序控制空调的运行，难度非常大，因为厂商一般不对外公布对空调控制的命令。网络上有一些修改 ECU 的教程来实现一键升窗、自动落锁等功能，都是少数内部资料泄露或者被人破解后方能实现。

OBD 车联网的工作过程如图 8-4 所示。目前大多数 OBD 车联网，仅仅是通过手机或车载导航连接 OBD 接口，实时读取车辆信息数据，或通过修改 OBD 数据来切换车辆的状态。通过 OBD 读取的车辆信息，车主便能实时看见车辆的性能数据，比如当前的转矩、功率、转速、油耗，还能绘出各种图表，甚至能远程开关车灯和车窗等。

通过 OBD 接口可以实现一部分控制车辆的功能，比如车窗升降、车灯开关等，这些功能在行业的专业术语为动作测试。甚至可以通过 OBD 接口实现更高级的功能，比如修改钥匙匹配、节气门匹配、发动机怠速修改、最高车速限制等。这些都是通过向车辆控制单元(ECU)发送特定指令来实现的。但是这些指令都不是统一的命令，而是因车辆厂家不同、年款不同而异。4S 店一般都有厂家指定的专用 OBD 设备。但对于很多私人的修理厂来说，原厂诊断仪只能用于特定单一的品牌车辆，而且价格高，所以他们一般选用根据原厂诊断仪或者厂家内部流出的协议文件开发的综合性诊断仪。

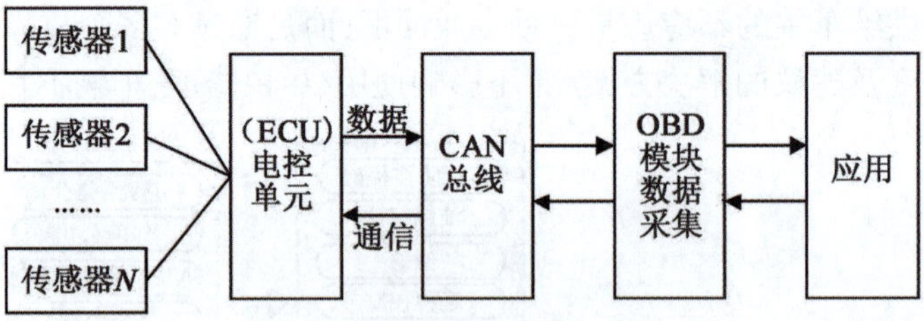

图 8-4 OBD 车联网的工作过程

★拓展视窗

"鸿蒙"将带来什么?

设想一下,你在汽车上语音通话,熄火下车后可以把通话转移到手机上,走到家门口再把通话转到智能手环上,然后腾出手翻包拿钥匙,进门后又可以再次把通话转移到电视上,打开摄像头,视频连线……这样的"鸿蒙场景"并不遥远。

2021 年 6 月 2 日,华为发布包括手机、智能手表、平板电脑在内的多款搭载 HarmonyOS 2.0(鸿蒙操作系统)的新产品。同时宣布,旗下多款设备将陆续启动 HarmonyOS 2.0升级。

"今天,我们处在一个万物互联、万物智能的时代,同时也是一个互联网、社交网络高度发达的时代,没有人会是一个孤岛,每个人通过我们的互联网、智能终端、社交网络连接起来。无论经历多大的困难、多大的打击,我们为全球消费者提供更好用户体验、更好产品的决心不会改变。"华为常务董事、消费者业务 CEO 余承东在发布会上表示。

操作系统如同人的大脑,是手机的根基,有了它,各种 APP 才可以运行。操作系统如果不由自己掌握,万一哪天别人不让你用,麻烦可就大了。2012 年,美国对中兴和华为两家公司发起了调查和国会听证,使得这两家国内顶尖通信公司的美国扩张之路遭遇重挫。自从卷入中美贸易冲突后,华为遇到的最严峻挑战之一就是可能失去安卓系统的使用权。危机之下,华为萌生了自研操作系统的想法。经过几年的尝试,2016 年鸿蒙系统正式启动设计。来自华为内部的消息令人振奋, 2017 年,鸿蒙内核 1.0 完成。2019 年 8 月,鸿蒙 OS 1.0 发布。2020 年 12 月,鸿蒙 OS 2.0 手机开发者 Beta 版发布。华为自己的操作系统面市后,将打通手机、电脑、平板、电视、汽车、可穿戴设备等各种硬件,兼容全部安卓应用和通过网络访问的应用。

自华为推出鸿蒙之日起,外界对其是"第二个安卓"的说法就从未止歇。事实上,不管是"分布式技术"还是"IOT 操作系统",这些概念对大众来说都过于陌生和抽象。面对种种猜测,华为鸿蒙负责人王成录告诉记者,HarmonyOS 的定位一直很清晰,它瞄准的从来不是安卓或 iOS,这是面向万物互联时代的操作系统。

何为万物互联?万物互联,意味着用一套操作系统,把包括手机在内的大大小小的硬件,从底层连接起来,仿佛融合成一台设备——从手机、手表到家电、汽车,从智慧办公、智慧出行到智能家居、智能工厂,设备"孤岛"之间将无障碍联通,可以更"傻瓜"地去操控。

以鸿蒙为例,在其生态下,使用手机连接显示器,手机就变成了服务器,可以随时随地拿着手机到任何有显示器的地方办公,无须使用笔记本电脑;平板电脑和个人电脑之间实现互通,平板电脑上无法安装的软件,则可以直接调用电脑上的软件;甚至在未来,鸿蒙有望让"智能手表操控汽车"成为可能。

在鸿蒙系统里,授权许可证被命名为“木兰”——打破桎梏,勇敢淳朴。以这样的精神开拓创新,我们必将自立于世界民族之林。

★学习小结

本项目主要讲解 OBD 车载智能终端的定义、功能和发展趋势,以及 OBD 的接入方式和监测数据,OBD 车联网系统的组成及工作过程。通过学习,学习者应明确 OBD 车载智能终端的定义,掌握 OBD 的接入方式和检测数据,掌握 OBD 车联网系统的组成及工作过程,对基于 OBD 的车载智能终端有较全面的认识。

★任务工单

实训工单八　基于 OBD 的车载智能终端

任务名称		实训日期	
学生姓名		班级学号	
小组成员		组长姓名	

实训目标：

1.能够依据接待要求，结合客户的需求，独立完成接待准备工作。

2.能够结合客户车辆的故障现象，根据维修手册初步判断 OBD 系统是否存在故障。

3.能够根据故障现象及客户的咨询信息，依据维修手册及操作规范、标准，制订车辆的初步维修方案。

4.能够根据 OBD 系统的检测要求，结合客户车辆的配置情况，使用专用设备工具及维修软件完成系统的检测工作。

5.养成与他人协作的习惯，具备良好的人际交往能力。

一、接受工作任务	成绩：

汽车服务站新接收了一辆待维修车辆，根据车主反映的故障现象，维修技师王强首先对该车的 OBD 系统进行了检测，要求对检测过程及检测结果等情况进行记录。

二、信息收集	成绩：

1. 实训设备名称：________________________________。
2. 实训场地的要求：______________________________。
3. 实训所用工具：______________。
4. 实训人员的要求：_____人完成，_____人辅助，分_____组。
5. 实训的安全注意事项是：____
____
____
____
____
____
____
____
____
____。

三、制订计划		成绩：
1. 请根据操作规范及要求，制订 OBD 系统的检测实训计划。		
操作流程		
序号	作业项目	操作要点
计划审核	审核意见： 年　月　日　签字：	

2. 请根据实操作业计划，完成小组成员任务分工。

操作人		记录员	
监护人		展示员	

作业注意事项

①实训开始前应摘掉各类饰品，换上实训服，长头发应挽起固定于脑后。
②整车实训时应确保点火开关处于 Lock 位置，操作另有要求的除外。
③就车工作时，应施加驻车制动，除非特定操作要求置于其他挡位。
④举升车辆时应按照规范进行，避免发生意外事故。
⑤工具使用后，应清洁并归还原处。

实训设备/工具/材料

序号	名称	数量	清点
			□已清点
			□已清点
			□已清点
			□已清点
			□已清点
			□已清点
			□已清点
			□已清点

<table>
<tr><td colspan="2">四、计划实施</td><td colspan="2">成绩：</td></tr>
<tr><td colspan="4">1. 请完成 OBD 系统检测作业前的检查及车辆防护，并记录信息。
①作业前的车辆清洁。</td></tr>
<tr><td></td><td colspan="3">作业内容：

作业结果：</td></tr>
<tr><td colspan="4">②作业前的安全检查。</td></tr>
<tr><td></td><td colspan="3">作业内容：

作业结果：</td></tr>
<tr><td colspan="4">③作业前工具的准备与检查。</td></tr>
<tr><td>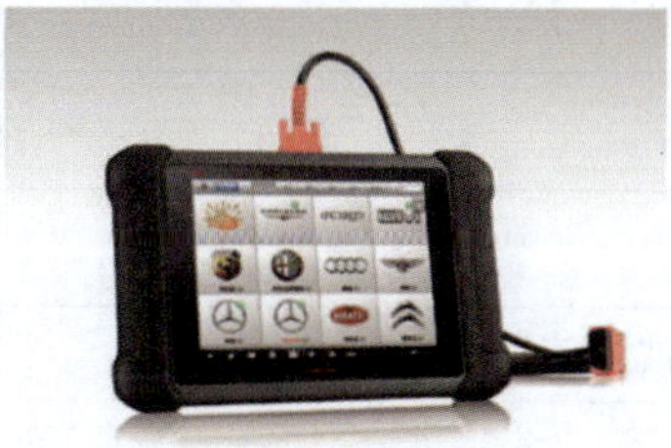</td><td colspan="3">作业内容：

作业结果：</td></tr>
<tr><td colspan="4">2. 请检查 OBD 系统。
①OBD 的位置与针脚信息。</td></tr>
<tr><td rowspan="2"></td><td rowspan="2">OBD 的位置与针脚信息</td><td>位置</td><td>是否找到：□是　□否</td></tr>
<tr><td>针脚信息</td><td>是否找到：□是　□否</td></tr>
</table>

②汽车各模块与 OBD 之间的连接。(画出框图)

3. 请读取 OBD 系统的故障码与数据流信息。

控制单元名称	故障码	数据流

4. 请检查 OBD 系统的波形信号。

<table>
<tr><th>理论波形信号</th><th colspan="2">实测波形信号</th></tr>
<tr><td rowspan="2">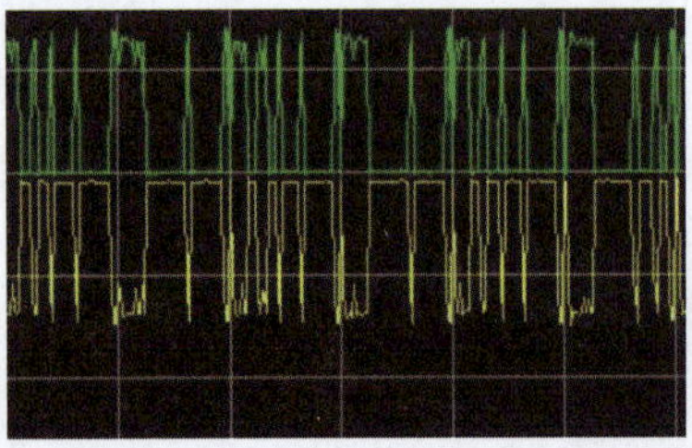</td><td>OBD CAN-H 线波形</td><td>是否正常:□是　□否</td></tr>
<tr><td>OBD CAN-L 线波形</td><td>是否正常:□是　□否</td></tr>
</table>

五、质量检查		成绩：
请实训指导教师检查各组作业结果，并针对实训过程中出现的问题提出改进措施及建议。		
序号	评价标准	评价结果
1	准备工作	
2	任务完成情况	
3	操作是否规范，执行步骤的顺序是否正确	
综合评价	☆☆☆☆☆	
综合评语（作业问题及改进建议）		

六、评价反馈	成绩：
请根据自己在课堂中的实际表现进行自我反思和自我评价。	
自我反思：________________________________。	
自我评价：________________________________。	

实训成绩单			
项目	评分标准	分值	得分
接受工作任务	明确工作任务,理解任务在企业工作中的重要程度	5	
信息收集	掌握 OBD 系统整体结构图与实物图的匹配	5	
	掌握 OBD 系统检测所用的设备及工具	5	
	掌握工作的任务内容	5	
	掌握 OBD 系统的检测方法	5	
制订计划	按照 OBD 系统的操作步骤制订相应的工作计划	10	
	能协同小组人员安排任务分工	5	
	能在实施前准备好所需要的工具器材	5	
计划实施	规范进行场地布置及工具检查	5	
	识别 OBD 系统在实车上的应用	5	
	检查 OBD 系统的组成部件	10	
	检查 OBD 系统的故障码、数据流信息	10	
	检查 OBD 系统的波形信号	10	
质量检查	学生任务完成,操作过程规范	5	
评价反馈	学生能对自身表现情况进行客观评价	5	
	学生在任务实施过程中发现自身问题	5	
得分(满分 100)			

★学习评价

一、选择题(不定项选择)

1. OBD 是具备对车辆进行(　　)等功能的一款车载设备。OBD 能让车主更简单、更便捷地了解车况信息。

A. 故障诊断　　B. 异常监控　　C. 车况数据上传　　D. 油耗分析

2. 目前市场上主流的 OBD 车载智能终端可以提供(　　)等基础功能。

A. 实时状态监测　　B. 行车信息记录　　C. 远程控制　　D. 碰撞提醒

3. 基于 OBD 的车载智能终端主要有(　　)三种网络接入方式。目前市面上大部分终端可以支持一种或多种接入方式。

A. 蓝牙接入　　B. 2G/3G/4G/5G 移动通信接入

C. Wi-Fi 接入　　D. 有线接入

4. 基于 OBD 模式的车联网系统,主要由(　　)等模块组成。

A. OBD 车载智能终端　　B. 云平台　　C. 显示终端　　D. 路面设施

5. OBD 提供统一的 16PIN 外部接口,具备数据传输功能。车载智能终端从 OBD 接口可以读取到的几类数据包括(　　)。

A. 仪表板数据　　B. 故障码数据

C. 安全相关数据　　D. ECU 数据

二、判断题

1. OBD 车载智能终端仅仅是供汽车修理厂技师检测车辆故障时使用,与用户关系不大,因此不可能得到很好的发展。(　　)

2. OBD-Ⅱ故障码由不同数量的字符组成,包括数字和字母,其中一部分故障诊断代码是通用的,另一部分由汽车制造商特别制定。(　　)

3. 在逻辑上,OBD 车联网系统则是一个典型物联网的系统结构,由数据采集、数据分析、结果展现等组成。OBD 车联网系统具有稳定性、及时性和智能性等特点。(　　)

三、简答题

1. 简述 OBD 车联网的工作过程。

2. 查阅相关资料,简述 OBD 车载智能终端的未来发展趋势。

项目九

车路协同技术

车路协同系统基于无线通信、传感探测等技术获取车辆和道路信息，通过车车、车路通信进行交互和共享，实现车辆和基础设施之间的智能协同与配合，达到优化利用系统资源、提高道路交通安全、缓解交通拥堵的目标。

★学习情境

汽车服务站新接收了一辆待维修车辆，据车主王先生反映，车辆行驶过程中显示与云平台通信失败。若你是技术服务人员，请为王先生解决以上问题。

任务一　智能交通系统与车路协同

车路协同技术有效地将人、车、路进行智能协作，可以为减少交通运输造成的安全事故、拥堵和污染等问题，起到重要的作用，受到世界各国研究机构的关注和重视。

★任务目标

素质目标

1. 培养团结合作的精神。
2. 树立精益求精的工作态度。
3. 培养爱国精神，增强民族自信。

知识目标

1.掌握智能交通系统的定义。
2.掌握车路协同的定义与结构。
3.了解车路协同的未来发展趋势。

能力目标

1. 能根据具体情境对 ADAS 进行故障分析。
2. 能根据具体情境处理 ADAS 的实际问题。

★知识准备

一、智能交通系统

1. 智能交通系统的定义

智能交通系统（Intelligent Traffic System，ITS）又称智能运输系统（Intelligent Transportation System），是将先进的科学技术（信息技术、计算机技术、数据通信技术、传感器技术、电子控制技术、自动控制理论、运筹学、人工智能等)有效地综合运用于交通运输、服务控制和车辆制造,加强车辆、道路、使用者三者之间的联系,从而形成一种保障安全、提高效率、改善环境、节约能源的综合运输系统。

二、车路协同技术

1. 车路协同的定义

智能车路协同系统简称车路协同系统,是智能交通系统(ITS)的最新发展方向。

车路协同系统(Cooperative Vehicle Infrastructure System,CVIS)是采用先进的无线通信和新一代互联网等技术,全方位实施车车、车路动态实时信息交互,并在全时空动态交通信息采集与融合的基础上开展车辆主动安全控制和道路协同管理,充分实现人、车、路的有效协同,保证交通安全,提高通行效率,从而形成安全、高效和环保的道路交通系统。近年来,CVIS已经成为智能交通系统的重要研究方向和关键技术之一,已经成为当前解决交通安全、通行效率等多种交通问题的重要技术手段。车路协同系统的物理结构框架如图9-1所示。

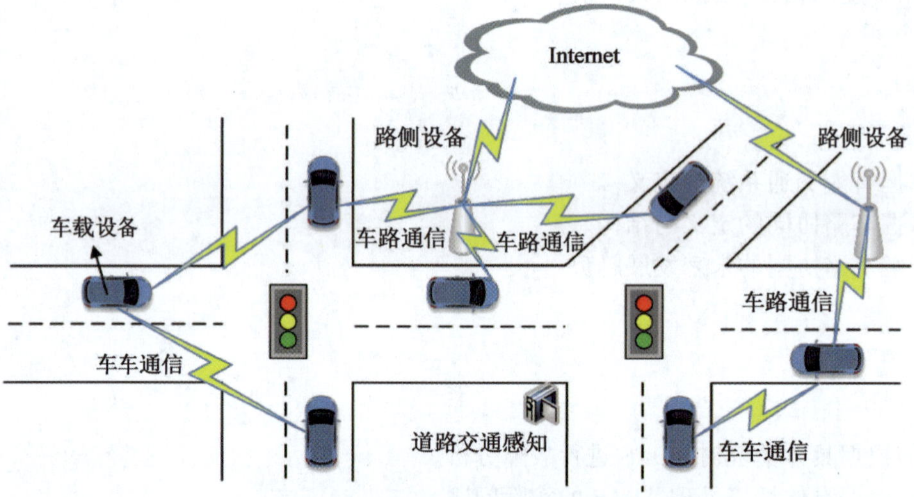

图9-1　车路协同系统的物理结构框架

车路协同系统主要应用在交通安全、信息服务以及交通管理方面,交通安全是其应用的最主要方面。通过车车、车路之间的信息交互来获取道路交通安全信息,不受天气及环境影响,精确度高,通过使用主动式的危险监测、预警,可以有效提醒驾驶员车辆在行车过程中的安全隐患。将智能车路协同技术应用于换道辅助驾驶中,借助于车路协同技术中的车车、车路之间的信息交互,可以在大雪、大雾等天气视野受限的情况下,有效地感知周边车路环境的状态,增强车辆对周边环境的感知能力,提高换道的成功率;可以在车辆进行换道操作时,对周边车辆进行广播预警,提示其注意躲避,安全行驶;同时可以为交通管理者提供行车信息,为道路交通安全提供实时有效的流动式信息采集点,对整个交通运输的安全、提高交通效率具有重大的意义。

2. 车路协同的结构

车路协同系统就是将交通组成部分人、车、路、云利用先进的科学技术(包括现代通信技术、检测感知技术以及互联网等)来实现信息交互的交通大环境,是基于全路段、全时间的交通动态信息采集与融合技术来提升车辆安全、道路通行能力以及智能化管理程度,达到加强道路交通安全、高效利用道路有限资源、提高道路通行效率与缓解道路拥堵的目标,形成安全、高效、环保、智能的交通环境。如图 9-2 所示,系统由车载单元、路侧单元、中心管理服务器、视屏监控系统、信号控制系统五部分组成,各部分通过 DSRC、4G 网络、视频专网、信号专网建立连接。

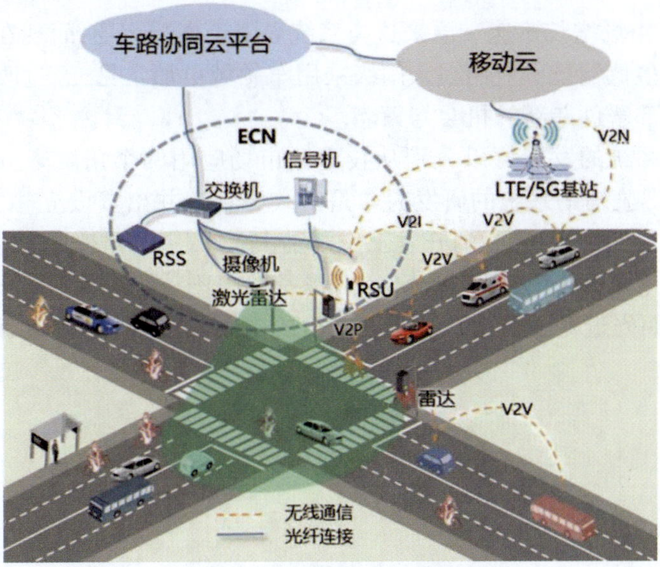

图 9-2 车路协同系统图

路侧单元(RSU)可以检测自身状态信息,感知周围交通环境(包括交通流信息、道路几何特性、路面特殊事件交通信号控制器状态等信息)以及装配有无线通信模块和存储模块;车载单元(OBU)主要是实现获取车辆状态信息、对车辆周围环境的感知(包括其他车辆、障碍物等)、安全预警和车载控制等功能,并能车车、车路通信,通过车载界面为驾驶员提供判断依据;控制中心服务器负责整个系统的通信、监控、下发数据与信息交互管理等。

3. 车路协同的未来发展趋势

随着车联网技术的迅速发展,车路协同技术的发展空间将比较广阔。全球各国已经将车路协同纳入国家发展战略地位,它将是未来智慧城市建设的关键技术。

(1)以车辆为切入点:推动自动驾驶和车路协同技术在城市物流、道路客运、大型货运车辆、危险货物运输车辆以及城市公交车辆中的率先应用,提升车辆的运输安全水平和效率。

(2)以基础设施为着力点:加强道路基础设施与无线通信、交通状态感知、高精度电子地图、北斗卫星定位等信息系统以及新能源网络的建设,为自动驾驶和车路协同提供安全、友好的运行环境。

(3)以车路协同为主线:从交通系统整体和车路协同技术路径的角度推动自动驾驶的发展,并和现有交通运输管理系统进行有效的衔接,有效地提高交通系统的效率和安全性。

任务二 ADAS的技术应用

近年来,ADAS市场增长迅速。原来这类系统局限于高端市场,而现在正在进入中端市场,与此同时,许多低端技术应用在入门级乘用车领域更加常见,经过改进的新型传感器技术也在为系统部署创造新的机会与策略。

先进驾驶辅助系统的发展可以分别从技术和市场应用两个角度来分析。从技术研发角度来看,先进驾驶辅助系统的研发通常是由政府牵头并出资设立相关研究项目,支持并推动技术的开发工作,而实际的开发工作则是由整车厂商与零部件厂商独立或合作完成的。从市场应用角度来看,各国政府和消费者都深刻认识到降低事故频率、减轻事故伤害的重要性,而先进驾驶辅助系统作为前沿的主动安全技术,可以有效降低多数事故类型的发生频率。

★任务目标

素质目标

1. 培养团结合作的精神。
2. 树立精益求精的工作态度。
3. 培养爱国精神,增强民族自信。

知识目标

1. 了解ADAS的定义。
2. 掌握ADAS的分类。
3. 掌握前向碰撞预警系统的组成与工作原理。

能力目标

1. 能根据具体情境对 ADAS 进行分类。
2. 能根据具体情境识别出汽车上的 ADAS 故障。

★知识准备

一、ADAS 的定义

先进驾驶辅助系统（Advanced Driving Assistance System，ADAS），是利用安装在车辆上的传感、通信、决策及执行等装置，监测驾驶员、车辆及其行驶环境并通过影像、灯光、声音、触觉提示/警告或控制等方式辅助执行驾驶任务或主动避免/减轻碰撞危害的各类系统的总称。

2. ADAS 与自动驾驶的关系

ADAS 与自动驾驶之间是有区别的，如表 9-1 所示。

表 9-1　ADAS 与自动驾驶的关系

	SAE 分级	SAE 称谓	SAE定义	转向和变速操作	监控驾驶环境	极端驾驶情况的应对	系统作用范围
辅助驾驶（人类驾驶员监控环境）	0	无自动化	人类驾驶员完成所有的驾驶操作、系统只起到警告和辅助的作用	人类驾驶员	人类驾驶员	人类驾驶员	无
	1	辅助驾驶	辅助系统完成转向或变速中的一项操作，其他所有驾驶操作由人类驾驶员完成	人类驾驶员&系统	人类驾驶员	人类驾驶员	部分
	2	部分自动化	辅助系统完成转向和变速两项操作、其他所有驾驶操作由人类驾驶员完成	系统	人类驾驶员	人类驾驶员	部分
自动驾驶（自动驾驶系统监控环境）	3	有条件自动化	自动驾驶系统完成所有驾驶操作，需要人类驾驶员恰当应答系统的请求	系统	系统	人类驾驶员	部分
	4	高度自动化	自动驾驶系统完成所有驾驶操作，不一定需要人类驾驶员恰当应答系统的请求	系统	系统	系统	部分
无人驾驶	5	完全自动化	自动驾驶系统达到人类驾驶水平，可处理任何道路和环境的驾驶情况	系统	系统	系统	全部

二、ADAS 的分类

2019 年 1 月 4 日，全国汽车标准化技术委员会在其官网发布了《道路车辆先进驾驶辅助系统（ADAS）术语及定义》的征求意见稿。标准中术语对 ADAS 系统的覆盖范围应全面而完整，确定其范畴不涉及自动驾驶系统，明确了边界；该标准术语不包括有关"系统"层级的定义表述，只对 ADAS 系统的基本功能进行定义。标准将技术路线类似的 ADAS 术语相邻排序，总体分成"信息辅助类与控制辅助类"两个大的类别，信息辅助类功能包括"驾驶员疲劳监测"等 21 项；辅助控制类包括"自动紧急制动"等 16 项，如表 9-2 所示。

表 9-2 ADAS 系统的分类

	分类	英文名	具体内容
1	驾驶员疲劳监测	Driver Fatigue Monitoring (DFM)	实时监测驾驶员状态并在确认其疲劳时发出提示信息
2	驾驶员注意力监测	Driver Attention Monitoring (DAM)	实时监测驾驶员状态并在其注意力分散时发出提示信息
3	交通标志识别	Traffic Sign Recognition (TSR)	自动识别车辆行驶路段的交通标志并发出提示信息
4	智能限速提醒	Intelligent Speed Limit Information(ISLI)	自动获取车辆当前条件下所应遵守的限速信息并实时监测车辆行驶速度，当车辆行驶速度不符合或即将超出限速范围的情况下适时发出警告信息
5	弯道速度预警	Curve Speed Warning (CSW)	对车辆状态和前方弯道进行监测，当行驶速度超过通过弯道的安全车速时发出警告信息
6	平视显示系统	Head Up Display(HUD)	将信息显示在驾驶员正常驾驶时的视野范围内，使驾驶员不必低头就可以看到相应的信息
7	全景影像监测	Around View Monitoring (AVM)	向驾驶员提供车辆周围 360°范围内环境的实时影像信息
8	夜视	Night Vision(NV)	在夜间或其他弱光行驶环境中为驾驶员提供视觉辅助或警告信息
9	前向车距监测	Forward Distance Monitoring (FDM)	实时监测本车与前方车辆车距，并以空间或时间距离显示车距信息
10	前向碰撞预警	Forward Collision Warning (FCM)	实时监测车辆前方行驶环境，并在可能发生前向碰撞危险时发出警告信息
11	后向碰撞预警	Rear Collision Warning (RCW)	实时监测车辆后方环境，并在可能受到后方碰撞时发出警告信息

续表

	分类	英文名	具体内容
12	车道偏离预警	Lane Departure Warning (LDW)	实时监测车辆在本车道的行驶状态，并在出现非驾驶意愿的车道偏离时发出警告信息
13	变道碰撞预警	Lane Changing Warning (LCW)	在车辆变道过程中，实时监测相邻车道，并在车辆侧/后方出现可能与本车发生碰撞危险的其他道路使用者时发出警告信息
14	盲区监测	Blind Spot Detection (BSD)	实时监测驾驶员视野盲区，并在其盲区内出现其他道路使用者时发出提示或警告信息
15	侧面盲区监测	Side Blind Spot Detection (SBSD)	实时监测驾驶员视野的侧/后方盲区，并在其盲区内出现其他道路使用者时发出提示或警告信息
16	转向盲区监测	Steering Blind Spot Detection(STBSD)	在车辆转向过程中，实时监测驾驶员转向盲区，并在其盲区内出现其他道路使用者时发出警告信息
17	后方交通穿行提示	Rear Crossing Traffic Alert (RCTA)	在车辆倒车时，实时监测车辆后部横向接近的其他道路使用者，并在可能发生碰撞危险时发出警告信息
18	前方交通穿行提示	Front Crossing Traffic Alert (FCTA)	在车辆低速前进时，实时监测车辆前部横向接近的其他道路使用者，并在可能发生碰撞危险时发出警告信息
19	车门开启预警	Door Open Warning (DOW)	在停车状态即将开启车门时，监测车辆侧后方的其他道路使用者，并在可能因车门开启而发生碰撞危险时发出警告
20	倒车环境辅助	Reversing Condition Assist (RCA)	在车辆倒车时，实时监测车辆后部环境，并为驾驶员提供影像或警告信息
21	低速行车环境辅助	Maneuvering Aid for Low Speed Operation(MALSO)	在车辆泊车或低速通过狭窄通道时，探测其周围障碍物，并当车辆靠近障碍物时发出警告信息

三、前向碰撞预警的定义

1. 前向碰撞预警系统

前向碰撞预警系统(FCWS)是一种高级安全辅助系统，它通过感应和计算在行驶过程中车辆与前车的距离来判断潜在的碰撞风险，并立即发出警示。FCWS 在驾驶者分心未能注意到前方状况或者疲劳犯困或者使用手机等情况时具有显著的实际效用。

2. 前向碰撞预警系统的工作原理

前向碰撞预警(FCW)系统能够实时监测车辆前方行驶环境,并在可能发生前向碰撞危险时发出警告信息。FCW系统主要是利用车载传感器(如视觉传感器、毫米波雷达等)实时监测前方车辆,判断自车与前车之间的距离、相对速度及方位,当系统判断存在潜在危险时,将对驾驶员进行警告,提醒驾驶员进行制动,保障行车安全。基于车载传感器的前向碰撞预警系统如图 9-3 所示。FCW系统本身不会采取任何制动措施去避免碰撞或控制车辆。当车速达到设定车速时,FCW系统自动启动。

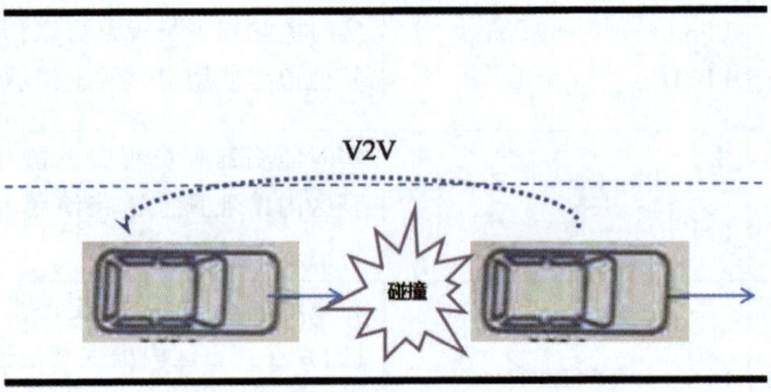

图 9-3　基于车载传感器的前向碰撞预警系统

警告方式主要有声音、指示灯闪烁、转向盘振动和安全带收紧等。车载传感器适用于近距离检测,但不能检测较远距离或非视距内的车辆,同时受恶劣天气影响较大。未来前向碰撞预警系统将采用车载传感器与 V2X 通信相结合的方式。

利用 V2X 通信技术及时在运行车辆之间交换信息和及时获取周围环境路况和车辆信息,通过碰撞预警算法判断是否存在碰撞危险,并根据危险级别提前警告,从而让驾驶员及时采取避撞措施,提高道路安全。基于 V2X 通信技术的前向碰撞预警系统如图 9-3 所示。V2X 通信技术具有通信距离长、不受天气或亮度变化影响的优点。

3. 前向碰撞预警系统的组成

前向碰撞预警系统由信息采集、电子控制和人机交互三个单元组成,如图 9-4 所示。

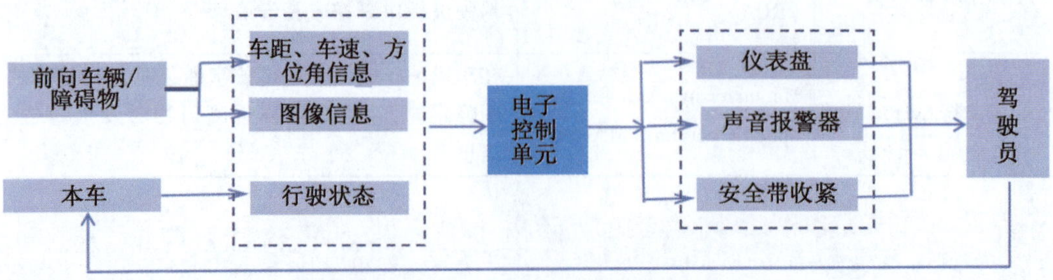

图 9-4　前向碰撞预警系统的组成

(1)信息采集单元:信息采集单元主要利用毫米波雷达采集前向车辆或障碍物的车距、车速和方位角信息,利用视觉传感器采集前向车辆或者障碍物的图像信息,利用自车(配有前向碰撞预警系统的车辆)的车速传感器和加速度传感器采集自车速度和加速度等信息。

(2)电子控制单元:电子控制单元主要对前向车辆或障碍物的图像信息和车距、车速等信息进行信息融合,确定障碍物的类型和距离,结合自车行驶状态信息,采用一定的决策算法,评估是否存在潜在的碰撞风险,若存在,则向人机交互单元发出预警指令。

(3)人机交互单元:人机交互单元主要接收由电子控制单元传来的指令,根据预警程度或级别的定义,进行相应预警信息的发布。例如在仪表板或抬头显示区域显示预警信息或闪烁预警图标、发出警告声音和收紧安全带等,提醒驾驶员采取措施进行规避。驾驶员接收预警信息并对自车采取制动行为后,若碰撞风险消失,则碰撞警告取消。

任务三 车道保持技术的应用

随着智能网联汽车的快速发展,具备车道保持功能的自动驾驶车辆,越来越受到广大用户的关注与青睐。

★任务目标

素质目标

1. 培养团结合作的精神。
2. 树立精益求精的工作态度。
3. 培养爱国精神,增强民族自信。

知识目标

1. 了解车道保持技术的基础概念。
2. 掌握车道保持技术的工作原理。
3. 掌握车道保持系统的组成。

能力目标

1. 能根据具体情境对车道保持系统的应用场景进行分析。
2. 能根据具体情境解决车道保持出现的一般故障。

★知识准备

一、车道保持技术的定义及组成

车道保持技术

1. 车道保持辅助系统的定义

车道保持辅助(Lane Keeping Assist,LKA)系统能够实时监测车辆与车道边线的相对位置,持续或在必要情况下控制车辆横向运动,使车辆保持在原车道内行驶,从而减轻驾驶员负担,减少交通事故的发生。车道保持辅助系统,如图 9-5 所示。

图 9-5 车道保持辅助系统

2. 车道保持辅助系统的组成

车道保持辅助系统主要由信息采集单元、电子控制单元和执行单元等组成,如图 9-6 所示。在系统工作期间,驾驶员将会接收车道偏离的警告信息,并选择对转向系统和制动系统中的一项或者多项动作进行控制,也可交由系统完全控制。系统中所有的信息均以数字信号的形式进行传递,通过汽车总线技术实现。

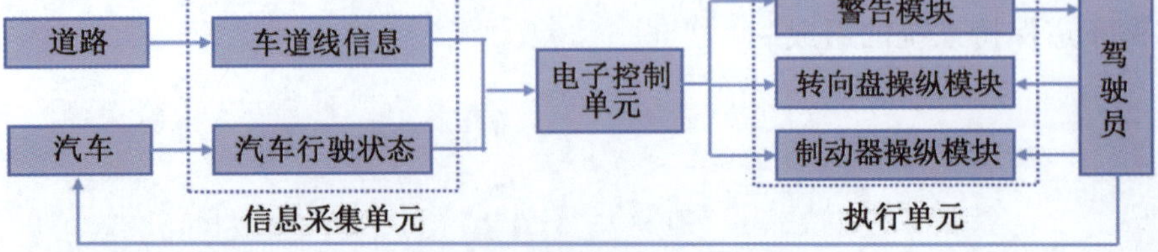

图 9-6 车道保持辅助系统的组成

(1)信息采集单元:信息采集单元在车道保持辅助系统中的功能与在车道偏离预警系统中的功能相似,主要通过传感器采集车道信息和汽车自身行驶信息并发送给电子控制单元。

(2)电子控制单元:电子控制单元主要通过特定的算法对信息进行处理,并判断是否做出车道偏离修正的相应操作。该单元性能直接影响车道偏离修正的及时性,因此在选择中央处理器和设计控制算法时,要着重考虑运算能力和运算速度。

(3)执行单元:执行单元主要有警告模块、转向盘操纵模块和制动器操纵模块。其中警告模块与车道偏离预警系统类似,通过转向盘或座椅振动、仪表板显示、声音警告中的一种或多种形式实现。转向盘操纵模块和制动器操纵模块是车道保持辅助系统中特有的,其主要实现横向运动和纵向运动的协同控制,并保证汽车在LKA系统工作期间具有一定的行驶稳定性。

二、车道保持辅助系统的原理和应用

车道保持辅助系统可以在行车的全程或速度达到某一阈值后开启,并可以手动关闭,实时保持汽车的行驶轨迹。当系统正常工作时,信息采集单元通过车载传感器采集车速信号、转向盘转角信号以及汽车速度信息;电子控制单元对信息进行处理,比较车道线和汽车的行驶方向,判断汽车是否偏离行驶车道。当汽车行驶可能偏离车道线时,发出警告信息;当汽车距离偏离侧车道线小于一定阈值或已经有车轮偏离出车道线时,电子控制单元会计算出辅助操舵力和减速度,根据偏离的程度控制转向盘和制动器的操纵模块,施加操舵力和制动力使汽车稳定地回到正常轨道;若驾驶员打开转向灯,正常进行变线行驶,则系统不会做出任何提示。车道保持辅助系统的工作过程如图9-7所示。在系统起作用时,将不同时刻的汽车行驶照片重叠后可以看出,图中第一行第二个车影已经偏离行驶轨道,于是系统发出警告信息,第三个和第四个车影是系统主动进行车道偏离纠正的过程,在第二行第一个车影中,汽车已经重新处于正确的行驶线路上,车道保持辅助系统完成一个完整的工作周期。

图9-7　车道保持辅助系统的工作过程

★拓展视窗

ACC系统

车自适应巡航控制系统

一、自适应巡航控制系统的定义

自适应巡航控制(Adaptive Cruise Control,ACC)系统能够实时监测车辆前方行驶环境,在设定的速度范围内自动调整行驶速度,以适应前方车辆和道路条件等引起的驾驶环境变化。

在汽车行驶过程中,安装在汽车前部的车距传感器持续扫描汽车前方道路,同时轮速传感器采集车速信号。当前汽车(以下简称主车)与前方车辆之间的距离小于或大于安全车距时,ACC 控制单元通过与制动系统、发动机控制系统协调动作,改变制动力矩和发动机输出功率,对汽车行驶速度进行控制,以使主车与前方车辆始终保持安全车距行驶,避免追尾事故发生,同时提高通行效率。自适应巡航控制系统如图 9-8 所示。如果主车前方没有车辆,它将按设定的车速巡航行驶。

图 9-8　自适应巡航控制系统

电动汽车自适应巡航控制系统中,发动机更换为驱动电机,通过改变制动力矩和驱动电机的输出功率,控制电动汽车的行驶速度。

汽车 ACC 系统分为基本型和全速型。

(1)基本型 ACC 系统:基本型 ACC 系统一般在车速大于 30 km/h 时才会起作用,而当车速降低到 30 km/h 以下时,就需要驾驶员进行人工控制。

(2)全速型 ACC 系统:全速型 ACC 系统在车速低于 30 km/h 直至汽车静止时一样可

以适用，在低速行驶时仍能保持与前车的距离，并能对汽车进行制动直至其处于静止状态。

二、自适应巡航控制系统的组成

1. 燃油汽车自适应巡航控制系统的组成

燃油汽车 ACC 系统主要由信息感知单元、电子控制单元、执行单元和人机交互界面等组成，如图 9-9 所示。

（1）信息感知单元：信息感知单元主要用于向电子控制单元提供 ACC 所需要的各种信息，主要由测距传感器、转速传感器、转向角传感器、节气门位置传感器、制动踏板传感器等组成。测距传感器用来获取主车与前方目标车辆之间的距离信号，可以使用毫米波雷达、少线束激光雷达和视觉传感器；转速传感器用于获取实时车速信号，一般使用霍尔式转速传感器；转向角传感器用于获取汽车转向信号；节气门位置传感器用于获取节气门开度信号；制动踏板传感器用于获取制动踏板动作信号。

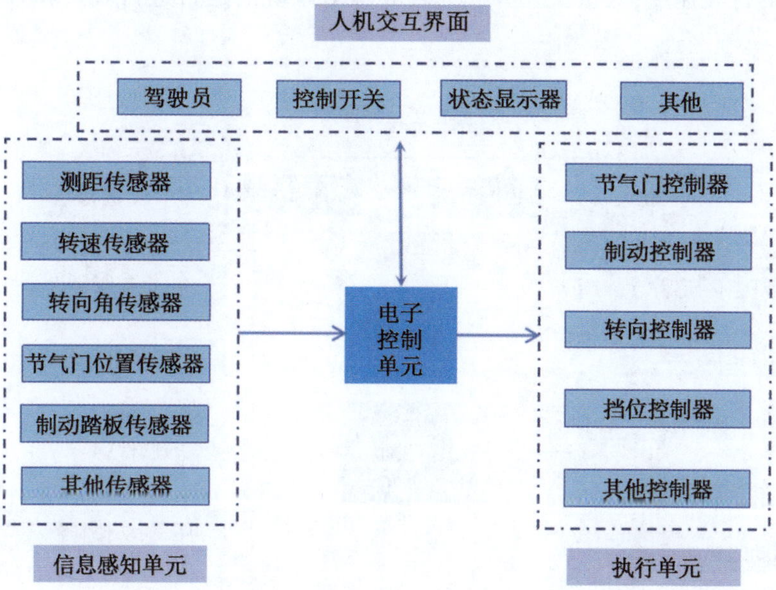

图 9-9　燃油汽车 ACC 系统的组成

（2）电子控制单元：电子控制单元根据驾驶员所设定的安全车距及车速，结合信息感知单元传送来的信息确定主车的行驶状态，决策出汽车的控制策略，并输出节气门开度和制动压力信号给执行单元。例如，当主车与前方的目标车辆之间的距离小于设定的安全车距时，电子控制单元计算实际车距和安全车距之差及相对速度的大小，选择减速方式，或通过警告器向驾驶员发出警告，提醒驾驶员采取相应的措施。

（3）执行单元：执行单元主要执行电子控制单元发出的指令，实现主车速度和加速度的调整。它包括节气门控制器、制动控制器、转向控制器和挡位控制器等。节气门控制器用于调整节气门的开度，使汽车加速、减速及定速行驶；制动控制器用于控制制动力矩或紧急情况下的制动；转向控制器用于控制汽车的行驶方向；挡位控制器用于控制汽车变速器的挡位。

(4)人机交互界面:人机交互界面用于驾驶员设定系统参数及系统状态信息的显示等。驾驶员可通过设置仪表板或转向盘上的人机界面启动或清除 ACC 系统控制指令。启动 ACC 系统时,要设定主车与目标车辆之间的安全车距以及在巡航状态下的车速,否则 ACC 系统将自动设置为默认值,但所设定的安全车距不可小于设定车速下交通法规所规定的安全车距。

2. 电动汽车自适应巡航控制系统的组成

电动汽车 ACC 系统也是由信息感知单元、电子控制单元、执行单元和人机交互界面等组成,如图 9-10 所示。电动汽车相对于燃油汽车,其 ACC 系统的信息感知单元没有节气门位置传感器,执行单元没有节气门控制器和挡位控制器,相应地增加电动机控制器和再生制动控制器。信息感知单元将传感器测量的距离、速度和加速度等信号输入电子控制单元;电子控制单元对主车行驶环境及运动状态进行分析、计算、决策,输出转矩和制动压力信号;执行单元用于完成电子控制单元的指令,通过电动机控制器和制动控制器来调节主车的行驶速度;人机交互界面为驾驶员对系统的运行进行观察和干预控制提供操作界面。

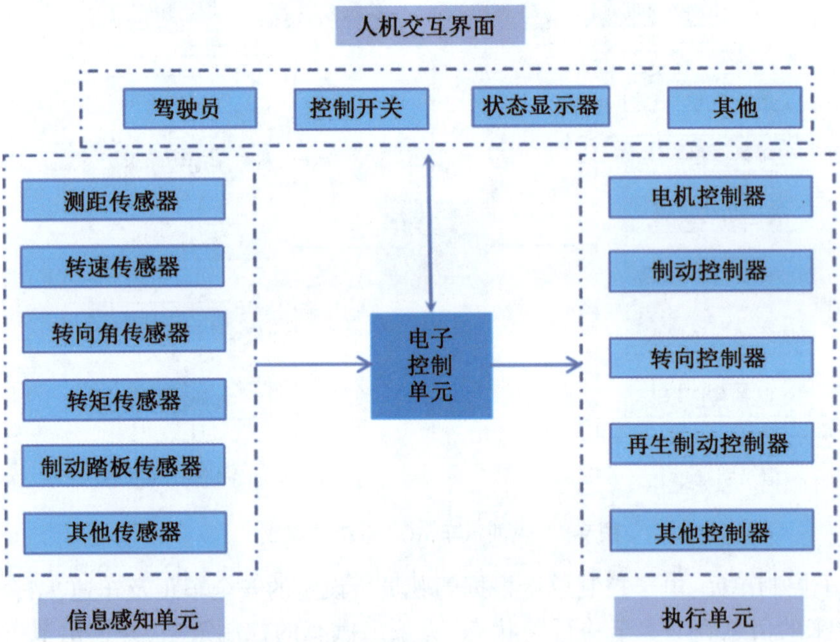

图 9-10 电动汽车 ACC 系统的组成

三、自适应巡航控制系统的原理

1. 燃油汽车 ACC 系统的原理

燃油汽车 ACC 系统的原理如图 9-9 所示。驾驶员启动 ACC 系统后,汽车在行驶过程中,安装在汽车前部的测距传感器持续扫描汽车前方道路,同时,转速传感器采集车速信号。如果主车前方没有车辆或与前方目标车辆距离很远且速度很快时,控制模式选择模块就会激活巡航控制模式,ACC 系统将根据驾驶员设定的车速和转速传感器采集的主车速度自动调节加速踏板等，使主车达到设定的车速并巡航行驶；如果目标车辆存在且离主车较近或速度很慢，控制模式选择模块就会激活跟随控制模式，ACC 系统将根据驾驶员设定的安全车距和转速传感器采集的主车速度计算出期望车距，并与测距传感器采集的实际距离比较，自动调节制动压力和节气门开度等使汽车以一个安全车距稳定地跟随前方目标车辆行驶。同时，ACC 系统会把汽车目前的一些状态参数显示在人机界面上，方便驾驶员判断；ACC 系统也装有紧急警告系统，在 ACC 系统无法避免碰撞时及时警告驾驶员并由驾驶员处理紧急状况。

2. 电动汽车 ACC 系统的原理

电动汽车 ACC 系统的原理如图 9-10 所示。它与燃油汽车 ACC 系统的工作原理基本一样，唯一区别是燃油汽车控制的是节气门开度，调节发动机输出转矩；电动汽车控制的是电动机转矩，调节电动机的输出转矩。

总之，自适应巡航系统越来越趋于集成化发展，与纵向控制系统、预警系统等集成起来，充分利用车辆采集信息，从而提高系统的稳定性、可靠性和安全性，为我国智慧城市建设增加一定的信心。

★学习小结

本项目主要讲解车辆车路协同技术的定义；ADAS 技术发展、类型及车道保持技术等等；通过学习，学习者应掌握车路协同的基础概念，了解车路协同的未来发展方向。

★任务工单

实训工单九　车路协同技术

任务名称		实训日期	
学生姓名		班级学号	
小组成员		组长姓名	

实训目标：

1.能够正确识别 ADAS 各个部件的结构与功能。

2.能够正确维护 ADAS 的相关线束、接口、电源等，做好日常的维护与保养。

3.能够正确安装、调试 ADAS 的各类传感器，完成正常启用。

4.能够与他人合作，用专用设备或工具完成 ADAS 的基本操作，根据故障现象分析故障产生的原因，做好故障现象等方面的记录，并能够制订合理的工作计划与实施方案。

5. 能够秉承认真负责、严谨务实的工作态度，完成每一项工作任务。

一、接受工作任务	成绩：

汽车服务站新接收了一辆待维修车辆，据车主王先生反映，车辆行驶过程中显示与云平台通信失败。若你是技术服务人员，请为王先生解决以上问题。

二、信息收集	成绩：

1. 实训设备名称：________________________。
2. 实训场地的要求：________________________。
3. 实训所用工具：示波器规格要求：____________，数量：______个。
4. 实训人员的要求：______人完成，______人辅助，分______组。
5. 实训的安全注意事项是：____

____

____

____

____

____

____

____

____。

三、制订计划		成绩：
1. 请根据 ADAS 安装、调试的操作规范及要求，制订启动 ADAS 并验证其功能的实训计划。		
操作流程		
序号	作业项目	操作要点
计划审核	审核意见： 年　月　日　签字：	

2. 请根据实操作业计划，完成小组成员任务分工。

操作人		记录员	
监护人		展示员	

作业注意事项

①实训开始前应检查 ADAS 启动的电源安全状况，以免耽误实训时间安排。
②保持 ADAS 相关零部件的清洁，使用完毕后应当按照规定放回指定位置，以免给下次使用者带来麻烦。
③无任何实训任务时，要及时关闭 ADAS 的电源开关，以防漏电。
④启动 ADAS 仿真软件前，要及时查看相关零部件之间的连接线束，要检查其牢固情况，以防止接口松动。
⑤使用 ADAS 的实验人员，要时刻保持认真、细致的态度，不得随意触摸或拆卸与系统相关的危险部件，要按照其使用说明书来完成其基础的维护保养。
⑥实训设备及工具使用后，应清洁并归还原处。

实训设备/工具/材料

序号	名称	数量	清点
			□已清点
			□已清点
			□已清点
			□已清点
			□已清点
			□已清点
			□已清点
			□已清点

四、计划实施	成绩：
1. 请完成 ADAS 启动前的清洁检查工作，并做好基本信息记录。	
①作业前给 ADAS 做好清洁。	
	作业内容： 作业结果：
②作业前查看与 ADAS 相关的智能微型车的各类传感器主要线束或接口。	
	作业内容： 作业结果：
2. 请登录智能网联汽车监控云平台，并对报文进行编译。 ①登录智能网联汽车监控云平台系统。	
	作业内容： 作业结果：
②对报文进行编译。	
	作业内容： 作业结果：

3. 请对智能网联汽车云平台进行相关操作。 ①请对信号灯参数进行设置。 ②请启动运行，对车辆进行测试。	
	作业内容： 作业结果：
③连接信号灯，并监控信号灯状态。	
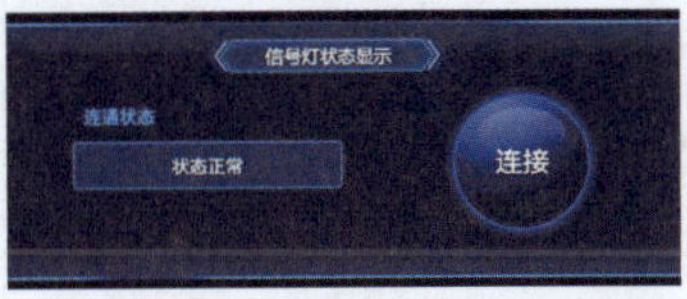	作业内容： 作业结果：
④监控车辆状态，紧急情况时进行急停。	
	作业内容： 作业结果：
4. 请读取智能网联汽车云平台上的展示信息。	
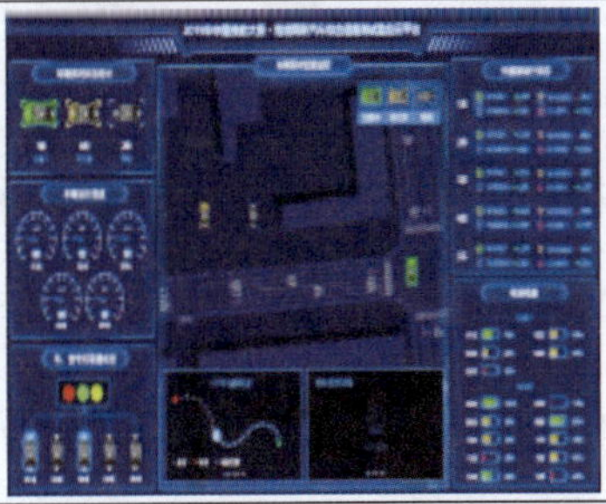	作业内容： 作业结果：
5. 请对智能网联汽车进行综合道路测试，以验证信息交互系统的有效性。	
	作业内容： 作业结果：

五、质量检查		成绩：
1. 请实训指导教师检查各组作业结果，并针对实训过程中出现的问题提出改进措施及建议。		
序号	评价标准	评价结果
1	维修作业前的检查及车辆防护	
2	信息交互系统与云平台的连接	
3	信息交互系统的功能测试	
综合评价	☆ ☆ ☆ ☆ ☆	
综合评语（作业问题及改进建议）		

六、评价反馈	成绩：
请根据自己在课堂中的实际表现进行自我反思和自我评价。	

自我反思：____。

自我评价：____。

实训成绩单			
项目	评分标准	分值	得分
接受工作任务	明确工作任务,理解任务在企业工作中的重要程度	5	
信息收集	掌握 ADAS 的结构部件及其连接关系	5	
	掌握信息交互系统总成部件的装配位置	5	
	掌握信息交互系统的功能及模式	5	
	掌握信息交互系统的连接与布置形式	5	
制订计划	按照信息交互系统及云平台检查流程,制订合适的行动计划	10	
	能协同小组人员安排任务分工	5	
	能在实施前准备好所需要的工具器材	5	
计划实施	规范进行场地布置及工具检查	5	
	登录智能网联汽车监控云平台,并对报文进行编译	5	
	对智能网联汽车云平台进行相关操作	10	
	读取智能网联汽车云平台上的展示信息	10	
	对智能网联汽车进行综合道路测试	10	
质量检查	学生任务完成,操作过程规范	5	
评价反馈	学生能对自身表现情况进行客观评价	5	
	学生在任务实施过程中发现自身问题	5	
得分(满分 100)			

★学习评价

一、填空题

1. 前向碰撞预警系统由______________、电子控制和人机交互三个单元组成。

2. ________________能够实时监测车辆与车道边线的相对位置,持续或在必要情况下控制车辆横向运动,使车辆保持在原车道内行驶,从而减轻驾驶员负担,减少交通事故的发生。

3. 车联网具有________________、无线性、及时性及稳定性等特点。

二、选择题(不定项选择)

1. (　　)是一种高级安全辅助系统,它通过感应和计算在行驶过程中车辆与前车的距离来判断潜在的碰撞风险,并立即发出警示。

A. 车道保持系统　　B. 紧急制动系统

C. 前方碰撞预警系统　　D. 电子制动力分配系统

2. 车路协同系统是由车载单元、(　　)、中心管理服务器、视频监控系统、信号控制系统几部分组成。

A. 路侧单元　　B. 路边单元

C. 道路单元　　D. 监测单元

3. 前方碰撞预警系统的警告方式主要有(　　)。

A. 声音　　B. 指示灯闪烁

C. 转向盘振动　　D. 安全带收紧

三、思考题

1. 什么是车路协同系统?

2. 什么是 ADAS?

附录

附表 1　车联网相关英文缩写的中英文全称对照表

序号	简称	英文全称	中文全称
1	ABS	Antilock Brake System	防抱死制动系统
2	ACC	Adaptive Cruise Control	自适应巡航控制
3	ADAS	Advanced Driver Assistance Systems	先进驾驶辅助系统
4	AE	Auto Encoder	自动编码器
5	AEB	Autonomous Emergency Braking	自动紧急制动
6	AES	Advanced Encryption Standard	高级加密标准
7	AI	Artificial Intelligence	人工智能
8	APA	Auto Parking Assist	自动泊车辅助
9	APN	Access Point Name	接入点
10	ASIC	Application Specific Integrated Circuit	专用集成电路
11	ASR	Automatic Speech Recognition	自动语音识别
12	AUTOSAR	Automotive Open System Architecture	汽车开放系统架构
13	BLE	Bluetooth Low Energy	蓝牙低能耗
14	BSS	Basic Service Set	基本服务集
15	CA	Conditional Automation	有条件自动驾驶
16	CAN	Controller Area Network	控制器局域网
17	CAV	Connected and Automated Vehicle	智能网联汽车
18	CCD	Charge Coupled Device	电荷耦合元件
19	CES	Consumer Electronics Show	消费类电子产品展览会
20	CMOS	Complementary Metal Oxide Semiconductor	互补金属氧化物半导体
21	CNVD	China National Vulnerability Database	国家信息安全漏洞共享平台
22	CNN	Convolutional Neural Networks	卷积神经网络
23	CORS	Continuously Operating Reference Stations	连续运行参考站
24	CV	Connected Vehicle	网联式智能汽车
25	CVIS	Cooperative Vehicle Infrastructure System	车路协同系统
26	C-V2X	Cellular Vehicle to Everything	基于蜂窝移动通信系统的车用无线通信技术
27	CVHS	Cooperative Vehicle-Highway Systems	协同式车辆道路系统

续表

序号	简称	英文全称	中文全称
28	DSRC	Dedicated Short Range Communication	专用短程通信技术
29	ECU	Electronic Control Unit	电子控制单元
30	E-SIM	Embedded-SIM	嵌入式用户识别模块卡
31	ETC	Electronic Toll Collection	电子不停车收费系统
32	FCW	Forward Collision Warning	前向碰撞预警
33	GNSS	Global Navigation Satellite System	全球卫星导航系统
34	GPS	Global Position System	全球定位系统
35	GPU	Graphics Processing Unit	图形处理器
36	GUI	Graphical User Interface	图形用户界面
37	HA	High Automation	高度自动驾驶
38	H2T	Human to Thing	人与物品
39	H2H	Human to Human	人与人
40	HMI	Human Machine Interaction	人机交互界面
41	HPS	Hydraulic Power Steering	液压助力转向系统
42	HUD	Head Up Display	抬头显示
43	ICT	Information Communication Technology	信息通信技术
44	ICV	Intelligent Connected Vehicle	智能网联汽车
45	ID	Identity Document	身份证标识号
46	IIC	Inter-Integrated Circuit	集成电路
47	IMU	Inertial Measurement Unit	惯性测量单元
48	INS	Inertial Navigation System	惯性导航系统
49	IOT	Internet of Things	物联网
50	IOV	Internet of Vehicle	车联网
51	ITS	Intelligent Traffic System	智能交通系统
52	ITU-T	Telecommunication Standardization Sector	国际电信联盟电信标准分局
53	LIDAR	Light Detection And Ranging	激光探测与测量
54	LKA	Lane Keeping Assist	车道保持辅助
55	LKS	Lane Keeping System	车道保持系统
56	LRR	Long Range Radar	远程雷达
57	LTE	Long Term Evolution	长期演进
58	LTE-V	Long Term Evolution-Vehicle	长期演进车辆

续表

序号	简称	英文全称	中文全称
59	LTE-V2X	Long Term Evolution Based Vehicle to Every-thing	移动通信技术演进形成的车联网
60	MAC	Medium Access Control	媒介访问控制子层
61	MRR	Mid-range Radar	中距离雷达
62	MSIF	Multi-sensor Information Fusion	多传感器信息融合
63	NASA	National Aeronautics and Space Administration	美国国际航空航天局
64	NB-IOT	Narrow Band Internet of Things	窄带物联网
65	NFC	Near Field Communication	近场通信
66	NHTSA	National Highway Traffic Safety Administration	美国高速交通安全管理局
67	OAA	Open Automotive Alliance	开放汽车联盟
68	OBU	On-Board Unit	车载单元
69	OEM	Original Equipment Manufacturer	原厂设备制造商
70	OFDM	Orthogonal Frequency Division Multiplexing	正交频分复用
71	OSI	Open System Interconnection	开放式通信系统互联
72	OTA	Over-the-Air Technology	空中下载技术
73	PA	Partial Automation	部分自动驾驶
74	P2P	Peer to Peer	点对点
75	PKI	Public Key Infrastructure	公钥基础设施
76	PND	Portable Navigation Devices	便携式导航设备
77	RFID	Radio Frequency Identification	射频识别技术
78	RHC	Receding Horizon Control	后退时域控制
79	RSU	Road Side Unit	路侧单元
80	RTK	Real Time Kinematic	实时动态差分定位技术
81	SAE	Stacked Auto Encoders	堆叠自动编码器
82	SBAS	Satellite Based Augmentation System	星基增强系统
83	SIM	Subscriber Identification Module	用户身份识别卡
84	SLAM	Simultaneous Localization and Mapping	即时定位与地图构建
85	SOA	Service Oriented Architecture	面向服务的结构
86	SRR	Short Range Radar	短程雷达

续表

序号	简称	英文全称	中文全称
87	T-Box	Telematics Box	远程信息处理器
88	T2T	Thing to Thing	物品与物品
89	TPMS	Tire Pressure Monitoring System	轮胎压力监测系统
90	TS	Topological Structure	网络拓扑结构
91	TSP	Telematics Service Provider	汽车远程服务提供商
92	UBI	Usage Based Insurance	基于使用量而定保费的保险
93	UHF	Ultra High Frequency	分米波频段
94	UI	User Interface	用户界面
95	VANET	Vehicular Ad-hoc Network	车载自组织网络
96	V2C	Vehicle to Cloud	车与云通信
97	V2I	Vehicle to Infrastructure	车与基础设施
98	V2N	Vehicle to Network	车与网
99	V2P	Vehicle to Pedestrian	车与行人
100	V2R	Vehicle to Road	车与路
101	V2V	Vehicle to Vehicle	车与车
102	V2X	Vehicle to Everything	车对外界的信息交换
103	VICS	Vehicle Information and Communication System	车辆信息和通信系统
104	VII	Vehicle Infrastructure Integration	车路集成系统

附录 2　车联网技术数字资源二维码索引表

参考文献

[1]孙慧芝,张潇月.智能网联汽车概论[M].北京:机械工业出版社,2020.

[2]李俨,等.5G与车联网:基于移动通信的车联网技术与智能网联汽车[M].北京:电子工业出版社,2019.

[3]张靖,亓相涛,韩光辉,等.车联网技术与应用项目实践[M].武汉:华中科技大学业出版社,2020.

[4]朱升高.车联网技术与应用[M].北京:机械工业出版社,2021.

[5]银石立方科技(北京)有限公司.车联网技术与应用[M].北京:人民交通出版社,2017.

[6]郭庆华,苏艳军,胡天宇,等.激光雷达森林生态应用:理论、方法及实例[M].北京:高等教育出版社,2018.

[7]王科,李霖.智能汽车关键技术与设计方法[M].北京:机械工业出版社,2019.